SIMONE MARTIN

FRIEDRICH HÄNSSLER

Ein Leben für das Evangelium

SCM

Stiftung Christliche Medien

SCM Hänssler ist ein Imprint der SCM Verlagsgruppe, die zur
Stiftung Christliche Medien gehört, einer gemeinnützigen
Stiftung, die sich für die Förderung und Verbreitung christlicher Bücher,
Zeitschriften, Filme und Musik einsetzt.

© 2019 SCM Hänssler in der SCM Verlagsgruppe GmbH
Max-Eyth-Straße 41 · 71088 Holzgerlingen
Internet: www.scm-haenssler.de; E-Mail: info@scm-haenssler.de

Sofern nicht anders angegeben sind die Bibelverse entnommen aus:
Die Bibel oder die ganze Heilige Schrift des Alten und Neuen Testaments
nach der deutschen Übersetzung Martin Luthers. Neu durchgesehen
nach dem vom Deutschen Evangelischen Kirchenausschuss genehmigten
Text (1912). Deutsche Bibelgesellschaft, Stuttgart.

1. Korinther 2,2: freie Übersetzung durch Friedrich Hänssler

Umschlaggestaltung: Kathrin Spiegelberg, Weil im Schönbuch
Umschlagsfoto Friedrich Hänssler: Patrick Horlacher, Stuttgart
Umschlagsfoto Simone Martin: Heinz-Herbert Reimer
Bildteil: © Familie Hänssler , außer S. 23 unten:
© Sabine Braun/Internationale Bachakademie, Stuttgart
Satz: typoscript GmbH, Walddorfhäslach
Druck und Bindung: GGP Media GmbH, Pößneck
Gedruckt in Deutschland
ISBN 978-3-7751-5889-3
Bestell-Nr. 395.889

Inhalt

Vorwort

W ie könnte man ein Buch wie dieses anders beginnen als mit Worten des Dankes? Es ist ein großartiges Zeugnis von Gottes wundersamen Wegen im Leben von Menschen, die *ihm* vertrauen, erzählt von Gottes Liebe, von *seiner* Fürsorge, Güte und Treue und von *seiner* ganz persönlichen Führung und Leitung im Leben jedes Einzelnen. *Ihm,* Gott, dem ich nicht nur die Entstehung und Fertigstellung dieses Buches verdanke, sondern auch den nötigen Mut zum *Ja* für dieses besondere Projekt, gilt mein erster Dank. *Ihm* allein gebührt alle Ehre.

Als ich im Juni des Jahres 2015 in Berlin bei der Internationalen Berliner Begegnung, kurz IBB, dem deutschen *National Prayer Breakfast,* auf Friedrich Hänssler traf, konnten weder er noch ich erahnen, welchen Weg Gott mit uns gehen, welche Gedanken *er* über uns und unsere Begegnung haben würde. Als jemand, der vor noch nicht allzu langer Zeit (2013) sein Leben Jesus Christus übergeben hatte, waren sowohl Friedrich Hänssler als auch der SCM-Verlag mir gänzlich unbekannt. Der Grund meiner Reise nach Berlin war ursprünglich ein ganz anderer.

Wenige Wochen zuvor hatte ich den Wirtschaftsverleger und Begründer von Bibel TV, Norman Rentrop, um ein persönliches Gespräch gebeten. Dieser lud mich dann in die Hauptstadt zum Gebetsfrühstückstreffen ein, für mich eine erstmalige Erfahrung. Am Ende unseres Gesprächs und eines gemeinsamen Gebets stellte mir Herr Rentrop dann die wesentliche Frage: »Möchten Sie Friedrich Hänssler kennenlernen?«

Ich wollte.

Es ist ganz erstaunlich, dass die unerwartete und erstmalige Zusammenkunft im Juni 2015 mit dem damals 88-jährigen christlichen Buchverleger nicht länger als – gefühlt – drei Minuten andauerte, und doch zweifelsohne enorme Auswirkungen auf unser beider Leben genommen hat.

Als eine erste, sichtbare Frucht dieser Begegnung ist das im März 2017 erschienene Buch von Friedrich Hänssler zu erwähnen: *Unter Gottes Führung – Menschen, die mein Leben prägten,* welches anlässlich seines 90. Geburtstages entstanden ist und welches ich (auf Anfrage) als Lektorin bearbeitet habe. Die gelungene Zusammenführung durch Norman Rentrop gipfelte dann schließlich in der für mich durchaus überraschenden Frage des SCM-Verlages, ob ich mir – jetzt anlässlich des 100-jährigen Jubiläums des Hänssler-Verlages – vorstellen könnte, eine Biografie über den Verleger zu schreiben. In dieser vor allem ehrenvollen Beauftragung erkannte ich zunächst unsicher, aber am Ende doch gewiss Gottes führende Hand.

Im Besonderen möchte ich Dir, lieber Friedrich, für die gemeinsame Wegstrecke seit 2015 danken, für all Deine Gebete und für Deine Freundschaft, für Dein Vertrauen und für Deinen unglaublichen Fleiß, mit welchem Du die biografische Zuarbeit erbracht hast. Dir, liebe Ursula, danke ich sehr für Deine Großherzigkeit und Freundschaft und für Deine treuen, begleitenden Gebete, nicht nur dieses Projekt betreffend. Herzlichen Dank Euch beiden vor allem auch für Eure Gastfreundschaft!

Darüber hinaus danke ich dem SCM-Verlag, ganz konkret dem Geschäftsführer Herrn Marco Abrahms und dem Verlagsleiter Hans-Werner Durau sowie dem Stiftungsvorstand für das Vertrauen in meine Arbeit und für den Mut, dieses Projekt mit all seinen Besonderheiten in die Wege zu leiten.

Sehr herzlich danke ich Herrn Norman Rentrop für die Bereitschaft, mir in Berlin zu begegnen und damit an der Weichenstellung für diesen richtungsweisenden Weg maßgeblich beteiligt gewesen zu sein. Zum Schluss sei allen gedankt, die in irgendeiner Weise positiven Einfluss auf das Buchprojekt genommen haben, sei es durch Gebet, durch technische Hilfe oder durch Lesen des fertigen Manuskriptes und den damit verbundenen wertvollen Hinweisen – herzlichen Dank jedem Einzelnen!

Gott ist ein Gott der Begegnungen. Sie geschehen nicht zufällig, nein, sie dienen einem bestimmten Zweck. Sie sind bereichernd, nehmen vielmals helfend Einfluss auf die sich Begegnenden, im besten Falle gestalten sie ein Leben neu, weil Gott Begegnungen auch aus diesem Grunde schenkt.

So ist dieses Buch auf ungewöhnliche Weise zustande gekommen und die Frucht aus vielen Gesprächen, die ich seither mit Friedrich Hänssler führen konnte.

Möge dieses Buch das Anliegen widerspiegeln, den Gestalter unseres Lebens, den Anfänger und Vollender unseres Glaubens, unseren Herrn Jesus Christus – *ihm* allein sei Ehre – groß zu machen.

Simone Martin

Begegnungen mit Folgen

Dieses Mal sitzen das Ehepaar Hänssler und ich im Zuge der Biografie-Besprechung beieinander und verweilen gemeinsam im unteren Stockwerk des Hauses im gemütlichen Wohnzimmer des Ehepaares. Tage, Wochen, vielleicht auch Monate voller Rück- und Einblicke in neun Lebensjahrzehnte mit ihren daraus hervorgegangenen unzähligen Erlebnissen und Erinnerungen liegen nun vor uns. Meine Blicke haften an den hohen Stapeln von Material, welches anlässlich der bevorstehenden Aufgabe in mehreren Kisten zusammengetragen wurde. Gefühlsmäßig stehen wir vor einem unüberwindbaren Berg Arbeit. Die Gewissheit, dass es Gottes Wille ist, dass er es ist, der uns gemeinsam vor diese Aufgabe gestellt hat, schenkt uns beiden den notwendigen Mut, die große Aufgabe anzugehen.

Friedrichs Ehefrau Ursula reicht mir indessen ein Gästebuch, in welchem zahlreiche Besucher aus dem In- und Ausland verewigt sind. Neugierig werfe ich die Frage in den Raum, welche außergewöhnlichen Begegnungen Friedrich Hänssler in neunzig Lebensjahren gehabt habe. Und während er damit beginnt, mir einige Namen zu nennen, bitte ich ihn frei heraus um nähere, gerne auch detaillierte Informationen.

Bewegt von den ausgesprochen liebevollen und herzlichen Einträgen, welche das Gästebuch preisgibt, blättere ich interessiert Seite für Seite durch. Einige der zum Teil internationalen Widmungen lasse ich mir von Friedrich ins Deutsche übersetzen und bekomme dabei gleich – wie gewünscht und sehr zu meiner Freude – die näheren Hintergründe verbal »mitgeliefert«. So tauschen er und ich bereits erste, mit der bevorstehenden Arbeit im Zusammenhang stehende Gedanken aus.

»Mein großes Erstaunen war immer: Alle Wege, alle Begegnungen führten mich zu Christus«, erzählt Friedrich Hänssler. »Er war und er ist für mich, wie es in einem viel gesungenen Lied heißt, das Zentrum der Geschichte, der Anker in der Zeit.[1] Und dies galt und gilt für alle Baustellen, alle Arbeitsstellen und Suchstellen, alle Schwachstellen und Bruchstellen, aber auch für alle Führungsstellen in meinem Leben. Bei allen Erlebnissen und Begegnungen ziehen sich vier Punkte wie ein roter Faden durch meine Geschichte:

1. Gott gestaltet ein Leben – bis ins Detail.
2. Gott ist immer der Erste, der handelt.
3. Gott führt ein Leben und gibt Berufung – ›Berufung ist das Gegenteil von Selbstbestimmung.‹[2]
4. Alles im Leben ist Geschenk aus der guten Hand Gottes.

Wenn er auf die Spuren meiner Füße achtet, ist das ein unverdientes Geschenk. Aber Führung durch Gott heißt auch immer: Ich komme in vorbereitete Verhältnisse. Für diese einzigartige Qualität der Führung Gottes bin ich unendlich dankbar. Die darin erfahrene und ausgeübte Liebe aus Gott ist der unzerstörbare Reichtum meines Lebens. Sein lebendiges, unvergängliches Wort gibt uns Menschen, so auch mir, Gewissheit auf allen Wegen, Gewissheit in Führungsfragen: ›Wahrlich, das ist Gott, unser Gott für immer und ewig. Er ist's, der uns führt‹ (Psalm 48,15).

Mein Leben war hoch spannend und hochinteressant – das ist es noch immer. Mein Leben war auch eine Begegnung mit der Diktatur, eine Begegnung mit dem Machtwahn und immer wieder auch eine Begegnung mit dem Zeitgeschehen – und nicht nur im Kriegserleben kam es zu Begegnungen mit dem Tod.

Mehrfach wurde ich nach Cape Canaveral, dem US-amerikanischen Weltraum-Stützpunkt, eingeladen, ebenfalls mehrfach ins

Pentagon, dem Hauptsitz der US-amerikanischen Verteidigung in Washington.

Einmal durfte ich im Pentagon an einem Treffen des sogenannten *Joint Chief of Staff,* den höchsten Generälen in den USA, teilnehmen. Dabei wurde von den höchsten Offizieren um Weisung in der so schwierigen Weltsituation, um Hilfe und gute Entscheidungen in der akuten Kriegsgefahr und um Erkenntnis des Gotteswillens gebetet. Das war überwältigend. Welche Diskrepanz, als ich dann in Mutlangen, einer Gemeinde im Ostalbkreis im Osten von Baden-Württemberg, unversehens und wider Willen in die aufgeputschte Menge der wütenden Anti-Raketen-Demonstranten geriet, die naiv und wirklichkeitsfern herumtobten.

Mein Leben brachte mir in der Tat sehr aufschlussreiche Begegnungen mit manchen Persönlichkeiten der Zeitgeschichte, ob diese nun positiv oder negativ waren.

Ich denke an Yassir Arafat, einen von Krankheit gezeichneten Mann, der nur das sagte, was ihm ein hinter ihm Stehender einflüsterte, oder an die für mich letztlich gänzlich bedeutungslose Begegnung mit dem Dalai Lama, woran auch sein kräftiger Händedruck nichts ändern konnte.

Beeindruckend empfand ich dagegen die Zusammenkunft mit der US-amerikanischen Bürgerrechtlerin Coretta Scott King, Ehefrau von Martin Luther King, die das große Anliegen ihres ermordeten Mannes weiterverfolgte, sowie das Aufeinandertreffen mit Mangosuthu Gatsha Buthelezi, dem strahlenden, friedensuchenden Innenminister der Zulus.

Möglicherweise ist es interessant zu hören, dass einer der neu gewählten Minister des Kabinetts von Präsident Donald Trump, ein tiefgläubiger Mann, schon hier im Verlag in Holzgerlingen gesprochen hat.

Besonders hervorheben möchte ich die unglaubliche Gebetserhörung aus der Zeit der viele Jahre währenden Apartheid mit töd-

10

licher Feindschaft und Unversöhnlichkeit der verschiedenen Volksgruppen in Südafrika. Einige Jahre lang beteten insgesamt vier Männer aus den verfeindeten Lagern miteinander um eine friedliche Lösung des dramatischen Konfliktes. Sie kamen vom ANC (*African National Congress*), von den Buren, von den Zulus. Weil das Zusammentreffen zum Beten äußerst gefährlich war, musste es streng geheim vor sich gehen. Die Männer fanden über Hintertreppen und dunkle Gänge zueinander, um gemeinsam beten zu können. Gott wirkte mächtig durch dieses Gebet. Dann, am entscheidenden Tag in Südafrika, kamen 35 000 Menschen ins Rugby-Stadion, um in diesen zerstörerischen Umständen für eine endgültige Lösung zu beten. Gott erhörte in unerwarteter Weise. Nelson Mandela war in dieser Gesamtsituation der richtige Mann für das ganze Land. Dass ich drei dieser vier so treuen Beter persönlich kennenlernen durfte, erfüllte mein Herz mit großer Freude.

Ich traf auf Personen, die in verschiedener Art und Weise Spuren hinterließen. Da wäre zum Beispiel Arthur Burns zu nennen. Präsident der FED (*Federal Reserve System*, Zentralbank-System der Vereinigten Staaten), Diplomat, später amerikanischer Botschafter in Berlin. Der damalige Präsident Ronald Reagan versicherte uns: ›Ich schicke euch meinen besten Mann.‹ Burns nahm an einem Gebetsfrühstück in Stuttgart teil. Das war in der Hoch-Zeit der RAF-Fraktion kein kleines Unterfangen, denn genau dieser Mann stand auf der Abschussliste der RAF an erster Stelle. Auf den umliegenden Dächern lagen Scharfschützen im Falle eines Terroraktes und eine Vielzahl Polizisten bewachte uns, die wir im Hotel ›Zeppelin‹ unser Gebetsfrühstück hatten. Dietmar Schlee, zu jener Zeit Innenminister des Landes Baden-Württemberg, ließ seinen Gedanken freien Lauf: ›Wenn der Burns doch endlich wieder verschwinden würde.‹

Ausgesprochen gerne erinnere ich mich an Jim Irwin. Der US-amerikanische Astronaut war zuerst Testpilot bei der NASA, später dann Pilot der Mondlandefähre auf der Apollo-15-Mission. Die

Mondlandung, der technische Höhepunkt im Leben von Irwin, dem ersten Passagier des Mondautos, dessen Fahrer er war, wurde gleichzeitig auch zum geistlichen Wendepunkt seines Lebens. Irwin kam zum lebendigen Glauben und rief nun als Evangelist Menschen zu Christus, insbesondere technisch interessierte Menschen. Täglich absolvierte der Top-Sportler sein stundenlanges Training, konsequent, auch als er bei uns in Neuhausen zu Besuch war.

Irwin kam zu der Entdeckung seines Lebens: Der Mond allein genügt nicht. Einmal sagte er mir: ›Viel wichtiger, als dass ein menschlicher Fuß den Mond betreten hat, ist, dass Jesus Christus auf diese Erde gekommen ist.‹ Und dann fügte er hinzu: ›Nur ganz wenige Menschen sind zum Mond gekommen. Aber jeder Mensch kann durch Jesus Christus zu Gott kommen.‹ Wie dankbar bin ich für derartige Erlebnisse, sie bleiben mir unvergesslich in Erinnerung.

Antoine Deeb war ein arabisch sprechender Libanese, seine Frau Palästinenserin. Als Nachfolger Jesu hatte er im jordanischen Amman eine kleine Buchverkaufsstelle. Eines Tages trat in seinen Mini-Laden ein würdiger Scheich, direkt aus der jordanischen Wüste, und sagte unvermittelt: ›Ich brauche das Buch.‹ In etwa zwanzig Buchhandlungen in Amman hatte er es nicht finden können. ›Ich brauche das Buch, das ich im Traum gesehen habe, ich muss es haben.‹ Mein Freund Antoine, ein Mann mit ansteckender Fröhlichkeit und Glaubhaftigkeit, konnte den Wunsch des Scheichs erfüllen und gab ihm eine Bibel, *das* Buch, das er haben *musste*.

Ich hatte in meinem Leben das Privileg, an vielen Botschaftern des Christus hochzuschauen, die unter Gefahren, mit Mut und Hingabe, oft unter einfachsten Lebensbedingungen, ihren Glauben lebten und wagten.

Gut erinnere ich mich noch an Emanuel Nono Razinowski. Er war Archäologe in Israel, nahm an vielen Ausgrabungen teil und wohnte in Ramat Gan bei Tel Aviv. Wir beide trafen uns ebendort, wo er mich nicht nur in sein Privathaus, sondern auch völlig unerwartet zu einer außergewöhnlichen Bibelstunde am Strand des Mittelmeers einlud. Eine ansehnliche Gruppe von jüdischen Männern traf sich in gewissen Abständen an jenem idyllischen Ort. Nur mit der Badehose bekleidet, saßen sie im Sand und tauschten sich, manchmal heftig diskutierend, über das hebräische Alte Testament aus, Tenach genannt, welches sie fast alle in ihren Händen hielten. Ich selbst war der einzige Ausländer, zudem noch Deutscher, und in dieser Situation mit meiner Normalbekleidung recht auffällig. Nono bat mich auf einmal ganz spontan zu erzählen, was mir Jesus bedeuten würde. Auch das Kapitel Jesaja 53 war Gesprächsthema und die damit im Zusammenhang stehende Frage, warum in den Wochenlesungen des jüdischen Gottesdienstes ausgerechnet dieses Kapitel *nie* gelesen wird, in dem so zentral vom leidenden Gottesknecht die Rede ist:

> Fürwahr, er trug unsere Krankheit und lud auf sich unsere Schmerzen. … Aber er ist um unsrer Missetat willen verwundet und um unsrer Sünde willen zerschlagen. Die Strafe liegt auf ihm, auf dass wir Frieden hätten, und durch seine Wunden sind wir geheilt.
>
> *Jesaja 53,4-5*

Für mich selbst war dieses Erleben sehr bewegend, es fühlte sich beinahe so an, als sei ich zu der Zeit Jesu am Ufer vom See Genezareth.

Es war in Bonn bei einem Zusammentreffen von Abgeordneten des Parlaments mit Freunden aus der Initiative der Gebetsfrühstücks-Bewegung, als ich Seiner Exzellenz Botschafter Manyema von Sambia begegnete. Dort gab es einen lebhaften Austausch über die Fragen unserer Zeit, und wie immer einen guten geistlichen Impuls. Ich bekam die Möglichkeit, mit dem Botschafter ins Gespräch zu kommen. Am Ende desselben sagte er zu mir: ›Wir sollten noch miteinander beten.‹ Gerne stimmte ich diesem Wunsch zu. Und noch ehe ich mich versah, kniete der Mann unvermittelt an jenem Sofa nieder, auf welchem wir beide erst kurz zuvor gesessen hatten. Mir blieb nichts anderes übrig, als es ihm gleichzutun. Dann begann Manyema ganz unbekümmert mit Gott zu reden, obwohl mindestens weitere dreißig Persönlichkeiten anwesend waren, die, im Gespräch vertieft, um uns herumstanden. Im Nachhinein fragte ich mich, weshalb wir Deutschen in Glaubensdingen so entsetzlich zurückhaltend, schüchtern, ja geradezu geniert sind.

Mehrfach kreuzte sich mein Weg mit dem Staatssekretär Bezalel Bill Kabanda, die rechte Hand von Ugandas Präsident Yoweri Museveni. Eine Gruppe deutscher Bundestagsabgeordneter und eine Reihe ausländischer Botschafter, die anlässlich des *National Prayer Breakfasts* in den Vereinigten Staaten weilten, wurden im Bundesstaat Virginia der USA von einem befreundeten Hotelier zum Abendessen eingeladen. Dabei sollte jeder sein Heimatland mit den etwaigen Gegebenheiten und Merkmalen vorstellen. Botschafter Maurice Omwony aus Kenia wurde nach den Exportmöglichkeiten seines Landes gefragt. Dieser antwortete spontan: ›Wir können zwei Dinge zum Export anbieten: viel Sonnenschein und fröhliche Gesichter.‹ Dann war Bill Kabanda an der Reihe und machte einen nicht alltäglichen Vorschlag: ›Ich möchte mein Heimatland Uganda mit einem Lied vorstellen.‹ Wir erwarteten nun etwas Landestypisches, Afrikanisches, Fetziges.

Aber Bill sang zusammen mit seiner Frau: ›Read your bible, pray every day‹, dieses gut bekannte Kinderlied: ›Lies die Bibel, bet jeden Tag‹. Und in ihrer ganz natürlichen, fröhlichen Begeisterung forderten sie die recht große Tischrunde auf, kräftig mitzusingen. So geschah es, dass unsere deutschen Bundestagsabgeordneten ›Lies die Bibel, bet jeden Tag‹ sangen, wahrscheinlich das einzige Mal in ihrem Leben. Mir drängte sich ein Gedanke an ein Wort Jesu aus Matthäus 18,3 auf: ›So ihr nicht werdet wie die Kinder ...‹«

Wie gerne höre ich Friedrich Hänssler zu, wie gerne höre ich ihn aus längst vergangenen Zeiten erzählen. Die ganz eigene Art und Sprache, Erlebtes, Erfahrenes auszudrücken und zu beschreiben, ist sein Wesensmerkmal. Er hat den Gestus eines Predigers. Seine Ausstrahlungskraft ist außerordentlich, und seine wachen Augen zeugen von einem lebendigen Geist. Auch die Stimme des 90-Jährigen hat etwas ganz eigenes; ein Journalist bezeichnete diese schon als Prophetenstimme.

Bis heute blieben ihm alle seine von Gott gegebenen sprachlichen und musikalischen Talente bewahrt und erhalten. Noch immer spielt er regelmäßig zu Hause, bei familiären Anlässen auf seinem Flügel, hinter dem sich in einem eigens dafür konstruierten Wandregal Hunderte Tonträger befinden: Gospelaufnahmen, Sinfonien und geistliche Chorwerke der großen Komponisten wie Johann Sebastian Bach, Ludwig van Beethoven, Johannes Brahms, Anton Bruckner, Felix Mendelssohn-Bartholdy, Antonín Dvořák oder Wolfgang Amadeus Mozart, um nur einige zu nennen. Die Hälfte davon stammt aus der Produktion von *hänssler CLASSIC*.

Bereits in den frühen Kinderjahren übte und musizierte er auf mehreren Instrumenten. »In unserer Hänssler-Familie ging es generationsübergreifend sehr einfach und sparsam zu, es gab nicht viele besondere Events, aber sonntags, da wurde stets im Stil der damaligen Zeit gesungen und musiziert. Man hatte mir eine kleine gebrauchte schwarze Blockflöte gegeben, und so habe ich eben Blockflöte gespielt, wie jeder anständige Mensch anfängt. Später kam dann auch noch eine Zigeunergeige hinzu, in deren innerem Geigenboden sich ein Aufkleber mit den Worten ›Fecit Cremona‹ befand, was für ein besonders wertvolles Instrument sprechen würde. Nur hat das keiner von uns geglaubt.« Dieser Gedanke bringt ihn sogleich zum Schmunzeln. Für einen kurzen Moment wandert sein Blick zum hauseigenen Flügel, um dann wieder zu mir zurückzufinden.

»Im Arbeitszimmer meines Vaters stand ein Klavier, somit konnte ich im Alter von etwa acht Jahren der ständigen Beobachtung meines Vaters nicht entgehen, wenn ich zum Üben aufgefordert wurde, was mir – wie man sich vielleicht denken kann – wenig Freude bereitete. Überhaupt brach meine Begeisterung fürs Klavierspiel erst viele Jahre später durch. Es mag heute seltsam klingen, doch in den Jahren meiner Kindheit empfand ich es oftmals als Zwang.

Die Musik war generell sehr prägend für mein Leben, ich habe sie eigentlich immer ausgeübt. Als Trompeter habe ich Bach gespielt, als Geiger, als Organist, und später dann als Chorleiter viele Bachwerke einstudiert. Man kann wirklich sagen: mit Bach durchs Leben. Für mich – und ebenso auch für viele bekannte und berühmte Komponisten – ist Bach ohne jede Übertreibung einfach der Größte, der absolute Gipfel der Musik, prägend, ein überwältigender Prediger in Tönen, der das Wort Christi unter die Menschen bringen, es in ihre Herzen hineinsingen und hineinspielen wollte.

Das Zentrum seines Glaubens war unverkennbar das Kreuzesgeschehen Jesu. Das persönliche Vertrauen auf Jesus spiegelt sich in seiner wirklich einmaligen musikalischen Genialität wider. Bachs ›Dienstauffassung‹ als Kantor und Organist zeigte sich beim Schreiben seiner Partituren. Sehr häufig schrieb er am Anfang der Kompositionen die Buchstaben: J. J. – Jesu Juva, das heißt: Jesus hilf, und am Schluss derselben setzte er sein Lebensmotto S. D. G., Soli Deo Gloria, Gott allein die Ehre.«

Wer zu Gast bei den Hänsslers ist, kommt automatisch in den Genuss des gemeinsamen Singens, welches vom Hausherrn zu allen Zeiten durch das Klavier begleitet wird. Auffallend ist ebenso die beachtliche Anzahl an Büchern, unter denen viele wahre Schätze von namhaften Autoren zu finden sind. Die meisten von ihnen leben heute nicht mehr, aber ihre Geschichten, ihre Biografien und Zeugnisse sind nach wie vor lebendig. Ich denke an Größen wie Martin Luther,

Paul Gerhardt, Graf Nikolaus Ludwig von Zinzendorf, Ludwig Hofacker, Paul Schneider, Dietrich Bonhoeffer, die Brüder Wilhelm und Johannes Busch, Corrie ten Boom, W. Ian Thomas, Charles Colson und an Billy Graham!

Wenn Friedrich Hänssler aus dem Leben derer erzählt, die er persönlich kennenlernen durfte, dann tut er das oft auf eine aphoristische Weise. Jede Ausführung, jeden Bericht, jede Rückschau gibt er präzise, gibt er fassbar wieder.

Obwohl dieser Mann stets ein vorwärts gerichteter Mensch war und geblieben ist, kann er sich dennoch fabelhaft zurückerinnern an all das Gute und weniger Gute der vergangenen Zeit. Sein überaus großer Wissensschatz, die unaufgeregte, bescheidene Art und die Schlichtheit seines Wesens sind bezeichnend. Er steht aufrecht, innerlich und – trotz des hohen Alters – auch äußerlich. Man spürt ihm seine Weisheit und ungeheure Lebenserfahrung ab, die er mit jedem Wort zeugnishaft belegt, ohne das zu beabsichtigen, und so begreife ich die inzwischen unzähligen, tiefen Gespräche seit unserer ersten Begegnung als ganz großes Vorrecht.

Seine Art, die Dinge zu betrachten und zu beschreiben, spricht für ihn, insbesondere dann, wenn er von den schweren Wegen berichtet, die Gott auch mit ihm gegangen ist. Kein Hadern, kein Beklagen, kein Aufbegehren, kein Jammern oder gar Bitterkeit, nichts davon strömt mir aus all dem Anvertrauten entgegen. Friedrich Hänssler erlebe ich äußerst dankbar, zurückhaltend und in einer guten Weise demütig. Spätestens jetzt – dieser Persönlichkeit gegenübersitzend – ahne ich, was es heißt und wie gleichsam bedeutend es ist, den Weg Jesu mit den Menschen als den Weg des Gehorsams zu begreifen.

Friedrich Hänssler ist ein von Jesus Christus geprägter Mensch. Der Mann, der seit dem 22. September 1945 – dem Tag seiner persönlichen Lebensübergabe an Jesus Christus – unter der Führung Gottes lebt, war zeit seines Lebens gefordert.

»Liebt ihr mich, so werdet ihr meine Gebote halten.« sagt Jesus (Johannes 14,15) und später spricht er: »Wer aber mich nicht liebt, der hält meine Worte nicht.« (Johannes 14,24)

Dem Demütigen ist's wohl gegeben, den Bedingungen Gottes Folge zu leisten und gehorsam zu sein.

Søren Kierkegaard formulierte in einem einzigen Satz, was der gehorsame, sich zu Gott hingegebene Mensch sich zu Eigen gemacht hat:

»Je mehr der Mensch Gott braucht, je tiefer er das versteht, desto vollkommener ist er.«

Zahlreiche Leitungsaufgaben in christlichen Gremien hat er übernommen, gehörte u. a. der Kammer für Publizistik der EKD an, gründete gemeinsam mit Rudolf Decker 1979 die Initiative *Gebetsfrühstückstreffen für Parlamentarier* nach amerikanischem Vorbild, leitete den Württembergischen Christusbund (früher Brüderbund) von 1970 bis 1992, war Vorsitzender des Vereins GBA (*Gute Bücher für alle*), der bis heute per Schiff christliche Buchausstellungen in den Häfen der Dritten Welt organisiert und dadurch vielen Millionen Besuchern das Evangelium weitergibt.

Viele Jahre war er in der Mitverantwortung des Missionswerks OM (*Operation Mobilisation*) tätig, auch ist er einer der Gründer des Christlichen Medienverbunds KEP und Kuratoriumsmitglied des Vereins ProChrist, ebenso Mitglied beim CVJM, außerdem über viele Jahre im Vorstand der Deutschen Missionsgemeinschaft DMG. Er gehörte zum Vorstand bei der internationalen Hilfsorganisation *Food for the Hungry* und war Mitglied im Hauptvorstand der Deutschen Evangelischen Allianz. Die Liste ließe sich noch fortsetzen.

Obwohl er in erster Linie seiner durchgehend anspruchsvollen Tätigkeit als Verleger gerecht werden musste, übernahm er nebenher in vielfältiger Weise Verantwortung vor Gott und den Menschen.

Das Hauptanliegen des Buch- und Musikmissionars bestand zu allen Zeiten in der Verbreitung des Evangeliums durch Bücher (allem voran der Bibel selbst), Musik und Filme. Deshalb arbeitete er auch über zwei Jahrzehnte im Leitungsgremium der Württembergischen Bibelgesellschaft mit. Immer war es ihm eine Herzenssache, »dass das Evangelium in all seiner Schönheit gelesen, gehört, gesungen, gesehen und somit von den Menschen ergriffen werden kann«.

Bereits in diversen Zeitungsberichten und Interviews hat Friedrich Hänssler seine Lebensmaxime mit den Worten des Apostels Paulus aus 1. Korinther 2,2 offenbart und weiterempfohlen: »Ich habe mir vorgenommen, dass ich nichts anderes wüsste unter euch als allein Jesus Christus und den als gekreuzigt.«

Hänssler prägte die christliche Medienlandschaft insbesondere durch die Veröffentlichung der Werke von Johann Sebastian Bach in einer Gesamtausgabe auf 172 CDs in Zusammenarbeit mit dem führenden Bachinterpreten Helmuth Rilling und wurde dadurch auch als Musikverleger weltweit bekannt. Schon 1985 hatte er mit Rilling erstmalig alle geistlichen Bach-Kantaten aufgenommen – eine mutige Entscheidung, für die er den bedeutenden internationalen Musikpreis für herausragende Musikeinspielungen *Grand Prix du Disque* erhalten hatte. Dem folgten noch weitere Auszeichnungen wie die im Jahr 1992 verliehene Verdienstmedaille des Landes Baden-Württemberg, welche ihm durch den damaligen Ministerpräsidenten des Landes und Vorsitzenden der CDU in Baden-Württemberg, Erwin Teufel, verliehen wurde.

Für seine Israel-Publikationen erhielt er des Weiteren von Avraham »Avi« Primor, einem israelischen Diplomaten und Publizisten, der in den 90er-Jahren als israelischer Botschafter in Deutschland »als eine der wichtigsten Stimmen des deutsch-israelischen Dialogs bekannt wurde«, die höchste Auszeichnung der Stadt Jerusalem: Freund von Jerusalem.

Aufgrund seiner Verdienste für die christliche Literatur folgten 2001 das Bundesverdienstkreuz Erster Klasse – dem viele Jahre zuvor das Verdienstkreuz am Bande (1987) vorausgegangen war – und im selben Jahr – 2001 – die höchste Auszeichnung der Evangelischen Landeskirche in Württemberg, die silberne Brenz-Medaille, welche nach dem Reformator Johannes Brenz benannt ist.

Die ungemein zahlreichen, häufig auch folgenreichen nationalen und internationalen Begegnungen mit prominenten und unbekannten Persönlichkeiten im Leben von Friedrich Hänssler begreift er im Rückblick als von Gott geschenkt. Entscheidend war und ist für ihn immer die Tatsache, ob er einem Menschen mit Vorbildcharakter, einem Botschafter des Christus, einem vollmächtigen Zeugen Jesu gegenübersteht.

Solche für ihn prägenden Begegnungen haben sein Leben reich und lebendig gemacht, sie haben ihn erfüllt und zeitlebens in neue Aufgaben und Herausforderungen hineingeschoben.

Erst kürzlich bekannte der bis heute gefragte Redner während eines öffentlichen Vortrags: »Es waren oft ganz schlichte Menschen, die mein Leben in irgendeiner Weise berührt oder beeinflusst haben, die mir zum Anstoßgeber und Vorbild für meine Lebensführung geworden sind – nicht aus sich selbst heraus, sondern weil sie sich von der Schöpferkraft Gottes ausprägen ließen. Ich aber muss geradestehen für jene Vorbilder, die ich für mich persönlich auswählte, Menschen, in deren Leben Christus selbst lebte, die mir echte Wegweiser waren, um mich auf meinen Lebenswegen nicht zu verirren.«

Friedrich Hänssler sen. – Familienvater, Verleger und Gründer des Musikverlags Hänssler

Klein, schlicht, unauffällig beginnt das Große. Auf diese Weise baut Gott *sein* Reich. Aus Unscheinbarem wächst das Besondere, das Außergewöhnliche. Das Bild des Senfkorns im Gleichnis Jesu wird am Anfang zeichenhaft beschrieben, am Ende steht dann der alles überragende, tief verwurzelte große Baum. Alles, was aus der Liebe zu Gott entsteht, setzt oftmals auch weltverändernde Kräfte frei. Trotz aller Widerstände. Und die gab es reichlich im Leben des Vaters von Friedrich Hänssler, dem Musikverleger und Verlagsgründer Friedrich Hänssler sen. Auch sein Weg war ein Kreuzweg – mit Prüfungen, Anfechtungen und Leid gepflastert.

Friedrich Hänssler sen., der am 12. Juli 1892 in Plieningen (heute der südlichste Ortsteil von Stuttgart) als Sohn armer Eltern in eine Korbmacherdynastie hineingeboren wurde, lernte bereits in frühen Kinderjahren Körbe zu flechten und half gemeinsam mit seinen sechs Geschwistern seinem stets kränklichen Vater bei der harten Arbeit. Schon der Großvater, ein Patriarch mit wallendem Bart, überdies strenger Baptist, welcher im Umfeld der Erweckungsbewegung durch den württembergischen evangelischen Pfarrer und Kirchenlieddichter Johann Christoph Blumhardt aufwuchs, auch wahrscheinlich einen persönlichen Kontakt zu ihm hatte, beherrschte dieses Handwerk vortrefflich, sodass seine Qualitätsarbeit in den führenden Stuttgarter Fachgeschäften bekannt geworden war. In diese Fußstapfen traten dann nachfolgend zwei weitere Generationen der Hänsslers.

Lange Jahre lebte die Familie in äußerst einfachen und bescheidenen Verhältnissen. Um der räumlichen Enge entfliehen zu können, kaufte der Familienvater zu einem späteren Zeitpunkt ein eigenes Haus, welches gleichzeitig auch als Arbeitsstätte für die Korbmacherei diente. Schon bald darauf, im Jahre 1908, wurde die Familie vom viel zu frühen Tod des Vaters erschüttert, welcher nach einem langen Krankenhausaufenthalt von seinem Herrn heimgerufen worden war. An jenem Tag endete für den jungen Friedrich die Kindheit. Der erst Sechzehnjährige musste von jetzt an die Verantwortung für die Familie und für das Geschäft des Vaters übernehmen und dieses, ganz auf sich allein gestellt, sorgfältig weiterführen.

Trotz aller inneren und äußeren Nöte, die der Familie, aber vor allem auch ihm selbst in unvorstellbarer Schwere begegneten, war es nun die Aufgabe des heranwachsenden Jungen, die verwaiste Vaterstelle auszufüllen. Mit dem neuen Eigentum, welches das verstorbene Familienoberhaupt noch vor seiner Erkrankung erworben hatte, wuchsen im Besonderen auch die Schuldenberge. Hinzu kamen außerdem offene Arztrechnungen in nicht geringer Höhe, die aufgrund des achtwöchigen Krankenhausaufenthalts und der nicht vorhandenen Krankenversicherung seitens des Heimgegangenen entstanden sind.

Das waren wirklich hoch bedrückende Umstände. Für den leidgeprüften Jungen bedeutete das ein kaum zu tragendes Gewicht an hereingebrochener Not. All die Bedürftigkeit, all die Mühsal und die Trauer um den Verlust des Vaters trieben den jungen Friedrich Hänssler geradewegs in die helfenden Arme des Retters. Ausgerechnet am Tage der Beerdigung, am Grab seines Vaters, in den dunkelsten Stunden seines bisherigen Daseins, inmitten von Trost- und Hoffnungslosigkeit, fiel die Stunde von Friedrich Hänsslers Bekehrung und mit ihr gleichzeitig auch die seiner Berufung und Begabung für die künftige Lebensbestimmung.

Bei diesem heiligen Erweckungserlebnis vernahm der junge Friedrich Hänssler den eindeutigen und unmissverständlichen Ruf Gottes und vertraute Jesus Christus sein ganzes Leben an, welches sich ab jenem Moment vollständig verändern sollte.

Im CVJM fand er nicht nur Ermutigung und Trost – beides brauchte Friedrich Hänssler dringender denn je –, hauptsächlich wirkte er dort im Posaunenchor mit und spielte bald alle verschiedenartigen Chor-Instrumente. Es war der Musiklehrer, der einst seinen Schüler mit der Feststellung vor die Tür setzte: »Hänssler, du verdirbst mir den gesamten Chor.« Jetzt, nach Hänsslers Lebensübergabe an den Herrn Jesus, bestach er *vor allem* durch seine Musikalität.

Neben der Korbmacherarbeit studierte er im Selbststudium Allgemeine Musiklehre, etwas später dann Formenlehre, Harmonielehre und Kontrapunkt. Gott sorgte nebenher auf wunderbare Weise für kostenloses Studienmaterial in Form von Büchern. Nach eigenen Angaben empfand Friedrich Hänssler es zunächst als schwierig, hinter die Geheimnisse der Musik zu kommen. Umso verwunderlicher schien darum die Tatsache, dass er dennoch – bereits schon in den ersten Anfängen seiner musikalischen Laufbahn – mit außergewöhnlicher Leichtigkeit Kompositionen zu schreiben vermochte. Doch die anhaltende Kombination aus beschwerlicher Arbeit und dem parallel laufenden Studium sollte alsbald ihren Tribut fordern. Als Folge dieser Dauerbelastung erkrankte der Korbmachersohn ernsthaft am Herzen, und so war es ihm einige Monate lang nicht mehr möglich, zu arbeiten oder zu studieren. Gerade in jenen schwierigen Zeiten zeigte sich besonders die Treue Gottes in Hänsslers Leben, der ihn überwinden ließ, durch alles hindurchtrug und schlussendlich wieder aufrichtete. Geblieben war ihm allerdings ein starker Herzfehler, aufgrund dessen er kein Soldat mehr werden konnte.

Unmittelbar nach der Genesung kaufte sich Hänssler für 27 Reichsmark ein altes, reparaturbedürftiges Tafelklavier, bei dem die meisten der Hämmerchen leider schon kaputt waren. Diesem Kauf fiel dann bedauerlicherweise seine eigene Trompete zum Opfer, die er gezwungenermaßen veräußern musste, um überhaupt die Kosten bezahlen zu können. Die finanzielle Situation erlaubte es ihm nicht, einen Fachmann zu beauftragen, und so machte sich der junge, talentierte Mann schließlich selbst ans Werk, um das Klavier sachgemäß zu reparieren, zu stimmen und insbesondere um darauf spielen zu lernen. Nach und nach bekam er einige Liederbücher und eine alte Klavierschule geschenkt. Gott sorgte väterlich für ihn.

Im Jahre 1913 evangelisierten zwei Weingärtner aus dem Remstal für zehn Tage in Plieningen in einer Gastwirtschaft. Dabei kam eine ganze Anzahl von jungen Menschen zum lebendigen Glauben an Jesus Christus. Bei dieser Evangelisation wurden von einigen der Anwesenden Erweckungslieder gesungen, daraus bildete sich nachfolgend dann ein Gitarrenchor. Kurze Zeit später gründete Friedrich Hänssler einen gemischten Chor, dessen Leiter er auch war. Viele der neu entstandenen Kompositionen des künftigen Musikverlegers erklangen hier nun zum allerersten Mal. Mit der Neugründung begegnete Hänssler seiner besten Sängerin Anna Leitenberger, die er dann alsbald im Jahre 1915 heiratete. Doch das Eheglück, aus welchem zwei Kinder hervorgegangen sind, währte leider nicht lange.

Das Jahr 1918 sollte für den jungen Mann zum Schicksalsjahr werden. Eines der beiden Kleinen, gerade mal zweijährig, starb an Hirnhautentzündung. Wenige Monate später erkrankte darüber hinaus auch seine Frau Anna. Bald darauf, im November des gleichen Jahres, starb die junge Frau an einer Grippe-Pandemie. Bruder Otto Hänssler, eine geistliche Persönlichkeit mit besonderer Musikbegabung, 1898 geboren, kam ebenfalls im Schicksalsjahr im Alter von 20 Jahren an der Westfront ums Leben.

Jener bittere Lebensabschnitt wurde späterhin von Friedrich Hänssler in seiner Testamentseinleitung wie folgt beschrieben:

Das waren Schläge für mich. Ich will nicht sagen, dass ich mich gegen Gott aufgelehnt hätte, aber ich konnte Gottes Wege nicht mehr verstehen. Es ging mir wie in dem damals von mir vertonten Lied: »Gottes Wege sind oft dunkel, überschattet von der Nacht«, in dem es am Schluss heißt: »Gottes wunderbare Gnade wandelt sie in Herrlichkeit.« Ich durfte mich zum Dennoch des Glaubens mit Psalm 73 durchringen.

Psalm 73,21-28 [3]

Inmitten dieser kaum tragbaren, schweren Erlebnisse entstand wie durch ein Wunder ein wahrer Liederschatz. Der schwer Geprüfte komponierte vorwiegend Lieder, die von der Ewigkeit, vom Jenseits handelten. Das Ewige schien das einzig Gewisse zu sein. Manche der Lieder entwickelten sich auch ganz spontan, situativ. Als ihn eines Tages die Nachricht vom Tod seines besten Freundes erreichte, einem Matrosen, der mit einem Kriegsschiff untergegangen war, schrieb er beispielsweise die große Motette *Auch das Meer gibt seine Toten wieder.* Darüber hinaus folgten Lieder wie: *Droben im Lichte, da wird es einst tagen; Ich möchte heim, mich zieht's zum Vaterhause; Wer weist den Weg nach der oberen Stadt; Heimat im Lichte dort; In meines Jesu Hände* mit dem Vers: »Geht's auch durch Dorn und Dunkel«, und dem Refrain: »Drum weiß ich, umso schöner wird's droben einmal sein, wenn ich zu deinen Toren, Jerusalem, zieh ein.«

Alle Lieder weisen einen tief gehenden Bezug zur himmlischen Herrlichkeit auf. Diese Musikstücke und noch viele weitere gleichartige Kompositionen sind nicht zuletzt auch aufgrund seiner großen inneren und äußeren Lebensveränderung entstanden.

Gott schenkte ihm Kreativität im höchsten Maße. All die signifikanten, schmerzlichen Erlebnisse machten aus dem jungen Komponisten einen – man möchte sagen – neuen Menschen, was sich vornehmlich im weiteren Berufsleben auswirken sollte.

Trotz des unaussprechlichen Leids, trotz der menschlichen Verluste folgte dieser Mann ohne zu resignieren jenem Weg, der ihm von seinem Herrn bestimmt war.

Schon einige seiner Kompositionen hatte er bereits 1915, im Jahr der Heirat seiner ersten Frau Anna, bei verschiedenen Verlagen herausgegeben, unter anderem auch in dem Bonner Verlag Johannes Schergens. Dieser aber und weitere Verlage überstanden die Wirren des Ersten Weltkriegs nicht.

Jetzt galt es, nach einer Lösung, nach einer Alternative zu suchen, eine neue Option zu finden. Und die sollte ihm von Gott in beeindruckender Weise geschenkt werden.

Am 1. April 1919, inmitten der desaströsen Nachkriegszeit, die geprägt war von fürchterlichem Hunger, bitterer Armut und Knappheit an Gütern jeglicher Art, wagte Friedrich Hänssler einen gewaltigen, im Ganzen beeinflussenden, mutigen Schritt und gründete – aus der Notwendigkeit heraus – in aller Einfachheit den gleichnamigen Musikverlag Friedrich Hänssler. Der Grundstein für die beginnende Verlagsarbeit war die Komposition: »Auf Adlers Flügeln getragen«, welche ursprünglich von dem Verlag Berthold & Schwerdtner abgelehnt worden war. Schriftlich hielt er dazu in seinem Nachlass fest:

»Im April 1919 versuchte ich, einige meiner ersten Kompositionen selbst drucken zu lassen. Dazu gehörte das Lied: *Auf Adlers Flügeln getragen / übers brausende Meer der Zeit / getragen auf Adlers Flügeln / bis hinein in die Ewigkeit*, gedichtet von Anni von Viebahn. Mithilfe von Freunden konnten schon in den ersten Monaten 25 000 bis 30 000 Exemplare verkauft werden. Es folgten dann einige Liederhefte.«[4]

Dieses ausgesprochen erfolgreiche Werk, welches man zunächst in der St.-Johannis-Druckerei in Lahr-Dinglingen druckte, höchstwahrscheinlich deshalb, weil dort bereits der Text der Liederdichterin Anni von Viebahn vorlag, wurde später in vielen Sprachen – unter anderem in Russisch, Ungarisch, Polnisch, Slowenisch – übersetzt und veröffentlicht. Eine Originalausgabe konnte glücklicherweise bis auf den heutigen Tag aufbewahrt werden. Ungezählt viele Chöre richteten im Laufe der Jahre ihren Fokus auf diese Publikation. Bei einer Freiversammlung auf einer Wiese in Stuttgart-Plieningen, an jenem Platz, auf dem heute das Gemeinschaftshaus steht, fand seinerzeit die Uraufführung dieser gesegneten Komposition statt.

Friedrich Hänssler begriff alles als von Gott geschenkt, wie man im ersten publizierten Liederheft, dessen erste Auflage im selben Jahr verlegt wurde, unmissverständlich lesen kann: »Mögen diese mir von Gott geschenkten Lieder vielen zum Segen werden.«

Auch die Zielsetzung seines musikalischen Wirkens wird anhand der Veröffentlichung des ersten Lieds in jenem Heft eindeutig dargestellt: »Dich preisen will ich, Herr, durch meine Lieder«, lautete die vertonte Botschaft. Der Chor der Landeskirchlichen Gemeinschaft in Plieningen sang bereits 1920 aus diesem und darüber hinaus aus drei weiteren Liederheften, welche alle im ersten Verlagsjahr mit insgesamt sechzig Kompositionen Verbreitung fanden.

Große Aufmerksamkeit verlangte gleichfalls auch das Privatleben des Unternehmers. Nachdem Anna, geborene Leitenberger, viel zu früh heimgegangen war – sie starb während der Abwesenheit von Friedrich Hänssler, der sich auf einer Dienstreise befand –, galt es alsbald eine Frau, vor allem aber eine Mutter für das hinterbliebene einjährige Kind zu finden, welches seit dem traurigen Ereignis die Zuwendung der im Haus lebenden Großmutter und der Schwester des Verlegers erfahren durfte. Und so schien es wohl naheliegend zu sein, dass Friedrich Hänssler eines Tages, im Jahre 1919, um die Hand von Friederike Leitenberger, der Schwester der Verstorbenen, anhalten würde, die er freilich gut kannte.

Die so wichtige Entscheidung fiel dieser an schwerem, immer stärker werdendem Asthma erkrankten Frau wahrlich nicht leicht. Letztlich konnte sie aber doch in der Anfrage eine klare Wegführung Gottes erkennen. Tatkräftig und mit ungeheurem Fleiß brachte Friederike sich in den neu gegründeten Musikverlag ihres Mannes ein und widmete sich geradezu aufopferungsvoll dieser weiteren Herausforderung. In rascher Folge erschienen über zweihundert Einzelblätter mit Originalkompositionen von Friedrich Hänssler. Der blühende Aufschwung, welcher mit dem Lied *Auf Adlers Flügeln getragen* seinen Anfang genommen hatte, hielt mehrere Jahre lang an – bis zur Inflation 1923.

Als der Wert des Geldes schließlich immer geringer wurde und die Preise ins Unermessliche stiegen, geriet die Existenz des Verlages erstmals in Gefahr. Gott aber half weiter. Ein Schweizer Kunde war es, der aufgrund der starken Stellung des Schweizer Franken den Verlag mit dauerhaften Großaufträgen durch die Inflationszeit tragen konnte und somit auf wunderbare Weise den Fortgang des Betriebes ermöglichte.

In den Jahren 1924–1926 folgte durch die stete Veröffentlichung von Einzelblättern und einigen Liedheften, welche ausnahmslos in Leipzig gedruckt wurden, dem Hauptproduktionsort der gesamten Musikwelt, ein weiterer Aufschwung in der Firma.

Die guten Zeiten endeten jedoch mit der wirtschaftlichen Rezession 1928/1929, der Weltwirtschaftskrise, ausgelöst durch den New Yorker Börsencrash. Sie führte weltweit »zu einem massiven Rückgang der wirtschaftlichen Gesamtleistung« und brachte soziales Elend in einem unbeschreiblichen Ausmaß, politische Krisen und massenweise Arbeitslosigkeit mit sich. Auch am Verlag gingen diese so schwierigen Zeiten keineswegs spurlos vorüber.

Beginnend ab 1933 erfuhr Friedrich Hänssler durch den Nationalsozialismus eine allumfassende Drosselung der gesamten Verlagsarbeit. Man versuchte alles Jüdische auszumerzen, auch die

Musik betreffend, und so gelang es zum Beispiel kaum, eine Komposition wie *Du Hirte Israels* zu publizieren.

Im Folgejahr 1934 wurde der Musikverlag dann zwangsweise in die Reichskulturkammer aufgenommen, und das, obwohl der allein auf Christus ausgerichtete Mann nie Mitglied der NSDAP war, sondern von Anfang an vielmehr als Gegner wahrgenommen wurde.

Bei der entscheidenden Wahl im Januar 1933, aus der Hitler als Reichskanzler hervorgegangen ist, stand auch der Verleger Hänssler in der Wahlkabine, um abzustimmen. Gerade als dieser damit beginnen wollte, auf dem Stimmzettel sein »Kreuz« auch für die NSDAP zu setzen, geschah etwas wirklich Seltsames. Plötzlich nahm er eine wie unsichtbare Hand wahr, die ihn spürbar deutlich daran hinderte – etwa so, als würde er von außen festgehalten werden –, jenen gravierenden Fehler zu begehen. Hänssler verließ die Kabine schließlich unverrichteter Dinge, ohne eine Partei zu wählen. Dieses sah Friedrich Hänssler als deutliches Eingreifen Gottes. Gott offenbarte hier unmissverständlich seinen Willen und wies Friedrich Hänssler damit gleichzeitig den rechten Weg.

Der in einem Jugendverband mitverantwortliche Verleger – in welchem damals die große Bedrohung der Zwangsübernahme in die Hitlerjugend vorherrschte – verabschiedete sich 1934 aus demselben in der Pauluskirche in Geislingen von der gesamten Gemeinde mit den Worten: »Heil sei dem, der auf dem Stuhl sitzt, unserm Gott und dem Lamm« (Offenbarung 7,10). Dieser Gruß hätte dem Entschlossenen sehr viel Ärger bereiten können, zu einer Zeit, in der man einander ausschließlich mit »Heil Hitler« begegnen sollte.

Auch Friederike Leitenberger, die im Jahre 1887 auf einem kleinen Gehöft einer alten einsamen Mühle geboren wurde, hatte bereits als junges Mädchen ihr Leben Jesus anvertraut und lebte seither mit ganzer Hingabe für ihren Herrn. Es geschah nach einer Zeltevangelisation in Stuttgart-Bad Cannstatt, zu der sie eingeladen wurde, dass sie zum lebendigen Glauben an Jesus Christus kam.

Der Gründer der Deutschen Zeltmission, Jakob Vetter, sprach die Menschen in seiner klaren, eindeutigen und adressierten Verkündigung sehr offen und geradeheraus an: »Niemand hat triftigere Gründe, zum Arzt zu gehen, als der Kranke, und niemand hat mehr Grund, zu Jesus zu gehen, als der Sünder. Also, nicht länger gewartet, auf zum Heiland!«[5]

Diese Botschaft veränderte Friederikes Leben grundlegend, deren Jugend von großer Armut und der lebenslangen Trennung ihrer Mutter – sie starb bei ihrer Geburt – geprägt war. Diese schmerzhaften Erfahrungen blieben ebenso wenig folgenlos wie die distanzierte, an Liebe mangelnde Erziehung der Stiefmutter, die keine rechte Nähe zu der Kleinen herzustellen vermochte und die ihren Aufgaben wenig gewachsen zu sein schien. Die so dringend benötigte Nestwärme und Geborgenheit blieben Friederike deshalb versagt.

Bereits in den frühesten Kindertagen musste das Mädchen noch vor dem Schulbeginn ihrem Vater – einem für das Umfeld der Landstraßen zuständigen Straßenwart – zur Hand gehen und mit der Sense beim Grasmähen bzw. im Winter beim Schneeräumen helfen. Die unbegreiflich harte, aus heutiger Sicht kaum nachvollziehbare Inanspruchnahme des Kindes änderte sich auch nach der Schulzeit nicht. Schließlich kam es durch die andauernde Überbeanspruchung zu verschiedenen lebenslangen Leiden. Jedoch galt die Mithilfe bei der väterlichen Aufgabe als unwiderrufliche Pflicht, und das, obwohl die inzwischen den Kinderschuhen entwachsene junge Frau stets unter großer Anstrengung täglich mehrere Kilometer zu Fuß zur Arbeit in eine Weberei gehen musste und sehr spät dann auch den gleichen Weg wieder zurück.

Vielleicht war der Wunsch nach Liebe und Fürsorge, verbunden mit der vorherrschenden Notsituation, der entscheidende Anlass, welcher die Sehnsucht nach Gott erst so richtig entfachte. Friederike wurde jedenfalls eine wahre Fackelträgerin und brannte für Christus. Die aus einem nicht gläubigen Elternhaus stammende junge

Frau besuchte von nun an regelmäßig die Gottesdienste, hörte mit weit offenem Herzen die Predigten, welche sie im Anschluss auffallend gut wiedergeben konnte, und sie lernte eine Vielzahl an Bibelworten und Gesangbuchliedern auswendig. Jesus hatte ein großes Feuer in ihr auf eine Weise angezündet, wie es Jakob Vetter betont zu beschreiben vermochte: »Ein Christ ist wie eine brennende Kohle. Entweder steckt sie andere in Brand oder sie geht aus.«[6]

Dem Ehepaar Friederike und Friedrich Hänssler wurden insgesamt vier Kinder geschenkt. Leider verstarben zwei davon schon kurz nach ihrer Geburt und auch das dritte Kind, Tochter Anna, 1920 geboren, für die Eltern ein wirklicher Sonnenschein, starb 17-jährig an Diphtherie. Einzig der 1927 geborene Sohn Samuel Friedrich, späterer Erbe des Musikverlags, und die aus erster Ehe hervorgegangene Stiefschwester Elsa waren den Hänsslers geblieben.

Die unbeschreiblich schmerzlichen Erfahrungen führten das Ehepaar Hänssler an die Grenze des Erträglichen und läuteten eine Phase der Niedergeschlagenheit ein, trotz ihres Glaubens, der fest im Wort Gottes gegründet war. Hinzu kamen noch weitere Herausforderungen durch die vorherrschende Macht des Nationalsozialismus.

Die Verhältnisse im Ganzen mit Auswirkungen auf den Verlag, die Familie, die Versammlung der Gläubigen und vor allem auch auf die Kirche wurden immer schwieriger. Die kleine Familie sah sich den unterschiedlichsten Angriffen gegenübergestellt. Weil der Verlag nicht konform mit der Naziideologie war und nur bibelbezogene Musik veröffentlichte, hatte das freilich spürbare Auswirkungen auf den gesamten Verkauf. Es gab bittere, kolossale Auseinandersetzungen, auch im Dorf, zwischen der Bekennenden Kirche und den Deutschen Christen, den Nazis, die das wahre Christentum überwinden und radikal verändern wollten.

Ein ganzes Volk litt unter der Verblendung dieser rassistischen Ideologie und ihrem totalitären Absolutheitsanspruch. Jene, die gegen den Strom schwammen, gerieten im höchsten Maße in Gefahr, wurden an den Pranger gestellt, geächtet, zurückgewiesen, boykottiert oder kamen im Konzentrationslager zu Tode. Und so mussten auch die Hänsslers – im Hinblick auf ihre totale Ablehnung der politischen Ausrichtung des Staates – absolutes Unverständnis seitens der Bevölkerung im Dorfe erfahren. Die negativen Einflüsse des Nationalsozialismus waren überall greifbar.

Das Jahr 1938 war für die Familie ein Jahr mit besonderen Herausforderungen.

Der damalige, im Heimatdorf Plieningen amtierende Dekan, ein überzeugter Nationalsozialist, verbot dem im aktiven Widerstand der Bekennenden Kirche stehenden Ortspfarrer die Benutzung der kirchlichen Räume für ein beabsichtigtes Treffen bekennender Pfarrer. Friedrich Hänssler, damals Leiter der örtlichen Landeskirchlichen Gemeinschaft, reagierte darauf entsprechend und bot unerschrocken deren Saal als Ausweichraum an. Als das Treffen schließlich beginnen sollte, sperrte die Geheime Staatspolizei das Gebäude radikal ab, mit dem Hinweis: »Verboten!«

Ein anderes eindrückliches Erlebnis geschah in der großen, alten Dorfkirche. An der Decke des Kirchenschiffs war ein Wort Gottes leicht gekürzt, aus Hosea 14,6, kunstvoll aufgemalt: »Israel soll blühen wie eine Rose.« Entsprechend der Partei-Ideologie wurde dieses vollständig entfernt. Im selben Jahr erschien zudem in der *Reichssturmfahne*, dem Kampfblatt der Hitlerjugend, ein Schmähartikel über den Musikverleger zum Thema »Der Bote aus Zion«. Dabei wurde das Kinderlied *Gospel Train* in deutscher Übersetzung mit der Bemerkung abgedruckt, dass man »diesen Schwachsinn« im Musikverlag Friedrich Hänssler in Plieningen beziehen könne.

Mit Kriegsbeginn im Jahre 1939 veränderte sich zwangsläufig absolut alles, auch die Familienstrukturen. Viele der Männer wurden nun Soldaten und mussten jetzt an die Front, um zu kämpfen, während die Frauen mit ihren Kindern im Ungewissen zurückblieben. Die drängende, innere Frage nach einem Wiedersehen und ob man das Kommende wohl irgendwie überleben würde, blieb letztlich für jeden Menschen unbeantwortet und vollkommen offen. Jedwede Sicherheit war von heute auf morgen verloren gegangen.

Wieder warteten auf den Musikverlag große Herausforderungen, wieder brachen schwierige Zeiten an, denen sich natürlich die gesamte Zivilbevölkerung, aber eben auch jeder damalige Unternehmer zu stellen hatte.

Bisher publiziertes Chormaterial für den gemischten Chor war, der neuen Situation entsprechend, einfach nicht mehr gefragt – man musste umdisponieren. Der Schwerpunkt lag nun fast ausschließlich auf Frauenchormaterial. Die Kriegsumstände bestimmten jetzt Angebot und Nachfrage. Es gab zum Beispiel seitens der Regierung die Anordnung, nachts sämtliche Fenster in den Häusern zu verdunkeln, damit die ausländischen Flugzeuge diese nicht orten konnten, und so wurde beispielsweise vorschriftsmäßig Verdunkelungspapier in rauen Mengen verkauft, große schwarze Rollen, die man in die Fenster einhängen konnte.

Die Hänssler-Familie geriet im Jahre 1941 durch das ausgesprochene Verlagsverbot in eine besonders prekäre Lage. Alle Kupferstichplatten – damals gab es noch keine Offsetdruckereien und so druckte man eben noch von diesen Platten – mussten zur restlosen Vernichtung abgeliefert und eingeschmolzen werden – ein enormer wirtschaftlicher Verlust.

Am Ende desselben Jahres kam es außerdem durch eine Luftmine, einer großen Sprengbombe, die aufgrund ihrer immensen Druckwelle allein auf völlige Zerstörung zielte, zu einer starken Beschädigung des Hauses, in welchem der Verlag in mehreren Räumen ansässig war. Dieses gefährliche Ereignis, bei dem unter anderem das ganze Dach abgedeckt wurde, hätte für den Verleger wahrlich schlimm, unter Umständen sogar tödlich enden können, als in einem Augenblick ein riesiger Bombensplitter direkt über den Kopf des Mannes hinwegrauschte, während dieser im Bett lag, und bei der wuchtigen Landung fast einen ganzen Balken durchschlug.

Mit dem staatlicherseits erzwungenen Ende der Verlagsarbeit musste dringend etwas Neues gefunden werden. Räumlichkeiten waren ja durchaus vorhanden, und diese konnten erfreulicherweise auch weiterhin genutzt werden. So entstand zu guter Letzt ein Schreibwarenladen und, wen wundert es, man konnte hier unter anderem freilich auch Bücher kaufen. Immer mal wieder prüfte und kontrollierte die Gestapo das Warenangebot der Ein-Mann-Firma nach gezielten Titeln, fand aber nichts, was sie hätte vernichten müssen.

Es grenzt geradezu an ein Wunder, dass es dem Musikverleger inmitten der judenfeindlichen nationalsozialistischen Zeit und trotz des Verlagsverbotes 1941 gelang, im Jahre 1942 eine selbst komponierte Motette mit dem programmatischen Titel *Der Herr hat Zion erwählt und hat Lust daselbst zu wohnen* drucken zu lassen. Mit diesem Bibelwort aus Psalm 132,13 unterstrich er zweifelsfrei seine klare theologische Ausrichtung und seine besondere Beziehung zu dem auserwählten Volk Israel.

Aufgrund der allumfassenden, durch und durch Jesus-zentrierten Ausrichtung war der schwer Herzkranke längst nicht bei allen Menschen beliebt. Deshalb kam es hin und wieder mal vor, dass er unberechtigterweise eine fadenscheinige Strafanzeige bekam, einzig und allein mit dem Ziel, ihm und seinem Verlag zu schaden. Einmal klagte man Friedrich Hänssler eines Wirtschaftsvergehens an und behauptete, er hätte einen Füllfederhalter verkauft, um einen Zentner Weizen zu bekommen, was keineswegs stimmte. Die Anzeige wurde dann letztlich nicht weiterverfolgt. Irgendwie wollte man ihn beiseiteräumen, ihn wegschaffen.

Es ist darum wenig verwunderlich, dass irgendwann erneut ein Verbot erging, welches sich diesmal natürlich auf den Schreibwarenladen bezog. Sämtliche Restbestände von wichtigen Notendrucken und Büchern mussten nun für die beabsichtigten Nachdrucke gerettet werden. Dem einfallsreichen Mann kam schließlich der durchaus amüsante Gedanke, die wichtigsten Ladenschätze unter mehreren riesigen Wachstuch-Tischdecken in einem Hühnerstall zu deponieren, in der nicht unbegründeten Hoffnung, dass die auf der Hühnerstange sitzenden Tiere eine gute, hauptsächlich aber quantitativ ergiebige Arbeit verrichten würden. Auf die Hühner war wirklich Verlass. Ganz systematisch deckten sie zu, was keinesfalls offenbar werden durfte.

Alle Aktionen der politischen Führungsriege im Dorf und darüber hinaus dienten dem Zweck, Menschen in irgendeiner Weise zu provozieren. Das betraf ebenso Friedrich Hänssler, der in der Endphase des Zweiten Weltkrieges in den *Deutschen Volkssturm* – das letzte Aufgebot des Dritten Reiches – einberufen werden sollte. Dieser Aufruf galt ohne jede Ausnahme allen Männern im Alter von 16 bis 60 Jahren, mit dem Ziel, die drohende Niederlage des Deutschen Reiches noch zu verhindern.

Der Familienvater, der an einem Herz- und Blasenleiden litt und sowohl diesen Umstand als auch die damit verbundene Kriegsdienstuntauglichkeit durch ein Testat einwandfrei beweisen konnte, wurde nichtsdestotrotz von einigen SA-Führern schikaniert und erhielt schließlich sogar den willkürlichen Befehl, sich ins Schloss Hohenheim zu begeben und dort durch einen SS-Arzt untersuchen zu lassen. Neben Schmähung und Verunglimpfung seiner Person forderte man ihn hier auch körperlich heraus und befahl ihm, mit dem Wissen um seinen desolaten Zustand – er war zu diesem Zeitpunkt gesundheitlich sehr angeschlagen –, einige Kniebeugen zu machen. Als dieser dann den Befehl versucht auszuführen, fiel er sogleich nach der ersten Übung bewusstlos um. Damit war die Situation für alle Anwesenden eindeutig. Gott hatte unmissverständlich sichtbar gemacht, dass *er* da ist und dass *er* seine Hand bewahrend über die hält, die zu *ihm* gehören.

Die letzten Tage im April 1945: Nordafrikanische Hilfstruppen der Franzosen marschieren nach Stuttgart ein und besetzen in und um Plieningen die gesamte Region. Es ist Kriegsende, als marokkanische, algerische und tunesische Soldaten die Häuser im Dorf durchsuchen, plündern und unsinnigerweise den Privatbesitz der Menschen völlig zerstören. Alles, was sie brauchen können, nehmen sie mit. Auch das Haus der Familie Hänssler bleibt davon nicht verschont. Ganze Hühnervölker werden von den Eindringlingen notfalls zusammengeschossen, um sich ein Abendessen zu sichern. Eine signifikante Anzahl von Männern wird von der Straße weg verhaftet, viele kommen erst nach Wochen heim. Die Frauen dagegen sind massenweise Vergewaltigungen ausgesetzt, oft im Beisein der Kinder, zum Teil sogar in Anwesenheit ihrer eigenen Männer. Die Tage der Besetzung sind unbeschreiblich schlimm.

Den Franzosen ging es allerdings unter deutscher Herrschaft nicht besser. Die Wehrmacht und die SS wüteten grausam und brachten unvorstellbares Leid über die Bevölkerung. Die Rachegelüste und Hassgefühle der Franzosen gegenüber den Deutschen waren dementsprechend groß.

Die bitteren Zeiten halten noch lange an, auch wenn sich im Laufe des Monats Mai die Lage insgesamt ein wenig zu »normalisieren« scheint. Nach wie vor gibt es kaum etwas zu essen für die Menschen. Oft stehen sie stundenlang vor den Geschäften an, um am Ende trotzdem weinend und mit leeren Händen nach Hause zu gehen. Das zu großen Teilen zerstörte Stuttgart kommt erst nach dem 8. Juli 1945 allmählich zur Ruhe. Jetzt müssen die französischen Truppen den Amerikanern weichen. Für den Musikverlag Hänssler bedeutet diese Tatsache nicht unbedingt eine sofortige Erleichterung. An mehr als an ein kurzes Aufatmen ist zunächst noch nicht zu denken, denn ohne eine Lizenz der amerikanischen Militärregierung kann die Verlagsarbeit nicht wieder aufgenommen werden. Und ohne eine Lizenz kann man auch kein Papier kaufen.

Die Eindeutigkeit der gegnerischen Haltung Friedrich Hänsslers den Nationalsozialismus betreffend, die faktisch bewiesen werden kann, verhindert keineswegs die sich anbahnenden Probleme mit der Militärregierung. Als ein amerikanischer Oberst den Verleger eines Tages im Jeep von zu Hause abholt und konkrete Aussagen über das Verhalten vieler Menschen im Dorf Plieningen erfragt – viele sind ohnehin Nazis –, soll jede dieser Aussagen protokolliert werden. Und weil er nichts preisgeben wollte, sondern sich im Gegenteil absolut weigerte, Menschen in Schwierigkeiten zu bringen, auch wenn sie Nazis waren, folgten später dann die entsprechenden Konsequenzen. Die Amerikaner rächen sich bald daraufhin auf eine wirklich unschöne Art und Weise, indem sie den Wiederaufbau des Verlages um Jahre verzögern und die bereits offiziell erteilte Lizenz bewusst zwei Jahre zurückhalten. Zweimal mussten pflichtgemäß viele Originalpapiere mit unersetzlichen Dokumenten zu den amerikanischen Behörden gesandt werden, zweimal hatten die amerikanischen Behörden zielgerichtet alles *verloren*.

Zu jener Zeit konnte man Papier fast nur auf dem Schwarzmarkt kaufen. Selbst mit sogenannten Brotmarken standen die Chancen nicht viel besser, Druckpapier zu bekommen.

Die Hänsslers erhielten in jenen Zeiten hauptsächlich Hilfe von einer befreundeten württembergischen Druckerei namens Knoblauch, die sich für die Familie verwendete, indem sie Druckaufträge ausführte, für die keine Erlaubnis vorlag, und zudem extra noch das so dringend benötigte Papier zur Verfügung stellte. Als der Musikverlag dann endlich die offizielle Arbeitserlaubnis zurückerhalten hatte, war die Verlagstätigkeit schon längst im vollen Gange.

Durch die große Kriegszerstörung war der Bedarf an Noten sehr groß, und so gingen riesige Bestellungen beim Unternehmen ein, zumal es sonst kaum etwas zu kaufen gab. Es erschienen zahlreiche Einzelblätter und Notenheftausgaben. Mit den alten Liedern und Motetten war es allerdings schwierig geworden, auch wenn es darunter einige »Longseller« gab, die sich zu hohen Auflagen entwickelten, wie zum Beispiel: *Wir sind ein Volk vom Strom der Zeit* und natürlich das sehr bekannte *Auf Adlers Flügeln* getragen.

Die als ausgesprochene Jugendbewegung entstandene sogenannte Singbewegung in den Dreißigerjahren des 20. Jahrhunderts hatte Deutschland erobert und vermochte sich aufgrund ihrer erfolgreichen Entwicklung auch in der Kirchenmusik durchzusetzen. Der sich verändernde Musikstil, welcher seither mehr oder weniger vom 19. Jahrhundert geprägt worden war, hatte ein ganz neues Stilempfinden mit sich gebracht. So geschah es, dass die bislang weitverbreitete romantische Chormusik mehr und mehr in den Hintergrund geriet und zum Teil sogar heftig abgelehnt wurde. Für den Verlag, welcher jene, man möchte fast sagen »verstoßene« Musiklinie – nach wie vor – veröffentlichte, wirkte sich die konträre Musikrichtung nicht gerade vorteilhaft auf den Verkauf aus und das bedeutete eine nicht unerhebliche Umsatzeinbuße.

Wieder schickte Gott einen rettenden Engel, einen Mann aus derselben Branche – so wie schon einmal, wieder einen Druckereibesitzer: Dr. Alfred Zechnall aus Stuttgart. Bald brachte dieser einen Druckauftrag, ein Chorheft namens *Die Kurrende* – mit Lob- und Dankliedern für Kirchenmusik im ganz anderen Stil, meist oder fast ausschließlich mit Kompositionen alter Meister. Dr. Zechnall war festen Glaubens, dass dieses Chorheft unbedingt in einem Verlag erscheinen müsse. Mit dem Gedanken, die Herausgabe unter der Adresse seiner eigenen Druckerei zu veranlassen, wollte und konnte er sich irgendwie nicht anfreunden. Dieses Heft boten die Hänsslers dann sehr erfolgreich den Kirchenchören an, welche vielfach keine Noten mehr besaßen.

Verkauft wurden davon letztlich insgesamt über 300 000 Exemplare. Gott hatte damit einen wahren Bestseller ins Verlagshaus getragen und das Wagnis reich gesegnet. Der Herausgeber war die

Evangelische Studentengemeinde. Der finanzielle Grundstock für nächstfolgende Veröffentlichungen war bereitet. Weitere Liederhefte folgten.

Die erste Verlagsangestellte begann 1947 ihren Dienst als Sekretärin in der zunächst noch kleinen Firma und blieb insgesamt vierzehn Jahre – bis zu ihrer Heirat – in dem Unternehmen.

Am 15. August 1950 wurde dann Sohn Samuel Friedrich – der sich ohnehin in den vergangenen Jahren immer mal wieder mit größeren und kleineren Aktivitäten in das Verlagsgeschehen eingebracht hatte – offiziell als Volontär im Betrieb seines Vaters eingestellt, nicht ahnend, was Gott durch Jesus Christus aus seinen damaligen, vergleichsweise geringen Anfängen im späteren Leben noch wirken sollte.

Samuel Friedrich Hänssler jun. – Die frühen Jahre

W er ist eigentlich Samuel Friedrich Hänssler? Wie wurde dieser Mann zu der Person, die er heute ist? Wie wuchs er auf? Wie hat er persönlich die furchtbaren Zeiten des Nationalsozialismus erlebt? Wer oder was hat ihn im Besonderen geprägt? Was ist seinem Entschluss der Lebensübergabe an Jesus Christus vorausgegangen? Welche Menschen waren und sind für ihn Vorbilder? Wie sieht er die Welt von heute? Welchen Rat würde er einem Fremden, einem Unbekannten mit auf den Lebensweg geben? Wann ist die Jesusnachfolge wirklich authentisch? Welcher große Herzenswunsch bewegt ihn innerlich bis heute?

Als Friederike Hänssler, geborene Leitenberger, am 6. März 1927 in Stuttgart, im wenige Kilometer vom Wohnort entfernt liegenden Krankenhaus Bethesda, ihren Sohn Samuel Friedrich durch einen Kaiserschnitt gesund zur Welt brachte, grenzte das in der Tat an ein Wunder. Bereits vor der schwierigen Entbindung ihres herbeigesehnten Sohnes, dessen erster Name Samuel aus dem Hebräischen stammt und so viel bedeutet wie »der von Gott Erbetene«, verlor Friederike zwei ihrer Kinder. Immer waren es schwierige Geburten. Eines der beiden Babys, ein Junge mit gleichem Namen Samuel, überlebte die Zangengeburt am 7. Februar 1925 nicht. Das andere Neugeborene, ein Mädchen, starb ebenfalls, kurz nachdem es den Mutterleib verlassen hatte.

Wie sehr wünschte sich die junge Frau ein weiteres Kind. Als Gott dann eines Tages diesen Herzenswunsch erhörte, besiegelte er am Tage der Geburt jenen Bund, welchen einst Friederike – im Falle einer Gebetserhörung, also im Falle einer erneuten Schwangerschaft – mit ihrem Schöpfer geschlossen hatte, in dem sie ihr noch ungeborenes Kind ganz dem Herrn weihte und damit vom ersten Atemzug an Gott vollkommen anvertraute. Der Kleine sollte den Namen seines verstorbenen Bruders bekommen, welcher nach dem Propheten Samuel im Alten Testament benannt wurde. Der Junge war also ein ausgesprochenes Wunschkind, wenn auch eines mit besonderen Eigenarten.

Dr. Barchet soll sich doch sehr über die Starrköpfigkeit des kleinen Samuel Friedrich gewundert haben, weil der sich vom ersten Tage an ganz energisch und konsequent weigerte, an der Mutterbrust zu trinken. Der seinerzeit berühmte Chefarzt machte nach dieser eher seltenen Beobachtung so seine Bemerkungen über den Charakter des Kindes, indem er unter anderem die Frage aufwarf, woher der kleine Kerl wohl seinen Dickkopf hätte. Die verschmähte Muttermilch musste nun täglich mehrfach abgepumpt werden, da war nichts zu machen, der Junge trank einfach nicht an der Brust.

Aus wirtschaftlichen Gründen konnten die Eltern es sich nicht leisten, das Geld für eine Krankenversicherung aufzubringen, und so blieben finanziell betrachtet sämtliche medizinischen Leistungen an ihnen hängen. Die einzige Möglichkeit, die angefallenen Kosten begleichen zu können, sah Vater Hänssler in dem Verkauf seines Ackers, auf welchem viele Weidenbüsche zur Verarbeitung von Körben gepflanzt waren. Dort sollte einmal ein Haus für die Familie entstehen, so der ursprüngliche Plan des Verlegers. (Scherzhafterweise ließ Sohn Friedrich im Erwachsenenalter immer mal wieder in Gemeinschaft mit anderen die Frage aufkommen, ob dieser Verkauf sich wohl gelohnt habe.)

Im späteren Verlauf, während des Krieges, legte dann eine amerikanische Bomberflotte einen regelrechten Bombenteppich auf eben diesen ehemaligen Familienbesitz, bei dem so viele Bombentrichter entstanden, dass ein Trichter den anderen lückenlos zuschüttete. Die völlige Zerstörung des gesamten Gebietes, auf dem nicht einmal mehr die Mäuse überleben konnten, hätte jede Art von Leben, ebenso jedes Menschenleben ausgelöscht. Die finanzielle Situation, durch die der Ackerverkauf notwendig geworden war, hatte also rückblickend den Hänsslers das Leben gerettet.

Gott führt auf seine Weise, nach seinem Zeitplan und benutzt oftmals ungewöhnliche Mittel und Wege, die wir durchaus nicht immer oder erst in der Retrospektive begreifen beziehungsweise nachvollziehen können, um Dinge nach seinem Willen zu wirken und damit geschehen zu lassen oder eben zu verhindern.

Friedrich, das jüngste von insgesamt drei Kindern, lebte ein einfaches, unbeschwertes Dasein neben seinen beiden sieben und zehn Jahre älteren Schwestern Anna und Elsa, die ihren Bruder nach eigenen Aussagen gerne etwas verwöhnten. Im Jahre 1933 begann für ihn dann der Ernst des Lebens. Es ist das Jahr, in welchem Hitler zum Reichskanzler ernannt wurde, als der Junge in die Schule kommt und bald darauf miterleben musste, wie sein erster Klassenlehrer, ein Kommunist, Monate später, im Jahre 1934, ins Arbeitslager (KZ) abgeholt wird.

Und doch gab es, trotz der verheerenden politischen Entwicklung, einige Begebenheiten in dieser Zeit, die Friedrich Hänssler im Nachhinein froh oder wenigstens mit einem inneren Schmunzeln zurückblicken lassen. Eines Tages fragte der Lehrer im Unterricht die Klasse nach einem Synonym für »junges Mädchen«. Schüler Friedrich, der das Lesen anhand der Lutherbibel gelernt hatte, war sich ganz und gar sicher, diese Frage richtig beantworten zu können, und das tat er dann auch mit jener biblischen Formulierung, die ihm durch 1. Mose 24,16 in der Rebekka-Geschichte eindrücklich in Erinnerung geblieben war, und sagte ganz selbstbewusst: »Dirne.« Diese unerwartete Antwort bescherte dem Lehrer ein herzliches Lachen und sorgte insgesamt für eine heitere Stimmung.

In die Sammlung kostbarer und froher Erinnerungen gehören zweifellos jene, welche an die fürsorgliche Mutter zurückdenken lassen, die jeden Morgen ihren Sohn mit einem gemeinsamen Gebet verabschiedete, bevor Samuel Friedrich den Schulweg antrat: »Führe mich o Herr und leite meinen Gang nach deinem Wort. Sei und bleibe du auch heute mein Beschützer und mein Hort; nirgends als bei dir allein, kann ich recht bewahret sein.«

Welch eine kostbare Erinnerung! Wie viel Liebe liegt in solch einem Gebet! Wie viel an Geborgenheit und Sicherheit konnte sie auf diese Weise ihrem geliebten Schützling mitgeben. Wie nah konnte sie so ihrem kleinen Jungen den Heiland bringen. Wohl dem Kinde, das eine Mutter hat, die betet.

Der gemeinsame sonntägliche Gang zum kirchlichen Gottesdienst sowie um 14 Uhr zur christlichen Versammlung mit anschließender Verköstigung der eingeladenen oder oftmals auch ganz unerwarteten Gäste, die zum Mittagessen oder zum Sonntagskaffee kamen, ist Friedrich Hänssler ebenso unvergessen geblieben: »Ich kann mich nur an ganz wenige Sonntage erinnern, an denen meine Eltern nach dem Gottesdienst keine Gäste mitbrachten«, wird er später einmal darüber berichten und bei dieser Gelegenheit Romano Guardini zitieren: »Das ist der Gastfreundschaft tiefster Sinn, dass einer dem anderen Rast gebe auf dem Weg nach dem ewigen Zuhause.«

Dabei werden ihm unter anderem auch immer mal wieder Gedanken kommen an gemeinsame Waldspaziergänge mit den oftmals so unterschiedlichen Gästen, die nicht selten an »Hecken und Zäunen« aufgelesen wurden, oder aber an Spaziergänge, die in den für seine Begriffe riesigen Lehr-Kuhstall der landwirtschaftlichen Hochschule Hohenheim führten. Insofern ist es äußerst bedauerlich, dass die einstigen Tischgespräche nicht festgehalten worden sind.

Die gelebte Gastfreundschaft der Hänsslers ist vielen Menschen recht lebendig im Gedächtnis geblieben. Noch nach Jahrzehnten sprach so manch einer mit Sohn Friedrich darüber, welche konkreten Spuren diese Gastfreundschaft im persönlichen Leben des Einzelnen hinterlassen hatte: »Die Leute empfingen unauslöschliche geistliche Impulse mit Langzeitwirkung«, wird dieser dazu später einmal zusammenfassend erklären.

In den bitteren Jahren 1931/1932 – die Weltwirtschaftskrise, deren verheerende Auswirkungen rund 70 000 Betriebe in den Konkurs rissen und um derentwillen fast sechs Millionen Arbeitslose um ihre Existenz bangen mussten, erreichte in Deutschland ihren Höhepunkt, und die NSDAP, die nach der Reichstagswahl zum ersten Mal stärkste Fraktion wurde, warf bereits ihre dunklen, gespenstischen Schatten voraus – konnte der jüngste Spross der Familie Hänssler an jedem Wochenende die Aufmärsche und die daraus folgenden Schlägereien der sich gegenseitig hassenden Gruppen der Nazis und Kommunisten in ihren Uniformen beobachten.

Besonders eindrücklich waren für ihn auch die Scharen von Bettlern, die täglich an der Hausglocke läuteten. Das Haus verfügte über eine Zugtür, welche vom ersten Stock aus geöffnet werden konnte, um die bettelnden und hungrigen Menschen zu speisen. Die Not war groß. Auf einer am Fenster stehenden Kommode lagen außerdem meist vorbereitete »Päckchen« mit einigen Kupfermünzen für die Hilfesuchenden, jedes davon eingewickelt in ein evangelistisches Kalenderblatt, die dann den Bedürftigen zugeworfen wurden.

Trotz alledem erfuhr der Junge zu jener Zeit ein *fast* normales Dorfleben, welches bis heute in ihm noch szenenhaft präsent ist: »Im Winter, bei starkem Schneefall, spannte man damals vor einen riesigen, hölzernen, dreieckigen Schneepflug sechs Pferde, die dieses Ungetüm durch die Straßen ziehen mussten. Gleichzeitig stand die komplette Schulklasse als Beschwerung mit einem großem *Hallo* auf dem Pflug und hatte dabei ihre helle Freude.«

Im Alter von neun Jahren erlebte Friedrich ein erstes wahres Eingreifen Gottes in seinem Leben. Es ist das Jahr 1936, als Gott ein wirkliches Wunder an ihm tut. Eine bedrohliche Augenbindehautentzündung stellte nicht nur Friedrich vor ein großes Problem, sondern auch seinen damaligen behandelnden Arzt, der gegenüber blutroten Augen völlig hilflos zu sein schien. Doch da gab es noch den bevollmächtigten Seelsorger Fritz Müller, den Gärtnergehilfen des bekannten deutschen Verkündigers Otto Stockmayer, welcher einer der Führer der deutschen Heiligungsbewegung war und konsequent die Lehre der Krankenheilung vertrat. Müller nahm sich des kranken Jungen an, legte ihm – nach Jakobus 5,14-15 handelnd – die Hände auf, salbte ihn mit Öl und betete mit ihm. Nach nur wenigen Tagen war das Kind wiederhergestellt und völlig gesund.

Als der kleine Friedrich 1937 von der Volksschule zur Oberschule Hohenheim wechselte, die im Schloss Hohenheim untergebracht war, wartete von diesem Zeitpunkt an nicht nur ein täglicher weiter Schulweg auf ihn, sondern auch der äußerst fanatische Deutschlehrer, ein SS-Untersturmführer. Wie sehr musste dieser seine 11- bis 12-jährigen Schüler erschreckt haben, als er eines Tages aus dem Stuttgarter Tagblatt NS-Kurier vorlas, welches ausschließlich Propaganda von Nationalsozialisten veröffentlichte, dass einige Brüder der alten Blumhardt-Gemeinde Möttlingen von den Nazis verhaftet worden seien. Keiner der Schüler, mit Ausnahme von Friedrich, hatte auch nur eine geringste Ahnung über Möttlingen und *wem* diese Information galt, die der SS-Fanatiker mit dem boshaften und zynischen Kommentar: »Nun haben sie diese Schweine endlich!« begleitete.

Symptomatisch für das Denken vieler Menschen in jener Zeit mag ein weiteres Erlebnis sein, welches der Verlegersohn bei einem Besuch seiner Tante machen musste, die in einem Institut der Hochschule Hohenheim beschäftigt war. Der Achtjährige musste der nahen Verwandten etwas überbringen und begegnete an jenem Tag auf dem Weg zu seinem Ziel dem Rektor der Hochschule, welcher unmittelbar nach dem Zusammentreffen mit dem Jungen Handlungsbedarf sah und den Buben erbost in eine Kammer einsperrte, nur weil dieser ihn nicht mit »Heil Hitler« begrüßt hatte.

Trotz der politisch desaströsen Situation bewahrten sich die Kinder im Dorfe, hauptsächlich die Jungs, so gut es eben ging ihre Unbeschwertheit. Bei alledem waren sie dennoch echte Lausbuben geblieben. In und um Plieningen herum gab es viele »Krautbauern«, die eine besondere Art von dem sehr beliebten Spitzkraut anbauten. Mit ihrem voll beladenen Wagen fuhren sie jeden Morgen, noch vor Tagesanbruch, mit einer schaukelnden Laterne, die unter dem Wagen befestigt war, und mit dem begehrten Spitzkraut ins Land hinaus, oft dreißig und manchmal noch mehr Kilometer weit, um ihr Produkt verkaufen zu können. Erst am späten Abend, in der Dämmerung, kehrten die Bauern dann mit dem leeren Wagen nach Hause zurück, meist so erschöpft, dass sie häufig schlafend auf dem Kutscherbock saßen. Es ist ganz erstaunlich, aber die Pferde fanden ihren Heimweg tatsächlich allein, ohne jede Führung. Hier kommen nun die Lausbuben ins Spiel, Friedrich war einer von ihnen.

Die Jungs machten sich regelmäßig einen Spaß daraus, einen leeren Geldbeutel an eine Schnur zu knüpfen und diesen dann von einer Anhöhe aus so geschickt auf die Straße zu platzieren, dass die übermüdeten Bauern auf ihrem Nachhauseweg direkt daran vorbeifahren mussten. Immer wieder kam es vor, dass einer der Bauern darauf hereinfiel und bei sich dachte, er habe mit dem Geldbeutel einen wahrlich großen Fund gemacht. Die Burschen, die das Vorgehen bestens von Weitem beobachten konnten, amüsierten sich derweil köstlich in ihrem gut gewählten Versteck auf der Anhöhe. Im selben Augenblick, als der auf den Schabernack Hereingefallene nach dem vermeintlichen Geldbeutel griff, zogen die Burschen aus sicherer Entfernung blitzartig an ihrer Schnur. Auf diese Weise blieb der ohnehin leere Geldbeutel für den vermeintlichen Finder ewig unerreichbar. Um dem hierauf drohenden Ärger der Bauern zu entfliehen, verließen die Jungs anschließend fluchtartig ihr Versteck und verschwanden so schnell sie nur konnten in Richtung Elternhaus.

Der unglaublich harte Alltag der Bevölkerung bekam noch einmal ein ganz neues Gesicht, und die fröhlichen Kinderspiele wichen bald der dramatischen Entwicklung im Dorf, als dort urplötzlich eine schwere Diphtherie-Epidemie ausbrach, an der in der Folge viele Kinder und einige der Jugendlichen starben. Auch die Hänsslers blieben davon nicht verschont. Im Gegenteil. Das Jahr 1937 wurde eines ihrer schwersten Jahre. Friedrichs Vetter Hermann, Klassenkamerad und bester Freund, der ihm in der politisch aufgeladenen Zeit am nächsten stand und direkt nebenan wohnte, wurde von der schrecklichen Krankheit als Erster in der Familie erfasst.

Als Hermann durch den fortschreitenden Verlauf derselben schon nicht mehr sprechen konnte, zeichnete er ein zutiefst bewegendes Bild, auf welchem er selbst, im Bett liegend, zu sehen war und dann, von da aus, malte er mitten durch die Wolken hindurch einen Pfeil zum Himmel. Hermann kannte schon das Ziel, wusste sich errettet, weil er Jesus liebte und spürte, dass der Heiland bei ihm war. Der kleine Junge starb dann im Alter von zehn Jahren. Auf seiner Beerdigung sprach seine sonst recht zurückhaltende Mutter am offenen Grab unüberhörbar für alle Anwesenden die Worte aus Hiob 1,21: »Der Herr hat's gegeben, der Herr hat's genommen; der Name des Herrn sei gelobt!«

Im elterlichen Haus wohnte zudem Friedrichs zweiter Vetter Otto zusammen mit seiner Mutter. Die beiden Jungs waren zueinander wie Brüder. Und auch Otto starb an dieser furchtbaren Krankheit im frühen Alter von acht Jahren.

Die Epidemie brachte schreckliches Leid über die Menschen im Dorf und ging schließlich auch an Friedrichs Schwester Anna nicht vorüber, die er von ganzem Herzen liebte. Jene Worte, mit welchen Friedrich Hänssler viele Jahre später die letzten Lebensmomente seiner Anna festhält, bewegen sehr: »Donnerstags rief Anna meine Eltern ans Krankenbett, um sie für alles um Verzeihung zu bitten, was in ihrem Leben nicht richtig gelaufen war. Dabei sagte sie: ›Jesus hat mir schon alle Schuld vergeben. Nun möchte ich euch auch noch um Vergebung bitten.‹ Meine Mutter fing zu weinen an. Obwohl Anna das Sprechen wirklich schwerfiel, sagte sie zu meinen Eltern: ›Warum weint ihr denn? Christen sehen sich nie zum letzten Mal.‹ Sie zitierte damit ein Lied, das zu jener Zeit häufig gesungen wurde.

Es war der Tag meiner Aufnahmeprüfung ins Gymnasium, freitags, als meine liebe Schwester mich noch ermutigte und mit viel Mühe zu mir sagte: ›Frieder, du hast keine Angst!‹

Am Samstagmorgen, es ging ihr gar nicht gut, rief Anna dann meinen Vater an ihr Bett und bat ihn: ›Papa, spiel mir noch den letzten Vers des Chorales *Die güldne Sonne.*‹

Der Vers lautet:

Kreuz und Elende, das nimmt ein Ende;
nach Meeresbrausen und Windessausen
leuchtet der Sonne gewünschtes Gesicht.
Freude die Fülle und selige Stille
wird mich erwarten im himmlischen Garten;
dahin sind meine Gedanken gericht.

Das Klavier stand im Nebenzimmer. Mein Vater ging dorthin, spielte den Vers, und als er wieder ins Krankenzimmer zurückkam, war meine Schwester schon bei Jesus in der Ewigkeit, dem sie etwa zehn Tage zuvor ihr Leben anvertraut hatte.«[7]

Es ist überhaupt ganz bemerkenswert, mit welcher Kraft und Intensität die 17-jährige Anna zum Glauben an den Herrn Jesus gekommen war. Alles begann mit einer Evangelisationswoche in Annas Heimatdorf Plieningen, bei der ein Verkündiger aus Worms namens Edmund Stahl predigte, den man dazu eingeladen hatte.

Nicht nur den älteren Menschen vor Ort vermochte dieser Mann in die Herzen zu predigen, auch unter den jungen Besuchern und ganz besonders auch an Anna wirkte der Herr Jesus durch den begnadeten Verkündiger. In jenen Tagen war wunderbarerweise eine geistliche Bewegung entstanden.

Bereits am dritten Abend dieser besonderen Verkündigungswoche berührte Jesus Annas Herz während der Verkündigung derart, dass sie – getroffen von Gottes Wort – im Anschluss um ein persönliches Gespräch mit dem Prediger bat. Dort vollzog sie den alles entscheidenden »Schritt über die Linie« und übergab ihr Leben dem Herrn.

Gleich am darauffolgenden Abend brachte sie dann einige Schulfreundinnen mit zur Evangelisation, von denen wiederum ein Teil vom Wort Gottes berührt wurde und zum lebendigen Glauben gekommen ist. Gemeinsam durften die frisch Bekehrten jetzt erfahren, was es bedeutet und wie herrlich es sich anfühlt, Frieden mit Gott zu haben.

Als die bedeutende, mit bleibender Freude erfüllte Woche dann samstags zu Ende ging, konnte niemand ahnen, dass schon zwei Tage später, am Montag darauf, das ansonsten so fröhliche Mädchen mit einer schweren Diphtherieerkrankung darniederliegen und nur wenige Tage später, eine Woche nach dem Ende der Evangelisationsveranstaltung, sterben würde.

Der Herr über Leben und Tod aber wusste um Anna, wusste um ihre begrenzte Zeit auf Erden. Anna ahnte sehr bald, wie knapp bemessen die Zeit war, die ihr noch blieb, jene Zeit, die wir Menschen auf Erden so ganz unterschiedlich lang zur Verfügung haben. Vor allem aber wusste sie eines, nämlich das Wichtigste: dass Jesus sie liebt, sie teuer erkauft und sie erlöst hat. Sie kannte das Ziel ihrer Reise, so wie der kleine Hermann auch.

Am Tage der Beerdigung, die keine Trauerkundgebung war, sang der Aidlinger Schwesternchor jenes Lied, welches Vater Hänssler viele Jahre zuvor eigens komponiert hatte: *Auf Adlers Flügeln getragen übers brausende Meer der Zeit.*

Er war es auch, der am offenen Grabe seiner Tochter der Familie, der gesamten Trauergemeinschaft, allen Anwesenden das Bibelwort: »Der Tod ist verschlungen in den Sieg, Tod, wo ist dein Stachel? Hölle, wo ist dein Sieg?« aus dem großen »Hohelied der Christenhoffnung« in 1. Korinther 15,55.57 zurief, dessen Fortgang lautet: »Gott aber sei Dank, der uns den Sieg gegeben hat durch unsern Herrn Jesus Christus!«

Sohn Friedrich wurde wegen der verheerenden Ansteckungsgefahr zu lieben Bauersleuten ins Nachbarhaus ausquartiert, doch das half leider nicht, dieser gefürchteten und lebensbedrohlichen Seuche zu entkommen. Auch er erkrankte schwer daran. Die beiden Ortsärzte wussten sich angesichts der unheilvollen Lage kaum mehr zu helfen.

In ihrer Not wagte einer der beiden einen nicht ungefährlichen, eher sehr riskanten Versuch und spritzte dem zehnjährigen Jungen ein großes Quantum Pferdeserum. Wie waghalsig diese Tat war, zeigte das zunächst dramatische Resultat der darauffolgenden nahezu totalen Erblindung, die einige Tage lang anhielt, bevor endlich die erhoffte Besserung eintrat und schlussendlich die Diphtherieerkrankung auf wundersame Weise überwunden werden konnte.

Irgendwann war die Seuche besiegt, und man ging wieder den gewohnten Dingen nach. Die Bewohner im Dorf kamen allmählich zur Ruhe. Auf Friedrich wartete nach seiner Gesundung viel Arbeit. Neben der Schule fiel so manch unumgängliche Mithilfe an. Da galt es in den Ställen und in den Scheunen der beiden rechts und links benachbarten Bauernhäuser anzupacken, bei der Heu- und Getreideernte zu helfen, ebenso bei der Kartoffel- und Obsternte auf Wiese und Acker.

Friedrichs Interesse am Blockflöten-, Geigen- und Klavierspiel war noch keineswegs geweckt, als er sich diesem nebenher zuwenden musste, und so spielte er anfänglich wohl eher aus Pflichtbewusstsein. Die Tatsache jedoch, dass der Geigenlehrer gleichzeitig auch sein Klassenlehrer war, machte die insgesamt ungeliebte Situation nicht unbedingt leichter, sondern verlangte von Friedrich häufig, den für das Spielen erforderlichen Mut aufzubringen. All die Mühe aber sollte nicht umsonst gewesen sein. Der Junge hatte wirkliches Talent und wurde immer besser.

Schließlich führte ihn das Geigenspiel in ein kleines Streichorchester, welches eifrig anlässlich einer Einweihungsfeier der sich im Dorf befindenden neuen Gemeindehalle Georg Friedrich Händels wunderschöne Ouvertüre zu *Xerxes* probte und dann beim Festakt aufführte. Das Werk fand außerordentliche Beachtung und wurde überdies sogar von Radio Stuttgart aufgenommen. Doch gleich am Ende der Veranstaltung stürmte demonstrativ ein hoher Hitlerjugendführer (Bannführer) auf die Bühne, um die Musiker im durchgehend vorwurfsvollen Ton mit der Frage anzuklagen, was sie sich eigentlich leisten würden, in der Zeit der großen, einzigartigen Jugendbewegung solch eine »Begräbnismusik« zu spielen. Für das aus Cellisten und Violinisten bestehende Musik-Ensemble war dieser prononcierte »Auftritt« wahrlich eine unerwartete und schmerzliche Schelte.

Im Sommer des Jahres 1939 plante die Landeskirchliche Gemeinschaft im Dorf eine Zeltevangelisation, worüber die Christen der »Bekennenden Kirche« begeistert waren. Doch leider sollte daraus nichts werden, denn die NS-Behörden verboten diese Evangelisation, obwohl das riesige Zelt bereits eingetroffen war. Ein unerschrockener Bauer erlaubte schließlich die Einlagerung des großen Zeltes in seiner Scheune. Freilich rechnete der Mann zu diesem Zeitpunkt ganz und gar nicht damit, dass jene Einlagerung Jahre dauern würde, so lange, bis letztendlich das Missionszelt nicht mehr verwendet werden konnte. Durch den Wechsel der Jahreszeiten, hauptsächlich der heißen Sommer- und sehr kalten Wintermonate, wurde das Zelttuch völlig überbeansprucht und schließlich unbrauchbar.

Zum umfangreichen Zubehör des Zeltes gehörte auch der Zelt-wachhund Rolf, ein schöner Deutscher Schäferhund, welcher, sehr zur Freude von Sohnemann Friedrich, für ein paar Wochen in der Hänssler-Familie untergebracht werden musste. Für den ausge-sprochenen Tierliebhaber erfüllte sich damit – wenn auch nicht von langer Dauer – ein Herzenswunsch, den die Eltern selbst nicht ver-wirklicht hätten.

Die Erziehung seitens der Eltern war streng. Die Kinder wurden keineswegs verzärtelt, und sie waren angehalten, gehorsam zu sein, andernfalls begegnete man dem Ungehorsam auf allerlei Weisen. Friedrich, der als Jüngster durchaus die Vorteile eines Wunsch-kindes auf seiner Seite wusste und die Nachsicht der Eltern, die sie ihm gegenüber etwas mehr walten ließen als bei den älteren Ge-schwistern, wohl erkannt hatte, testete hin und wieder mal deren Toleranzgrenze aus. In der bereits erwähnten neuen Gemeinde-halle, in welcher späterhin noch ganz unterschiedliche Veran-staltungen stattfinden sollten, führte man in den Einweihungstagen an einem Abend Friedrich Schillers bekanntes Drama *Die Räuber* auf, in welchem die Rivalität zweier gräflicher Brüder, Karl und Franz von Moor, geschildert wird.

Eine solche Besonderheit sollten auch Friedrich und die Schüler des Dorfes nicht verpassen. Deshalb ließ ihn der Vater mit der Er-mahnung gehen, um 21 Uhr wieder zu Hause sein zu müssen. Ganz bestimmt hatte der Junge die besten Absichten, doch die neue, noch unbekannte Welt des Theaters und freilich die hoch spannende Auf-führung selbst zog Friedrich so sehr in ihren Bann, dass er darüber die Zeit und die mahnenden Worte seines Vaters vergaß. Als er end-lich zwischen 22 und 23 Uhr das noch laufende Theaterstück ver-ließ, um so schnell er nur konnte nach Hause zu rennen, ahnte er natürlich nicht, dass die Haustüre verschlossen sein würde, wenn er sie gleich bei Ankunft zu öffnen versuchte. Eine Steintreppe am

Hauseingang bot dem Jungen unterdessen Platz. Hier ließ er sich für einige Stunden nieder und nutzte dabei wohl auch die Möglichkeit, über die Frage des Gehorsams gründlich nachzudenken.

Nach längerer Zeit erbarmte sich letztlich doch das Vaterherz über seinen ungehorsamen Sohn. Ohne jeden Kommentar öffnete der Vater schließlich die Tür und ließ Friedrich nach scheinbar endlosem Warten ins elterliche Wohnhaus eintreten. Diese Erfahrung war wohl längst nicht so bitter für das Kind, wie es sich vermuten lässt, denn nach eigenen Angaben wurde Friedrich darüber hinaus – in Sachen Ungehorsam – noch mehrfach zum Wiederholungstäter.

Für die Kinder war es eine selbstverständliche Gewohnheit, gemeinsam mit den Eltern die christlichen Versammlungsstunden in Plieningen zu besuchen. Nicht nur für den Vater, der als Leiter der örtlichen Versammlung in einem Bund von Laienbrüdern häufig an den Sonntagen auch in den benachbarten Ortschaften im gesamten Kreis Verkündigungsdienst hielt, bedeutete das meist einen Tagesfußmarsch von circa zwölf bis achtzehn Kilometern. Auch Friedrich, der zu den Versammlungen außerhalb des Dorfes immer mitgenommen wurde, musste die großen Entfernungen von Plieningen bis Waldenbuch und darüber hinaus zu Fuß bewältigen. Nach jeder Gemeinschaftsstunde inklusive Wortverkündigung und einer gemeinsamen Tasse Kaffee im Anschluss ging es dann wieder die gesamten Kilometer nach Hause zurück.

Nicht selten wurde Vater Hänssler von einigen Glaubensbrüdern der Gemeinde auf dem Heimweg bis zum nächsten Dorf begleitet. Dabei führte man häufig tief gehende Gespräche über biblische Themen wie zum Beispiel »Gesetz und Gnade«. Für den Sohnemann war das zu jener Zeit noch gänzlich unbekanntes Terrain. Die Brüder aber sahen hinsichtlich der politisch aufgezwungenen Auseinandersetzungen darin eine ungeheure Ermutigung und Vertrauensbasis.

Der Krieg beginnt

A m 1. September 1939 begann der Zweite Weltkrieg. Ohne jede vorherige Kriegserklärung erfolgte an diesem historischen Datum der deutsche Angriff auf Polen. Deutschland eröffnete am frühen Morgen dieses Tages den Krieg durch Luftangriffe auf Wielun, eine Stadt an der polnischen Westgrenze. Etwa zur selben Zeit schoss zudem das Linienschiff *Schleswig-Holstein* auf die Westerplatte vor Danzig.

Im Rundfunk ertönte Hitlers Rede vor dem deutschen Reichstag, die ihren »Höhepunkt« in Hitlers offizieller Kriegserklärung fand: »Seit 5:45 Uhr wird jetzt zurückgeschossen!«

Noch am gleichen Tag erklärten die baltischen Staaten, ebenso Finnland, Norwegen und die Schweiz ihre Neutralität in diesem heftigen, militärischen Kampf, von dem man zu jenem Zeitpunkt weder ahnen noch wissen konnte, dass dieser sechs Jahre andauern und Schätzungen zufolge 60 bis 65 Millionen Menschenleben fordern würde. Frankreichs und Großbritanniens Botschafter hingegen übergaben bereits am 3. September 1939 in Berlin die Kriegserklärung ihrer Regierungen an das Deutsche Reich. Australien und Neuseeland folgten im selben Monat dem britischen Mutterland. Auch Kanada erklärte Deutschland alsbald den Krieg.

Trotz alledem gingen zunächst noch – bis zum Ende desselben Jahres – die Dinge scheinbar ihren gewohnten Gang. Das änderte sich dann schlagartig 1940, gleich zu Beginn des neuen Jahrzehnts. Das Deutsche Reich besetzte die Länder Dänemark und Norwegen, die es zuvor angegriffen hatte, und marschierte in Belgien, Luxemburg, den Niederlanden und Frankreich ein, was letztlich zur Besetzung von Paris führte. Zwischen Italien, Japan und dem Deutschen

Reich kam es zum Abschluss eines Dreimächtepakts, dem bald nachfolgend weitere Staaten beitraten.

In der Vorbereitung des Frankreich-Feldzuges war sichtbar viel Militärpräsenz in der grenznahen Region zum Elsass vorhanden. In etlichen Häusern in Plieningen hatten sich jetzt Soldaten einquartiert. Viele der Bauern im Dorf machten sich einen Spaß daraus, den ahnungslosen Soldaten das im Dorf übliche Getränk Most (vergorener Apfelsaft) in Mengen anzubieten. Für die Unwissenden hatte das freilich fatale Auswirkungen, sehr zur Schadenfreude der Bevölkerung.

Als an einem für Vater Hänssler dienstfreien Sonntag wieder einmal ein betrunkener Soldat zur Belustigung der Spaziergänger über die Straße torkelte, ging der Gottesmann auf den Soldaten zu, blickte ihm durchdringend in die Augen und sagte im Befehlston: »Du gehst jetzt sofort zurück in dein Quartier!« Der reagierte augenblicklich ohne Umschweife auf die strikte Anweisung, und so war das Spektakel ganz plötzlich beendet, sehr zum Ärger der Zuschauer. Friedrich, der sich damals in der Gemeinschaft seines Vaters befand, gemeinsam mit ihm unterwegs war, wurde von dem Geschehen eher peinlich berührt und schämte sich sehr dafür, in einer so frommen, konsequent gegen den Strom schwimmenden Familie aufzuwachsen. Dieses Erleben in der Öffentlichkeit empfand der Junge noch weitaus unangenehmer als die sonntäglichen Neckereien der Schulkameraden, die, oftmals hinter einer Plakatsäule versteckt, jenen Moment abwarteten, in welchem Friedrich mit seinen Eltern, als einziger Jugendlicher überhaupt, den Versammlungssaal der christlichen Versammlung betrat. Kriegsbedingt waren dort fast nur Frauen zugegen, wohl deshalb hatte Friedrich ein gewisses Alleinstellungsmerkmal.

Im März des Jahres 1940 sollte Samuel Friedrich Hänssler in der heimatlichen Dorfkirche konfirmiert werden. Erst zehn Tage vor diesem bedeutsamen Ereignis feierte der Jugendliche seinen 13. Geburtstag. Die Aufregung bezüglich des bevorstehenden Festes war entsprechend groß. Auch wenn daran nur eine überschaubare Anzahl an Gästen teilnahm, so wusste der Junge dennoch um die überfüllte Kirche, die auf ihn und die anderen Konfirmanden warten würde, ebenso um die Bibelworte und die Textstellen des auswendig gelernten Katechismus, die vor der gesamten Gemeinde möglichst fehlerfrei aufgesagt werden mussten. Und so überfiel ihn die pure Angst vor dieser großen Öffentlichkeit.

Einer der anwesenden Gäste war der Patenonkel Christian Wais, ein frommer Mann, ein Jesusnachfolger, welcher extra von weit her angereist war, um den Jungen zu begleiten, ihn zu stützen und an diesem so wichtigen Tag bei ihm zu sein. Ganz unvermittelt forderte dieser den Buben vor dem Gang in die Kirche dazu auf, zusammen mit ihm ins Nebenzimmer zu gehen. Dort folgte dann nach einem kurzen Gespräch das gemeinsame Gebet auf Knien, in welchem der Gottesmann in der Fürbitte für den kleinen Jungen Gott alles Wesentliche hingelegt und erbeten hatte, gerade so, als wollte er ihn selbst in das große Herz Gottes hineintragen. Danach wurde der Konfirmand noch von seinem Patenonkel durch Handauflegung gesegnet.

Der junge Friedrich Hänssler wird sich zeit seines Lebens an diese gemeinsame »Gottesstunde« mit seinem Patenonkel erinnern, die weit mehr als nur eindrücklich, die heilig war: »Im Grunde ist es doch immer Gott selbst, der segnet, so wie er dem Abraham sagte: ›Ich will dich segnen und du sollst ein Segen sein‹ (1. Mose 12,2). Ganz sicher hatte ich damals ein Erleben der Gegenwart des lebendigen, auferstandenen Herrn, eine prägende Realität, etwas, das bleibt, auch wenn es noch nicht eine Lebenshingabe an Christus, den Herrn, war. Aber ich habe die persönliche Erfahrung gemacht, einem Bevollmächtigten des Christus, einem Vorbild im Glauben, einem Segensträger begegnet zu sein. Dem mir bei der Konfirmation zugesprochenen Denkspruch aus 2. Timotheus 3,15: ›Weil du von Kind auf die Heilige Schrift weißt, kann dich dieselbige unterweisen zur Seligkeit durch den Glauben an Christum Jesum‹, konnte ich damals noch nichts Wesentliches abgewinnen. Soweit ich mich entsinne, bin ich meinem Patenonkel dann nur noch einmal anlässlich eines Gottesdienstes begegnet, den er selbst gehalten hatte. Aber die tiefen Eindrücke in meinem Leben, die blieben«, resümiert Hänssler.

Auch wenn in der damaligen Zeit das notwendige Geld zum Reisen fehlte und man kein eigenes Auto besaß, um große Entfernungen überbrücken zu können, konnten diese vermeintlich hinderlichen Umstände einer inneren Bindung zwischen dem Jungen und seinem Patenonkel nicht im Wege stehen. Obwohl sich die beiden nur sehr selten sahen, reichten diese wenigen Begegnungen aus, dass die Spuren des Patenonkels Christian Wais in Friedrich Hänsslers Leben nie verblassten. Der Junge wusste sich von seinem Onkel umbetet und dadurch – wenn auch nur aus der Ferne – von ihm begleitet. Das Gebet kennt weder Grenze, noch Entfernungen. Es hat eine unendliche Kraft; Gebet verändert alles: Menschen und Situationen. Diese Tatsache konnte auch der junge Friedrich schon verschiedentlich erfahren und somit verinnerlichen.

Wenngleich die Menschen zu jener Zeit nicht viel besaßen und darum die Geschenke im Allgemeinen eher klein ausfielen, reichten die finanziellen Wohltätigkeiten der Verwandtschaft und Nachbarschaft anlässlich der Konfirmation immerhin für den Kauf von etwa dreißig Notenausgaben von Johann Sebastian Bach in der grünen Peters-Ausgabe. Es ist ganz erstaunlich, dass der damals erst Dreizehnjährige eine bereits so gereifte und – wie im Laufenden noch deutlich werden wird – vor allem eine so vorausschauende Entscheidung treffen konnte. Für derartige Ereignisse verwendet Hänssler in der Rückschau oftmals nur zwei Worte: »Vorlaufende Gnade!«

Unweit entfernt vom Wohnhaus der Familie befand sich der nahe gelegene Flughafen, durch welchen automatisch auch der Krieg näher rückte. Durch die relativ kurze Distanz zu Frankreich war dieser Flughafen als Einsatzhafen für die in kurzen Abständen startende und landende Bomberflotte naheliegend. Für den jungen Friedrich, der zu jener Zeit nicht im Geringsten an die Konsequenzen und Wirkungen dachte, war das freilich eine insgesamt aufregende Situation. Vom zweiten Stock des Hauses aus konnte der Junge ungehindert auf gestapelte Kisten mit Bomben sehen.

Schließlich wurde noch im selben Jahr Friedrichs gesamte Schulklasse zu einem Kriegseinsatz verpflichtet, um im großen Tettnanger Hopfenanbaugebiet »Hopfen zu zopfen«. Die Deutsche Wehrmacht brauchte schließlich Mengen von Bier. Die Pflanzen, deren feinen ätherischen Öle und ausgewogenen Bitterstoffe weltweite Verwendung zur Herstellung von Bieren finden, wachsen täglich bis zu 30 cm und können durchaus bis zu acht Meter hoch werden. Für die Kinder war das eine willkommene Abwechslung im Schulalltag. Auf den Bauernhöfen im Dorf arbeiteten derweil junge zwangsverpflichtete Polen als Ersatz für die zur Armee eingezogenen Bauernsöhne.

Im Jahr 1941 wurde die im Schloss Hohenheim untergebrachte Oberschule aufgelöst. Nun, mit Beginn des Deutsch-Sowjetischen Krieges, im damaligen Deutschen Reich auch als Ostfeldzug bezeichnet, wurde das große Schloss jetzt als Kriegslazarett benötigt. Gemeinsam mit zwei anderen Mitschülern versetzte man Friedrich Hänssler in das Wilhelmsgymnasium nach Stuttgart. Das bedeutete einen nicht unerheblichen Fußmarsch zur entfernten Straßenbahnhaltestelle und im Anschluss noch dreißig bis vierzig Minuten Fahrzeit.

Für die Schüler aus Hohenheim stellte das neue Umfeld in jeder Hinsicht eine Herausforderung dar, nicht nur hier, am Stadtgymnasium, wehte ein insgesamt rauerer Wind aufgrund der politisch betrachtet aggressiveren Lehrer- und Schülerschaft, das galt allgemein für die ganze Stadt.

Friedrich war es, der die Zeugnishefte der drei Ankömmlinge von der Oberschule Hohenheim an den neuen Mathematikprofessor zu überbringen hatte. Dieser begrüßte die Jungs nicht sonderlich freundlich, nur mit einem zackigen »Heil Hitler«, und ohne einen einzigen Blick in die aufschlussreichen Hefte zu werfen, sagte der voreingenommene Mann: »So, Sie kommen also von Hohenheim, dann können Sie demnach in Mathematik nichts.«

Diesen Satz empfand der junge Hänssler als eine gehörige Anmaßung. Es war ein Satz mit Folgen. Der Bub verlor von jenem Moment an jegliches Interesse an diesem Unterrichtsfach. Aufgrund der bereits feststehenden negativen Meinung des Professors sah der Schüler keinerlei Sinn darin, sich um mehr Wissen zu bemühen, was sich dann sehr deutlich anhand der künftigen Mathematiknoten zeigte.

Die Auswirkungen des Krieges waren im dörflichen Leben noch nicht so stark spürbar geworden, doch das änderte sich dann Ende 1941, Anfang 1942 rasch und zusehends. Die Menschen kamen angesichts der totalitären Herrschaft Hitlers und der vorherrschenden Kriegslage ins Fragen. Nur die Bibel vermochte die Rat- und Antwortsuchenden bezüglich der gewaltigen weltpolitischen Umwälzungen aufzuklären. Nur in der Heiligen Schrift konnten sie die Wahrheit finden.

Der Referent, Autor und Prediger Friedrich Hoffmann, hatte bereits lange vor Hitlers Machtübernahme im Jahre 1929 ein Büchlein mit eigenen Vorträgen veröffentlicht, die er innerhalb der Evangelischen Allianz in Erfurt gehalten hatte: *Der weiße Herzog, der kommende Diktator Europas oder: Was wird aus Deutschland?* [8] Hierin prophezeite Hoffmann geradezu Hitlers Aufstieg und seine Auswirkungen auf ganz Europa.

Er erläuterte Hitler als den Siegertypus, den weißen Reiter aus der Offenbarung Kapitel 5, und schrieb 1929: »So läuft die Welt ins

Verderben mit diesem weißen Sieger, trotz schöner Reden.« Einige Jahre später erzeugte dieses Büchlein dann große Aufregung und wurde daraufhin sogar verboten. Der Autor wurde überwacht und erhielt obendrein Redeverbot. Im privaten Rahmen aber war der Mann ein gern gesehener Gast; man lud ihn ein, unterhielt sich mit ihm. So auch die Familie Hänssler, bei der er seinen Vortrag inmitten einer privaten Stubenzusammenkunft gehalten hatte. Es war zu der Zeit, als die deutsche Armee den Elbrus eroberte und durch den Kaukasus nach Süden vordrang und Generalfeldmarschall Erwin Rommel mit seinem Afrikakorps vor Alexandria in Ägypten stand.

Dort also, im privaten Wohnzimmer der Hänsslers, in Anwesenheit des Sohnes Friedrich, der die Rede mit heißen Ohren mithören konnte, zeigte Hoffmann auf, dass sich in Jerusalem diese Armeen treffen könnten, und der »weiße Reiter«, Hitler also, sich dort als Herrscher festsetzen würde. Die durchaus interessante Sicht – vor allem hinsichtlich der aktuellen Fakten – überzeugte so manchen Zuhörer. Der Gedanke an sich war für die damalige Zeit gar nicht so unglaubwürdig. Trotzdem war und blieb es ein menschlicher Gedanke, eine menschliche Fehleinschätzung.

Gott verfolgte einen anderen Plan. Wenige Monate später änderte sich die militärische Lage vollkommen und Hitler stellte sich eben nicht als der »weiße Reiter« heraus. Dieser nunmehr hypothetische Gedanke war von der biblischen Aussage her grundverkehrt. Friedrich Hänssler jun. wird dieses Erleben hernach als sehr heilsam beschreiben: »Wahrscheinlich bin ich deshalb bis heute in der Festlegung und Beantwortung eschatologischer Fragen sehr zurückhaltend. Aber mir fällt natürlich bei einem Gang durch viele Gemeinden auf, dass die Erwartungshaltung, Jesus zu begegnen, geringer wird, je näher wir der Wiederkunft von Jesus kommen. Gott ist der souveräne, allmächtige und allweise Gott, der uns nur durch den schmalen Türspalt des prophetischen Wortes in seine großartige Planung der Geschichtsabläufe seiner höheren Gedanken blicken lässt. Das erhält mich in der Demut und Abhängigkeit und lässt mich nicht zum Besserwisser werden. Die beste Auslegung der Prophetie und Voraussage der Bibel ist ihre Erfüllung. Manches davon spielt sich vor unseren Augen ab. Der Termin des Weltendes und der damit zusammenhängenden Geschichtsabläufe ist und bleibt Gottes Geheimnis. Wir haben das prophetische Wort. Darauf sollen wir als Licht achten, das da scheint an einem dunklen Ort. Es ist ein Scheinwerfer der Hoffnung, aber kein Bahnfahrplan, der mir sagt: Abfahrt 8:22 Uhr, Gleis 7. Jesus teilt es jedem deutlich mit – und welch eine demütig, liebevolle Haltung dem himmlischen Vater gegenüber ist das: ›Von dem Tag aber und der Stunde weiß niemand ..., sondern allein mein Vater.‹ (Matthäus 24,36)«

Einberufung zur Luftabwehr

D ie Eltern konnten in diesem umwälzenden Geschehen ein großartiger Schutzschild für ihre Kinder sein, bis dann am 14. Februar 1943 plötzlich die Hausglocke läutete und ein Hitlerjugendführer und zwei SS-Führer die Wohnung betraten. Inmitten der Unbefangenheit, mit der die Kinder Lieder sangen und Spiele machten, platzten die ungebetenen »Gäste« in das Haus, nicht etwa um, wie zunächst befürchtet, den Vater zu verhören, nein, wie sich bald herausstellen sollte kamen sie, um den Sohn zu vernehmen. Die Türen wurden geschlossen und die unangenehme Befragung begann.

Der 15-Jährige ganz allein mit der schwarzen Schutzstaffel. Diese und so manch andere Szene wird Friedrich Hänssler zeitlebens nicht vergessen können, ebenso wenig wie das Schwarz der SS-Uniform. Dass der Jugendliche den Veranstaltungen und »Diensten« der Hitlerjugend ferngeblieben ist, war Grund genug, dem Jungen gehörige Angst einzujagen. Ein solches Verhalten, eine solche Distanziertheit glich damals beinahe einem Staatsverbrechen. Nun stellte man dem Buben die äußerst brisante und durchaus gefährliche Frage: »Hat dein Vater dir verboten, Mitglied der Hitlerjugend zu sein?« Der aber konnte die Bedrohung, die von jener Frage ausging, erkennen, wissend, dass sein Vater schon 1934 und 1937 denunziert und 1938 wegen eines geistlichen Liedes, in welchem das Wort Zion vorkam, in der *Reichssturmfahne* lächerlich gemacht wurde. Und so antwortete der mutige Junge entwaffnend ehrlich: »Nein, das ist meine eigene Entscheidung!« Gegen Ende des Verhörs, holte man schließlich noch den Vater hinzu.

Und wieder wies Gott einen besonderen Weg, wieder zeigte *er,* dass *er* da ist und in ausnahmslos jeder Situation helfen kann.

Ausgerechnet für den darauffolgenden Tag, den 15. Februar 1943, konnte Sohn Friedrich einen Einberufungsbefehl als Luftwaffenhelfer vorweisen, wodurch die »Anklage« augenblicklich gegenstandslos geworden war. Welch ein Timing, welch eine Präzisionsarbeit Gottes! Für den Verlegersohn bedeutete zunächst die Einberufung zur Luftwaffe schlicht und ergreifend Schutz vor den Plänen der SS, manch einer im Regime beobachtete das mit entsprechendem Missfallen. Andererseits war es natürlich traurige Realität, dass der junge Friedrich und seine Klassenkameraden direkten Weges in den Krieg involviert wurden. Sie waren die Kindersoldaten von damals, und nicht wenige verloren dabei ihr noch so junges und kostbares Leben.

Der Kriegsalltag hielt für die Heranwachsenden eine strenge Ausbildung bereit. Zum Beispiel mussten die Jungen im Laufschritt mit starkem Drill auf reinem Sandboden den gewünschten Anforderungen entsprechend ihre Leistung bringen, eine recht anspruchsvolle und anstrengende Betätigung. Das *Glück* der Masse schien der Zwang zu sein. Manche der Vorgesetzten – Menschen, die sich selbst nicht ertragen konnten – waren eine wirkliche Zumutung, das traf aber beileibe nicht auf alle zu. Die Schulklasse, eine eingeschworene Gemeinschaft, zu disziplinieren, war für die Vorgesetzten alles andere als leicht. Wenn fünfundzwanzig Jugendliche, eine geballte Kraft mit Witz, Ideen und Kreativität, langsames Einheitstempo anschlugen, dabei die Grenzen der Befehlshabenden austesteten und dann feststellen durften, diesen im nicht geringen Maße an Einfallsreichtum und Erfindungsgabe weit überlegen zu sein, kann das freilich für unvorhersehbare Irritationen sorgen.

Die Flakhelfer wurden an die Geräte einer großen Luftabwehr-Batterie (Flak) mit acht großen Kanonen des Kalibers 8,8 cm und mehreren Vierlings-Kanonen eingewiesen, die zur Abwehr gegen Flugzeuge eingesetzt wurden, des Weiteren an große optische Geräte und einem Funkmessgerät (Radar).

Eine Schulnote vom letzten Schulzeugnis im Fach Physik sollte nun über das künftige Schicksal von Friedrich Hänssler entscheiden, der eine »Zwei« vorzuweisen hatte und eben aus diesem Grund zum Radargerät abkommandiert worden ist.

Die einzige Möglichkeit, sich auf jenem ungewohnten Gebiet vorwärts bewegen zu können, war für den Jungen das gründliche »Studieren« in der immerhin vorhandenen Technikanleitung. Von diesem Moment an bewahrte er das Hilfsmittel unter seinem Kopfkissen auf. Die Publikation sollte ihm zu mehr Wissen verhelfen, doch leider verstand er nicht viel bis gar nichts davon. Das große Heft mit rotem Umschlag und einem darauf abgebildeten Radargerät, versehen mit einem dicken gelben Balken, und dem gedruckten Wort »Gekados« – »Geheime Kommandosache« –, war für den Neuling Friedrich Hänssler ein Buch mit vielen Siegeln.

Die unangenehmen Folgen der durchaus interessanten Tätigkeit standen im Zusammenhang mit der Ausweitung des Luftkrieges, weshalb bei Tag und Nacht schon im Vorfeld anfliegende Flugzeuge unzählige Male angemessen werden mussten. Der ohnehin gefährdete Schlaf der Soldaten wurde mehrfach in der Nacht durch Alarmglocken unterbrochen. Um den so wichtigen Dienst an dem Funkmessgerät verrichten zu können, mussten dann jene Soldaten unverzüglich aus ihren Betten springen, während der Rest der Batterie noch ruhen konnte. Doch mit der Häufigkeit der schweren Bombenangriffe auf die württembergische Hauptstadt Stuttgart, tagsüber durch amerikanische und nachts durch englische Bomberflotten, änderte sich die Einseitigkeit der nächtlichen Unterbrechungen unter der militärischen Einheit aufgrund von zweimaligem Stellungswechsel innerhalb des weiten Stadtgebietes.

Man kann sich heutzutage eigentlich nicht oder nur sehr vage in die Dramatik der Ereignisse zu jener Zeit hineinversetzen, vor allem in die katastrophale Situation, als beide Stellungen durch Bombenvolltreffer völlig zerstört wurden und einige der Kameraden dabei ihr Leben verloren haben. An schrecklichen und eindrücklichen Vorkommnissen mangelte es wahrlich nicht. Fast täglich gab es zudem Luftalarme, die mit ihren heulenden Sirenen auf den Ernst der Lage aufmerksam machten, und man sah die Konsequenzen aus alledem deutlich vor Augen, die gewaltigen Zerstörungen einer vormals wunderschönen Stadt und ihrer Umgebung.

Der junge Hänssler sollte darüber hinaus mit noch weiteren unvergesslichen Situationen konfrontiert werden: Es war bei einem Sonderappell für Soldaten, als der Batteriechef von Friedrich, ein Oberleutnant, sich plötzlich ohne jeden Grund innerlich gedrängt fühlte, den jungen Mann ins Visier zu nehmen und vor allen Anwesenden vorzuführen. Gegenüber derart unerwarteten Attacken waren die Männer schutzlos ausgeliefert.

Jener vor den angetretenen Soldaten stehende Offizier, dessen Gesicht vom reichlichen Alkoholkonsum deutlich gezeichnet war, begann unvermittelt und auf äußerst niedrigem Niveau mit seiner ihm unterstellten Mannschaft zu kommunizieren: »Ich habe gehört, dass wir ein Judensöhnchen unter uns haben.« Das verursachte unter den zu drei Reihen aufgestellten Angehörigen der Luftwaffe erst einmal ein allgemeines Gelächter, wenngleich Hänssler sofort den Verdacht schöpfte, dass er selbst damit gemeint sein könnte.

Um nicht aufzufallen, duckte er sich dann unwillkürlich ein wenig. Die anfängliche Behauptung des Oberleutnants ging nun in eine gezielte, aus voller Kehle dröhnenden Frage über: »Wo ist denn das Judensöhnchen?« Friedrich aber dachte nicht einmal daran, sich daraufhin zu melden, obwohl er jetzt ganz sicher war, dass es um ihn ging, der mit dem ersten Namen Samuel, der von Gott Erbetene, hieß. Zu jener Zeit war dieser Name alles andere als begehrt.

»Samuel, komm heraus!«, schrie der Batteriechef. Unter dem wiehernden Gelächter aller Anwesenden musste der Junge nun vor die gesamte Truppe treten. Jede weitere Unterredung ist ihm dann unwiederbringlich in Vergessenheit geraten, daran mag die damalige enorme Aufregung nicht ganz unschuldig sein. Diese insgesamt groteske Situation beschämte den Betroffenen zutiefst, zumal er in jener Zeit noch keinen richtigen Glaubensbezug hatte.

Auch im späteren Verlauf seiner Jugendjahre fiel es Friedrich Hänssler durchaus schwer, seinen Glauben zu bekennen. Er fürchtete sich vor den Ressentiments Andersdenkender. Keineswegs sollte man ihn in die als minderwertig eingestufte Schublade »rückständiger Frommer« hineinschieben können, das galt es seinerseits unbedingt zu verhindern. Stattdessen war es für den *noch* nicht zu Christus bekehrten Jugendlichen weitaus angenehmer, ganz privat, sozusagen im Versteck, das zu glauben, was ihm gefiel. Bis – ja, bis zu dem Tag, als das lebendige Wort Gottes ihm unmissverständlich klarmachte, dass das Bekennen zu den drei Lebensäußerungen des Glaubens gehört, das heißt auch, dass das Bekenntnis ohne Lebensveränderung meist nur ein Spiel und damit nicht wahrhaftig ist.

Die Bibel ist da sehr klar und eindeutig. Im Brief des Paulus an die Römer werden diese Lebensäußerungen genannt:

- Hören: »So kommt der Glaube aus der Predigt.« (Römer 10,17)
- Anrufen: »Denn jeder, der den Namen des Herrn anruft, wird gerettet werden.« (Römer 10,13)
- Bekennen: »Denn so du mit deinem Munde bekennst Jesum, dass er der Herr sei …, so wirst du selig.« (Römer 10,9)

Unser Herr Jesus Christus sagt:

> Wer nun mich bekennet vor den Menschen, den will ich bekennen vor meinem himmlischen Vater. Wer mich aber verleugnet vor den Menschen, den will ich auch verleugnen vor meinem himmlischen Vater.
>
> *Matthäus 10,32-33*

Welche unglaubliche Bewahrung Friedrich Hänssler selbst im Laufe des Luftkriegs erfahren durfte, zeigt die folgende Geschichte. Der junge Flakhelfer Hänssler, welcher die im Rahmen seines Kriegshilfsdienstes zu bestehende Nachtsehtauglichkeitsprüfung mit der Note »Sehr gut« abschließen konnte, zog sich einige Zeit später am rechten Arm eine gefährliche Blutvergiftung, wahrscheinlich Phosphorvergiftung, zu und musste infolgedessen auf dem schnellsten Weg im nahe gelegenen Luftwaffenlazarett operiert werden. Leider verlief diese erste Operation erfolglos, und so entschieden sich die Ärzte einhellig, noch ein weiteres Mal zu operieren, um unter allen Umständen eine Amputation des rechten Armes verhindern zu können.

Die zweite Operation wurde dann unter äußerst gefährlichen Bedingungen, während eines schweren Bombenangriffes mit Bombeneinschlägen in nächster Nähe des Lazarettes, durchgeführt.

Trotz der überaus großen Gefahr von außen brachen die Militärärzte, denen Hänssler wohl für ewig verbunden ist, die schwierige Operation nicht ab, sodass der Arm glücklicherweise gerettet werden konnte.

Unserem gnädigen Gott, der die Hände der operierenden Ärzte in wunderbarer Weise führte, verdankt Friedrich Hänssler, dass er noch heute mit Freude und Lust Klavier spielen kann.

Schlüsselerlebnisse

Täglich heulten die Sirenen. Der Luftkrieg, welcher sich in großem Umfang gegen Städte und gegen die Zivilbevölkerung richtete, tobte unerbittlich. Die beständigen Alarme beschäftigten die Männer unablässig. Keinen der Soldaten ließ es unberührt, wenn sie, auch bei Nacht und Nebel, die Bomberverbände in ihren Messgeräten anfliegen sahen, manchmal bereits ehe Fliegeralarm gegeben wurde. Mehr oder weniger vergeblich versuchten die Soldaten mit ihren Kanonen sich den zahlreichen Angriffen der Flugzeuge und ihren sowohl bedrohlichen als auch zahlreichen Bombenabwürfen entgegenzustemmen, die aus dem Stadtzentrum eine brennende Trümmerwüste machten.

Diese Armada von Flugzeugen, welche ihre tödliche Bombenlast über die Städte ablud, konnte nur sehr begrenzt abgewehrt werden. Die Bomber hatten Sprengbomben, Luftminen, Phosphor-Brandbomben und äußerst viele Stab-Brandbomben geladen, die in Massen – nicht nur auf Rüstungsbetriebe – abgeworfen wurden. Manche explodierten aus irgendwelchen Gründen nicht und wurden dann gesprengt oder anderweitig vernichtet, doch die meisten davon erreichten ihr Ziel mit verheerenden Folgen für die Zivilbevölkerung. Die Verkehrsmittel waren weitgehend zerstört. Viele der Stadtbewohner erstickten oder verbrannten jämmerlich in ihren Kellern.

Es brauchte eine dringende Unterweisung für die Luftwaffenhelfer, einen speziellen Bombenunterricht, diesen sollten sie durch einen Unteroffizier bekommen, der allerdings über ein nur sehr begrenztes Wissen verfügte. Und dieses begrenzte Wissen wurde ihm offensichtlich durch die verliehene »Macht« als Unteroffizier verschafft. Keine guten Voraussetzungen für die noch nahezu Unbedarften. Immerhin aber konnten die jungen Männer sämtliche verschiedenen Brandbombentypen anhand der farbigen Ringe unterscheiden lernen, mit denen diese versehen waren. Blindgänger-Brandbomben hatten sie inzwischen genügend gefunden und sich auch immer wieder näher damit beschäftigt, um ihr Wissen darüber nach dem Motto zu erweitern: »Vorhandenes Wissen muss auch benutzt werden.«

Dann, an einem Sonntagnachmittag, unternahmen ein für das Radargerät verantwortlicher Wachtmeister, ein weiterer Luftwaffenhelfer und Friedrich Hänssler innerhalb ihrer Flakstellung einen kleinen Spaziergang, bei dem ohne jede Anstrengung eine ganze Anzahl von Brandbomben-Blindgängern gefunden wurde. Jeder der Kameraden schien wohl aufgrund des genossenen Unterrichts zu glauben, jetzt über genügend Kenntnisse im Umgang mit den lebensgefährlichen Hinterlassenschaften zu verfügen. In genau diesem Irrtum packten sie die Blindgänger an, schlugen diese mit dem Aufschlagkopf auf die für jeglichen Verkehr gesperrte schmale Straße und gerieten anschließend mächtig ins Staunen über das großartige und scheinbar harmlose »Feuerwerk«. Die alles andere als ungefährlichen »Fackeln« brannten im Abstand von etwa zwei Metern.

Während sich die Burschen mit wachsender Begeisterung ihre Ideensammlung anschauten, knallte es auf einmal erneut, diesmal klang es jedoch beängstigend, ja geradezu fürchterlich. Es war ein Knall mit schweren Folgen. Der Wachtmeister lag unversehens mit einem von Splittern durchgeschlagenen Schienbein auf dem Boden. Auch den Luftwaffenhelfer hatte es zu Boden geworfen und mit einem in die Lunge eingedrungenen Splitter böse getroffen.

Friedrich selbst blieb unversehrt. Zeit, über die unglaubliche Bewahrung nachzudenken, war nicht vorhanden, denn nun galt es in erster Linie als einzig Unverletzter die Verwundeten zu versorgen und sich den unangenehmen Fragen der vorgesetzten Offiziere zu stellen. Die Verletzten kamen sofort ins Krankenhaus, der Wachtmeister allerdings für eine besonders lange Zeit.

Friedrich Hänssler, welcher damals ganz allein Rede und Antwort stehen musste, wird diese Geschichte aus jenen Tagen später einmal wie folgt zu Ende erzählen: »Der Chef sprach von einer nicht zu vermeidenden Kriegsgerichtsverhandlung, und das verhieß tatsächlich nichts Gutes. Die Kommission sollte am nächsten Tag in die Flakstellung kommen, um mich zu verhören. Ein Leutnant wollte mich für diesen Auftritt präparieren, denn es sollte kein ›größerer Fall‹ daraus werden. Die Offiziere fürchteten die eventuellen Auswirkungen auf ihre Reputation, zumal sich der Regimentskommandeur ebenfalls zum Verhör angemeldet hatte.

Nun sollte ich also gut vorbereitet werden. Zugegebenermaßen wusste ich ja detailgenau, was und wie alles abgelaufen war. Der Offizier, eigentlich ein prima Kerl, meinte dann zu mir: ›Ich will von Ihnen überhaupt nicht wissen, wie das geschehen ist. Vielmehr werde ich Ihnen jetzt genau sagen, was sich zugetragen hat.‹

Dann gab er eine frei erfundene Version von sich, die mit der Sachlage selbst absolut nichts zu tun hatte. Seine Wahrheit ließ sich nicht zeigen, sondern nur erfinden. Ich bekam den Befehl, die ausgedachte Version wörtlich zu wiederholen. Natürlich klappte das überhaupt nicht und der Offizier schrie mich an. Auch ein zweiter Wiederholungsversuch scheiterte vollends. Bei dieser ganzen Geschichte war mir natürlich sehr unwohl, hatte ich doch meine erlebten Fakten noch deutlich vor Augen. Ich sah mich bereits im Militärgefängnis …

Innerhalb unserer Flakstellung hatten wir einen ansehnlichen Auffüllplatz, eine Müllhalde. Dort warf man alles hinein, was überflüssig war: gemähtes Gras, Holzstücke, Essensreste, leere Flaschen und noch so manches andere. Diese Halde hatte sich bei einem Luftangriff entzündet, und es wollte uns einfach nicht gelingen, den bereits in die Tiefe gedrungenen Brand zu löschen. Unaufhörlich drang Rauch aus der Halde.

Am nächsten Tag erschien dann die zu erwartende Kommission, welche von einem Späher der Einheit schon im Voraus gemeldet worden war. Noch heute habe ich das Bild des alten Mercedes vor Augen, mit dem sie an der Wache der Flakbatterie vorfuhren. Gerade als sie sich fahrenderweise in Richtung Tatort, dem angedachten Raum zum Verhör bewegten, platzten zeitgleich zwei oder drei leere Flaschen durch die entwickelte Hitze der brennenden Müllhalde. Als der Wagen dann anhielt, schoss aus der brennenden Halde völlig unerwartet ein Phosphorkanister wie eine Rakete empor und beinahe über das Auto der Kommission hinweg. Die Hitze hatte den Boden des Kanisters abgesprengt, und dieser sauste nun mit einem Rauchschweif etwa 60 bis 80 Meter durch die Luft. Das war noch nie zuvor geschehen. Ein besseres Timing, eine bessere Inszenierung und Dramaturgie hätte man menschlich nicht planen können. Unsere Offiziere brauchten nun keine ihrer erfundenen Versionen zu erklären. Alles war absolut *offensichtlich*, und es war *plausibel*, dass dies ein vom Kriegseinsatz bedingter Unfall gewesen sein musste.

Diese eindrückliche Demonstration brachte es mit sich, dass man keinerlei Notwendigkeit mehr darin sah, mich als den einzigen Zeugen überhaupt zur Situation zu befragen. Anhand der *Fakten* schien ein solcher Vorgang überflüssig geworden zu sein. Dementsprechend zog die Kommission prompt und zufrieden ab, sodass in die Flakstellung endlich wieder Ruhe einkehrte. Wenn ich mich richtig erinnere, bekam der Wachtmeister für seine Verletzung sogar das Verwundetenabzeichen.

Für mich aber bedeutete das gesamte Ereignis Bewahrung in mehrfacher Hinsicht: Bewahrung vor der Gefahr selbst und Bewahrung davor, um meines Überlebens willen etwas Unwahres sagen zu müssen. Ein Musterbild der bewahrenden Treue Gottes in allen verschiedenen Nöten, in Gefahren des Leibes und der Seele. ›Er, der Hüter Israels, schläft und schlummert nicht‹ (vgl. Psalm 121,4). Er erwies mir auch bei größter Dummheit und Fahrlässigkeit meinerseits seine Hilfe. Die Zusage Gottes wird in Psalm 91,11 mit den

Worten festgehalten: ›Denn er hat seinen Engeln befohlen über dir, dass sie dich bewahren auf allen deinen Wegen.‹«

Während dieser Zeit lebten die Männer der Luftabwehreinheit in Baracken, die im Sommer viel zu heiß und im Winter viel zu kalt waren. Trotz der fatalen Kriegslage und der vorherrschenden Umstände insgesamt wurde außerordentlich viel Wert auf Sauberkeit in den Räumen und Ordnung im Spind gelegt. Es gab deshalb regelmäßige Kontrollen, und wehe, wenn im Schrank die Wäsche nicht ganz akkurat aufgeschichtet und der Staub nicht peinlich genau abgewischt war. Die Kontrolleure griffen dann gerne mal zu wirklich unschönen Methoden, vermischten zum Beispiel Staub und Wäsche miteinander oder hielten die Jungs an, die Ecken mit der Zahnbürste auszukehren. Von der freien Zeit für Putz- oder Flickarbeiten blieb wenig übrig, und so suchten Friedrich Hänssler und seine drei Mitbewohner recht bald nach geeigneten Gegenmaßnahmen, um des unliebsamen Drills seitens der Kontrolleure auch ohne großen Zeitaufwand gerecht werden zu können.

Was des einen Leid ist, kann des anderen Freud sein – ein kleines, feines Mauseloch, welches sich in einer der Stubenecken der gemeinsamen Unterkunft befand, kam jetzt den vieren zu Hilfe und wurde einhellig als ein durch nichts zu ersetzendes Geschenk empfunden. Die Besenreinigung ging von nun an wesentlich zügiger vonstatten, denn der anfallende Schmutz musste ja nur noch durch dieses Loch befördert werden, um dann schließlich eine Etage tiefer auf dem Erdboden zu landen. Ein durchaus zeitsparendes und vor allem so außergewöhnlich praktisches Unterfangen. Die Stube befand sich seither immer im besenreinen Zustand.

Im Winter gab es für alle täglich einen einzigen (!) Kohleneimer, genau nach Plan. Unabhängig von den Außentemperaturen, blieb die Kohlenmenge stets die gleiche. *Alles war exakt geregelt.* Bei extremer Kälte genügte die festgelegte Zuteilung keineswegs, und bei höheren Temperaturen war diese schlichtweg zu viel. Nachdem Friedrich aber in der Barackenstube eine lose Deckenplatte entdeckt hatte, wodurch umgehend der Zugang zum Dachboden möglich wurde, konnte auch für dieses Problem eine »geniale Lösung« gefunden werden. Die neu gewonnene Räumlichkeit eignete sich nämlich ganz hervorragend als Kohlenvorratsraum und darüber hinaus extra noch zum Abstellen von ungeputzten Schuhen und nicht gespültem Geschirr.

Man musste lediglich die Platte hochheben, all die Dinge einlagern und fertig. Auf diesem überaus geräumigen Dachboden der Baracke hätte man die Gebrauchsgegenstände einer ganzen Kompanie unterbringen können. Die fabelhafte Entdeckung war ein außerordentlicher Zugewinn und in der Komposition mit dem Mauseloch einfach eine Sensation. Die Burschen besaßen nun allezeit eine geradezu mustergültig aufgeräumte Stube, so auch bei kurzfristig anberaumten Kontrollen. Schlussendlich hatten sie ja alles unter Dach und Fach, genauer gesagt, mehr unterm Dach als im Fach. Bei alledem waren sie sich absolut sicher, ganz besonders Friedrich, dass dieses geniale Versteck von niemandem entdeckt werden würde. Das wiederum war ein folgenreicher, ein fataler Irrtum.

Irgendwann, nach einer Regenperiode, tropfte an einer undichten Stelle das Wasser in mehrere der Barackenstuben. Der Stabsfeldwebel und sein Assistent suchten daraufhin nach dem Leck im Dach. Sie gingen in gebückter, fast kriechender Haltung die ganze Baracke entlang und entdeckten: Friedrichs Vorratslager.

Als dieser von einer Dienstaufgabe zurück in die Baracke kam, lag das gesamte Warenlager vollständig – angefangen von den aufbewahrten Kohlen bis zu den ungeputzten Schuhen, einschließlich des schmutzigen Geschirrs – in seinem Bett. Abgesehen von der »schönen Bescherung« gab es zusätzlich noch eine gehörige Portion Ärger mit den Vorgesetzten. Damit wurde das Ende der Vorratswirtschaft herbeigeführt. Und die Moral der Geschichte? Die vier durften auf eine sehr anschauliche Weise lernen, dass man nichts unter den Teppich kehren kann.

Auch vor Gott kann man nichts unter den Teppich kehren. *Irgendwann* kommt alles ans Licht! *Irgendwann* wird alles aufgedeckt, das Versteck sei noch so gut, noch so geheim! In 2. Korinther 5,10 schreibt Paulus: »Denn wir alle müssen einmal vor dem Richterstuhl des Christus erscheinen, wo alles ans Licht kommen wird.«

Und Jesus sagt uns: »Es ist nichts verborgen, was nicht offenbar werde«, Matthäus 10,26.

Die Flucht aus Österreich
und der Beginn des Soldatenlebens

Im Rahmen des Reichsarbeitsdienstes wurden Friedrich Hänssler und seine Kameraden für einige Wochen im Westen der Re-
publik Österreich, im österreichischen Vorarlberg eingesetzt,
um für eine geplante Hochspannungsleitung mehrere Tausend
Bäume zu fällen. Die verantwortlichen Führer dort waren allesamt
österreichische Nazis mit einer extremen, unbeschreiblich fanati-
schen Überzeugung, wie sie Hänssler zuvor noch nicht begegnet
ist. Einer davon spielte seine Position in besonders gemeiner Weise
aus und jagte Friedrich Hänssler samt all den Gerätschaften, die er
am Leibe tragen musste, an einem steilen Berg auf- und abwärts,
sodass dieser sich abwärts immer wieder in Form von mehreren
hintereinander folgenden Vorwärtsrollen überschlug.

Das Ergebnis des brutalen Drills war ein mit unzähligen grünen
und blauen Flecken übersäter Körper. Die Männer wurden durch
solches Erleben keineswegs zu Freunden der Nazis, im Gegenteil,
die Wut war groß und ihre Herzen sannen verständlicherweise nach
Rache.

Während eines feuchtfröhlichen Abschiedsfestes der Nazifüh-
rer holte dann einer der Kameraden die Entlassungspapiere aus der
Schreibstube des Arbeitsdienstlagers, das war ein äußerst waghal-
siges Unterfangen. Dann kletterten alle, bis auf Friedrich – der noch
innerhalb des Geländes bleiben musste, um die gesamten Koffer über
den Zaun werfen zu können –, über die Einhegung nach draußen. Die
anschließende nächtliche Bahnfahrt nach Stuttgart war eine weitere
heikle Angelegenheit, denn die Kameraden konnten natürlich nicht
wissen, ob die Betrunkenen noch oder hoffentlich nicht mehr dazu
in der Lage sein würden, die Flucht der Militärpolizei zu melden.

Die sogenannten »Kettenhunde«, die Feldjägerkommandos, waren mehr als gefürchtet. Als diese furchtbarerweise im letzten Abteil des langen Zuges einstiegen, um ihre Kontrollfunktion an ausnahmslos jedermann auszuüben, versuchten die Flüchtenden sich langsam und unaufgeregt bis zum ersten Wagen durchzuarbeiten, um beim nächsten Halt unverzüglich aussteigen und im letzten Wagen wieder einsteigen zu können. Die Nacht bot ihnen den nötigen Schutz und schenkte ihrem heimlichen und gefährlichen Tun recht gutes Gelingen.

Kurze Zeit später hörten die »Getürmten« davon, dass einige ihrer Kameraden aus dem nur zehn Kilometer entfernten Nachbarlager all dem psychischen und physischen Druck der Nazis nicht mehr standgehalten haben und über die nahe gelegenen großen Stacheldrahtrollen im Oberrhein in die neutrale Schweiz geflüchtet waren. Diese Tat bezahlten sie schlussendlich mit ihrem Leben. Von der Grenzpolizei wurden die Freiheitssuchenden prompt wieder zurückgeschickt und dann von den deutschen Instanzen wegen Flucht zum Tode verurteilt.

Als die mutigen Jungs endlich für wenige Urlaubstage zu Hause bei ihren Familien ankamen, wartete auf sie dort schon der Stellungsbefehl der Wehrmacht, die Einberufung. Friedrich Hänssler wurde nun, wie eine Reihe seiner Klassenkameraden auch, als Reserveoffiziersanwärter nach Ulm in die altehrwürdige Wilhelmsburg-Kaserne einbestellt. Es hätte freilich schlimmer ausfallen können. Diesen Befehl befolgend, versammelten sich etwa 20 unmotivierte Gymnasiasten auf dem Stuttgarter Hauptbahnhof, wissend, nun künftig als Soldat fern der Heimat dem Vaterland dienen zu müssen. Ein Feldwebel in Uniform demonstrierte klar seine Befehlsgewalt, kam auf die Noch-Zivilisten zu, schaute sich den ganzen widerwilligen Männerhaufen an und wandte sich dann unerwartet und direkt an Friedrich Hänssler: »Sie sind mir verantwortlich dafür, dass diese Leute alle in Ulm ankommen!« Zweifellos handelte es sich hier um einen eindeutigen Befehl und damit um eine erste militärische Leitungsaufgabe für den angehenden Soldaten Hänssler. Und was für eine!

Die zwanzig Männer standen jetzt vor der unmöglichen Herausforderung, sich in einen völlig überfüllten Personenzug hineinquetschen zu müssen. Selbst auf den Trittbrettern standen bereits Passagiere und die hatten sich so gekonnt postiert, dass sie die Zugfahrt zumindest überleben konnten. Da ging rein gar nichts mehr! Und in diesem rein gar nichts *mussten* sich nun die angehenden Soldaten, komme was wolle, noch zusätzlich Platz verschaffen.

Die Begeisterung der Mannschaft, sich für Hitlers Endsieg mit ganzer Kraft einzusetzen, war einhellig auf der Skala von eins bis zehn bei null angelangt. Das erschwerte um ein Vielfaches die psychische Last, die sie ohnehin alle miteinander zu tragen hatten. Einige bettelten permanent, sie müssten nach Hause, um etwas Vergessenes zu holen. Nach reichlichem Zureden aber, gelang es letztlich doch noch, dass sich am Ende alle zwanzig im Zug befanden. Das schier unlösbare Problem konnte also schlussendlich tatsächlich gelöst und beseitigt werden.

Keiner der Männer hatte an diesem 19. Dezember 1944 eine Ahnung davon, dass nur wenige Tage zuvor ein verheerender Bombenangriff die Stadt Ulm in Schutt und Asche gelegt hatte. Dabei wurde auch die Kaserne der Neuankömmlinge getroffen.

In einem Schlafraum mit Dreistockbetten kamen vierundzwanzig Soldaten notdürftig unter und verstauten dort, so gut es eben ging, ihre wenigen Habseligkeiten. Einer von ihnen, Johannes Asimus, holte voller Entschlossenheit aus seinem kleinen Rucksack eine handliche Taschenbibel und legte diese auf den einzigen Tisch im Raum, so, als wollte er damit demonstrativ sagen: »Dazu stehe ich!« Das inmitten der Naziideologie offene und mutige Bekenntnis des Johannes beeindruckte insbesondere Friedrich Hänssler außerordentlich stark. Ausgerechnet Soldat Asimus verlor dann in den folgenden Kämpfen als Erster der Gruppe sein Leben.

Aufgrund der weiteren Luftangriffe wurden die Soldaten in das nahe liegende Dorf Jungingen verlegt. Sie lebten dort in verschiedenen Bauernhöfen auf Stroh und mussten täglich nach Ulm marschieren, um sich vor Ort an den anfallenden Aufräumarbeiten zu beteiligen, die sich teilweise grotesk gestalteten. Während es zum Beispiel galt, im Hof der auch militärisch genutzten Telefonzentrale herumliegende Glassplitter wegzufegen, kämpften auf der anderen Straßenseite Menschen um ihr Überleben, die in den Kellern ihrer durch Bomben eingeebneten Häuserreste lagen und versuchten, sich durch Klopfzeichen bemerkbar zu machen. Und trotzdem war es den Soldaten zu jenem Zeitpunkt strengstens untersagt, an dieser Stelle helfend einzugreifen.

Erst zwei, drei Tage später nahmen die jungen Männer, darunter auch Friedrich Hänssler, den Befehl entgegen, in dem heißen und finsteren Untergrund-Kellersystem auf dem Bauch kriechend jene Verbindungsbacksteine, die zum nächsten Kellerraum führten, von Hand herauslösen zu müssen, um Verschüttete möglichst noch rechtzeitig erreichen zu können.

Dann, bei Tage, kam plötzlich ein neuer Luftangriff. Die Soldaten wurden daraufhin in eine der alten Kasematten (Festungsanlagen) beordert, die als Schutzraum gedacht waren. Nachdem der Angriff vorübergegangen war, erhielten die Männer nun erneut das Kommando, nach Verschütteten zu suchen. Dort, in dem großen Haus, bot sich ihnen dann ein unvorstellbares Bild des Grauens. Zu ihrem Entsetzen mussten die Soldaten feststellen, dass die zu Tode gekommenen in zwei Schichten übereinanderlagen. Unten lagen die Verschütteten und oben tote Soldaten einer anderen Einheit, die ursprünglich nach den Verschütteten suchen sollten und dabei vom zweiten Angriff tödlich überrascht wurden.

Einer der Kameraden aus Hänsslers nahem Umfeld konnte das Erlebte psychisch nicht mehr ertragen und drehte vollkommen durch. Der gänzlich handlungsunfähig gewordene Soldat war außerstande, in die psychische Normalität zurückzufinden. Was mit ihm weiterhin geschah, blieb letztlich ungewiss.

Von Jungingen aus erfolgte eine straffe Ausbildung am Maschinengewehr, genauer gesagt am Sturmgewehr 42, Scharfschützenausbildung. Das bedeutete unter anderem auch: Leben im eisigen Erdbunker. In einem eigens präparierten Waldstück lernten die Soldaten auf einen fahrenden Panzer aufzuspringen, um dort eine Haftmine anbringen zu können und dann in extra dafür vorbereitete Erdlöcher hineinzuspringen. Eine insgesamt nicht ungefährliche Situation. Auch Friedrich Hänssler sprang in ein solches Erdloch ab und musste dabei mit großer Erschrockenheit feststellen, dass im selben schon einer drin lag. Der im gleichen Augenblick über das Erdloch rollende Panzer erwischte Hänssler noch an seiner rechten Schulter. Zum Glück hinterließ dieser Unfall keine bleibenden Schäden. Welche Bewahrung!

Der Pferdegalopp und weitere Ereignisse

E s war tiefer Winter geworden auf der Schwäbischen Alb. Die Soldaten übten den Nachtangriff mit Leuchtraketen. Geschossen wurde nur noch mit scharfer Munition und die zu erwartenden Kollateralschäden blieben nicht aus. Am Tage dann, mitten in der Schneewüste, tauchte am Horizont wie aus dem Nichts, wie eine Mauer aussehend, oder wie mit einer Schnur abgezirkelt, eine Anzahl von über hundert Pferden auf, die im äußersten Galopp und ohne Umschweife direkt auf Friedrich Hänssler und seine Kameraden zuritten. Manche der uniformierten, brillanten Reiter hingen nach Kosakenart an den Schwänzen ihrer Pferde. Man konnte sie deshalb nicht sehen, nur erahnen. In rasendem Tempo näherten sie sich der darüber zutiefst erschrockenen Einheit und ihrem – angesichts der unberechenbaren Lage – hilflos wirkenden Vorgesetzten.

Auch Soldat Friedrich bekam es mit der Angst zu tun, als die »anstürmende Wand« immer näher rückte. Dann aber, urplötzlich, auf einen gewaltigen Pfiff hin, wendete das gesamte, höchstens noch 25 m entfernte Pferdeheer und galoppierte exakt im 45-Grad-Winkel davon. Das war zielgenau und äußerst grandios eingeübt. Nur, wer waren diese Reiter? Sie gehörten der russischen Armee des Generals Wlassow an und kämpften auf deutscher Seite mit. Gerne hätten die Soldaten, samt ihrem Vorgesetzten, das schon etwas früher gewusst.

Es gab durchaus noch ganz andere nennenswerte Erlebnisse aus jener Zeit. Während einer Beerdigung eines hochdekorierten Offiziers, der mit einem deutschen Jagdflugzeug abgestürzt war, sollte Friedrichs Einheit als Ehrenkompanie eine Ehrensalve schießen. Ausgerechnet in diesem Moment verhedderte sich jedoch die

Schlaufe von Friedrichs Gewehr um einen der an seinem dicken Soldatenwintermantel befestigten Knöpfe, sodass sich die Salve selbst, sehr zu seinem Leidwesen, zu einem totalen Misserfolg entwickelte. Später einmal wird er dazu schmunzelnd bekennen: »Schon damals hat sich gezeigt, dass ich kein Mann für besonders feierliche Momente bin, gewisse Pannen müssen bei mir einfach einkalkuliert werden.«

Szenenwechsel. Weihnachten 1944. Die Kompanie feierte das Christfest in einem acht Kilometer entfernten Albdorf, insofern man das aufgrund der Kriegsumstände überhaupt als feiern bezeichnen konnte. Immerhin gab es seit den zerstörerischen Luftangriffen erstmalig wieder etwas Richtiges zu essen. Freilich mussten die Soldaten sich auch die üblichen Durchhalteparolen der Vorgesetzten anhören, allerdings waren diese jetzt nicht mehr so siegestrunken wie früher. Als einzige Annäherung an das eigentliche Weihnachtsfest sangen die Männer das weltweit bekannteste Weihnachtslied *Stille Nacht, heilige Nacht*, wenn auch der reichlich vorhandene Schnaps seine Wirkung nicht verfehlte und somit verhinderte, dass dieser »Gesang« allzu wohlklingend ausfiel.

Für so manch einen der Soldaten war die politische und auch die persönliche Kriegssituation nur noch mit Schnaps zu ertragen. Von einem der Vorgesetzten erhielt der nüchterne Hänssler zuletzt den Befehl, zwei absolut gehunfähige und unverständlich lallende Kameraden auf einem kleinen Handleiterwagen in ihr acht Kilometer entferntes Strohquartier zurückzuführen.

Das Erschießungskommando

Zu Anfang des Jahres 1945, es waren nur noch wenige Monate bis zum Kriegsende, sollte dem Soldaten Friedrich Hänssler eine nicht zu tragende Last auferlegt werden. Dieser erinnert sich wie folgt an die wohl heikelsten Stunden seines bis dahin gelebten Lebens:

»Eines Abends bekam ich unerwartet durch einen Feldwebel den Auftrag, mich am nächsten Morgen um 5 Uhr mit meiner Schusswaffe vor dem Schulgebäude einzufinden. Natürlich hatte ich keine Ahnung, was das bedeuten könnte, und war am nächsten Morgen doch sehr erstaunt, allein von einem Wehrmachtsauto abgeholt zu werden. Eine durchaus ungewöhnliche Situation. Schließlich setzte man mich in einem weiten Waldgebiet ab. Hier brach der äußerst verschlossene Fahrer ausnahmsweise und nur für einen einzigen Satz sein Schweigen: ›Sie warten hier, es kommen noch weitere!‹

Und tatsächlich kamen insgesamt noch sieben Soldaten hinzu, jeder in einem separaten Auto. Wir alle waren fragend, noch nicht misstrauisch, aber überaus vorsichtig, denn keiner kannte den anderen. Dann erschien auf einmal ein Offizier und befahl mit Kommandostimme: ›Im Halbkreis sammeln!‹ Wir gehorchten sofort. Der uns unbekannte Offizier holte aus seiner Brusttasche ein Papier hervor, auf dem Ungeheuerliches stand: ›Tagesbefehl: Sie sind heute zu einem Erschießungskommando eingeteilt…! Wenn Sie sich weigern, werden Sie selbst heute standrechtlich erschossen.‹

Das waren harte, unfassbar grausame und abscheuliche Worte, die uns inmitten einer unmenschlichen, ausgesprochen gespenstischen Atmosphäre trafen. Spätestens in diesem Moment wurde jedem von uns klar, was die vorausgegangenen seltsamen Umstände – das Geheimnisvolle, ja das Bedrohliche – zu sagen hatten. Jetzt wussten wir um die Fakten und um deren Bedeutung für unser weiteres Leben. Ich persönlich war mir sofort im Klaren darüber: Was jetzt folgen wird, ist großes Unrecht!

Der Offizier führte uns mit Kommando aus dem Wald heraus, hin zu einem gewaltigen Steinbruch. Der Weg, welcher uns zu diesem Ort führen sollte, bot jedem Einzelnen von uns die Möglichkeit, nachzudenken und sich zu erinnern. Keiner sprach ein Wort, es herrschte eisiges Schweigen. Unwillkürlich fielen mir frühere Informationen aus der Familie, aus dem Freundeskreis ein, die ich meist nur nebenbei aufgeschnappt hatte. Dazu gehörte auch, dass ich bereits als Elfjähriger um Pfarrer Martin Niemöller wusste, einem deutschen evangelischen Theologen und führenden Vertreter der Bekennenden Kirche, der als persönlicher Gefangener von Adolf Hitler ins KZ Sachsenhausen gekommen ist. Später dann hatte man ihn nach Dachau gebracht. Außerdem musste ich 1939 miterleben, dass ein Freund meiner Eltern, ein Evangelist, mit seiner Frau ebenfalls ins KZ Dachau überführt wurde. Immer wieder hatte ich von Menschen gehört, die mit den Nazis nicht einverstanden und dann urplötzlich verschwunden waren, auch von Massenerschießungen hörte ich, und auf einmal musste ich schlagartig erkennen: Irgendwie werde ich jetzt selbst ein Teil der abscheulichen Diktatur.

Vor dem Steinbruch standen in einer Waldschneise einige Fahrzeuge. Darauf befanden sich bewachende Soldaten und Männer in Zivilkleidern. Es waren jene, die an diesem Tag erschossen werden sollten. Von den Wachsoldaten kannte ich freilich niemanden, auch nicht von den Todeskandidaten, unserem Sonderkommando oder den Kommandierenden der Exekution. Das war ganz klar Teil dieses widerwärtigen Planes, schließlich sollte über die Aktion nicht gesprochen werden.

In meinem Innersten begann ich auf der Stelle zu Gott zu schreien. Die Existenz Gottes zweifelte ich in meinem Kinderglauben nie an, nicht einmal in dieser Hölle von Gewalt, Unrecht, Mord und Gesetzlosigkeit. Ich rief zu Gott: ›Gott, wenn du existierst, wenn es dich gibt, und wenn du keine Fiktion bist, wie man uns das heute beizubringen versucht, wie man es uns immer wieder vorsagt, dann müsstest du *jetzt* etwas tun, dann solltest du mich *jetzt* aus dieser schwierigen Situation herausholen. Ich will doch kein Unrecht tun!‹ Immer wieder sagte ich das.

Inzwischen waren wir im Steinbruch angekommen. Dann wurden wir kurz eingewiesen, wie die Erschießung vor sich gehen sollte. Im großen menschlichen Kreis wachten viele Soldaten darüber, dass keiner der Delinquenten entfliehen konnte.

Hauptsächlich aber diente diese Aktion als Abschreckung für gerade eben diese Soldaten. Mich und die sieben anderen hatte man bereits als Kommando aufgestellt und vor uns, viel zu nahe, im Abstand von nur wenigen Metern einige der Verurteilten. Man konnte jeden Gesichtsmuskel der zum Tode geweihten wahrnehmen. Wieder schrie ich innerlich zu Gott. Und Gott hörte nicht nur mein Rufen, tatsächlich *erhörte* er meinen drängenden Hilferuf.

Ein höherer, mir völlig unbekannter Offizier ließ einen letzten prüfenden Blick über die Vorbereitungen und die damit beschäftigten Akteure gleiten. An mir blieb sein Blick unerwartet hängen, und dann befahl er: ›Kommen Sie mal her!‹ Ich ging die wenigen Schritte auf ihn zu und vollzog die übliche militärische Ehrenbezeugung.

Plötzlich sagte er zu mir: ›Versorgen Sie die Toten, Sie brauchen nicht zu schießen!‹

So konnte ich meine Schusswaffe unbenutzt ablegen. Dieses Geschehen war für mich eine unmittelbare, unbeschreiblich eindrucksvolle Gebetserhörung, ein unbegreifliches Wunder, ein direktes Eingreifen Gottes. 15 Sekunden später fiel die erste Salve.

Angesichts des Erlebten sagte ich in meinem Herzen zu Gott: ›Ich will zu dir gehören!‹ Eine einfache, schlichte Aussage, aber echt.

Nach der Konfrontation mit dem Tod genauso ernst gemeint, wie ich es ausgesprochen hatte. Das war eine entscheidende Weichenstellung in meinem Leben. Soeben durfte ich doch erfahren, dass nichts für Gott unmöglich, kein Schlamassel für ihn zu groß ist, um dort nicht eingreifen zu können. Mein Schreien in einer aus menschlicher Sicht aussichtslosen, hoffnungslosen Situation hatte er wunderbar erhört und mich aus meiner tiefen Not errettet. Gott hat das Steuer meines Lebens gewaltig herumgerissen.«

Ein fataler Fehler

D ie ROB, Reserveoffiziers-Bewerber, denen auch Friedrich
Hänssler angehörte, wurden in die Stauferstadt Schwä-
bisch Gmünd zur weiteren, intensiveren Ausbildung versetzt. Dabei handelte es sich, entsprechend der katastrophalen
Kriegslage, um eine Ausbilder-Ausbildung im Schnellzugverfahren.
Von hier marschierte die Truppe im tiefen Schnee ins Bayerische,
um dort Männer, sozusagen das letzte Aufgebot, für den Kampf entsprechend vorzubereiten. Gegen Kriegsende wurde nur wenig Rück-
sicht auf die körperliche Tauglichkeit zum Wehrdienst genommen.

Manche der Auszubildenden befanden sich bereits im stark fortgeschrittenen Alter, und längst nicht alle Männer mit Einberufungsbefehl waren zu hundert Prozent leistungsfähig. In einem Waldgebiet, während einer Übung, legte sich beispielsweise ein leicht
gehbehinderter 17-Jähriger mitten auf den Waldboden hin, direkt
vor den Augen seines Ausbilders Friedrich Hänssler, und sagte »Sie
können mich jetzt erschießen, aber ich kann einfach nicht mehr.«
Die Stimmung in der Truppe war schlecht. *Alle* waren überfordert.

An einem Tag übten die Männer im Gelände. Soldat Hänssler
hatte die Aufgabe, seiner Gruppe den Gebrauch des Sturmgewehrs
42 zu erklären, das der russischen Kalaschnikow ähnelte. Die sehr
robust gebaute Waffe war einfach zu bedienen und konnte sowohl
einzelne Schüsse als auch Dauerfeuer abgeben.

Jene Gruppe von Soldaten hatte sich zum Unterricht im Halbkreis
um ihren Ausbilder Friedrich Hänssler versammelt, als dieser unmittelbar danach einen der Männer aufforderte, ihm sein Gewehr zu geben, um dessen Gebrauch vor aller Augen demonstrieren zu können.

Dass es im weiteren Verlauf gleich brandgefährlich werden würde, ahnte wohl niemand der Anwesenden. Hänssler, welcher das

ihm überreichte Gewehr schräg nach oben, in Brusthöhe positioniert hatte, begann nun mit seinen Erläuterungen und testete nebenher außerdem noch, ob das Gewehr denn auch befehlsmäßig gesichert sei. Er drückte den Abzug und ehe er sich versah, lösten sich, direkt über den Köpfen der ihn umgebenden Soldaten hinweg, fünf oder sechs scharfe Schüsse aus der Gewehrmündung. Der Schreck saß bei allen Anwesenden ausnahmslos tief.

Die Schüsse, deren Munition aus keinem Übungsmaterial, sondern aus scharfen Patronen bestand, trafen nur knapp an den Männern vorbei. Wie aber konnte es überhaupt dazu kommen? Der Fehler lag im Detail. Zum einen hätte Soldat Hänssler bei der Übergabe des Gewehrs die Meldung seines Auszubildenden »Gewehr geladen und gesichert!« oder »Gewehr geladen, nicht gesichert!« abwarten müssen. Zum anderen war es ein geradezu fahrlässiges Verhalten seitens des Soldaten, der seine Waffe ungeprüft und im ungesicherten Zustand übergeben hatte. Friedrich Hänssler jedenfalls erhielt wegen seiner Nachlässigkeit eine gehörige Standpauke, letztlich aber verzichteten die Vorgesetzten auf weitere Strafmaßnahmen. Kurz vor dem Kriegsende war man im Schusswaffengebrauch insgesamt etwas großzügiger geworden, und überdies stand der Aufbruch an die Front bevor.

Im damaligen militärischen Sprachgebrauch lautete das folgenreiche Versäumnis: »Vergehen gegen die Dienstvorschrift« und »Kameradengefährdung«.

Hänssler selbst erklärte dazu: »Welch eine Bewahrung, ganz unverdiente Bewahrung! Wie dankbar ich doch für Gottes Eingreifen war, dass die todbringenden Schüsse einige Zentimeter über die Köpfe der Männer rauschten. Gott ist ›gnädig und barmherzig, geduldig und von großer Güte‹, für mich war das ein großes Wunder. Die Dankbarkeit für solch ein bewahrendes Eingreifen ist ganz sicher nicht an einem einzigen Tag abzuarbeiten.« »Wer Dank opfert, der preiset mich, und das ist der Weg, dass ich ihm zeige mein Heil« Psalm 50,23.

Bis an die Grenzen

Es ging in Richtung Invasionsfront. Die Soldaten sollten zur Schließung einer Frontlücke im Zusammenhang mit dem Vorstoß der bereits in Deutschland vorrückenden Truppen der 7. amerikanischen Panzerarmee, unter der Führung des berühmten Panzergenerals Patton, von einem Bahnhof aus entgegengebracht werden. Doch dazu kam es nicht.

Ein Bombenangriff der US-Flieger, bei welchem der Zug einschließlich des Munitionswagens vollkommen zerstört worden war, machte die geplante Weiterfahrt unmöglich. Daraufhin brachte man die Männer ohne jede weitere Alternative für zwei Tage in einem weitläufigen Lehrerinstitut in der Stadt unter. Niemand, auch die Vorgesetzten nicht, wusste, was jetzt fortan geschehen sollte. Für die Soldaten gab es in der notdürftigen Unterkunft keinerlei Beschäftigung und irgendwie auch kein Ziel.

Friedrich Hänssler dagegen fand zu seinem eigenen Erstaunen heraus, dass in vielen der fast leeren Räume des unbewohnten Institutes ein Klavier stand und außerdem jede Menge vorhandene Noten existierten. Noten von Klavierkompositionen, die er bis zu jenem Moment, aus Mangel an Gelegenheiten, noch nie zuvor zu sehen bekam. Obwohl sich der junge Mann seither fürs Klavierspielen nicht wirklich hatte begeistern können, änderte sich hier auf einmal, inmitten dieser Trostlosigkeit, schlagartig seine Haltung dazu. So nutzte er die sinnlos vertane Wartezeit und spielte nun Stunde um Stunde ganz für sich allein auf dem wundervollen Musikinstrument. Der Knoten schien geplatzt zu sein. Endlich.

Auch in dieser außergewöhnlichen Situation hatte Gott das Leben des jungen Mannes geplant. In jenen zwei Tagen – und für den Rest seines Lebens – wurde Friedrich Hänssler ein ganz neues, tiefes Verständnis und Verhältnis zur Musik geschenkt. Inmitten von Chaos und Gefahr, führte Gott ihn behutsam an seine spätere Lebensaufgabe heran, ohne, dass diese Tatsache Hänssler selbst in den entscheidenden Momenten erkennen, erahnen oder begreifen konnte.

Bald darauf wurde die kurze Zwischenzäsur jäh unterbrochen.

Die Soldaten sollten nun per Lastwagen an die Front gebracht werden. Als einzige Marschverpflegung bekam jeder von ihnen eine Rolle mit festgepresstem purem Kaffeepulver und etwas Brot. Dass das die letzte Mahlzeit bei der Deutschen Wehrmacht sein würde, ahnte zu diesem Zeitpunkt keiner der Männer. Nach vergleichsweise kurzer Fahrt kamen sie unter starken Beschuss und wurden bereits noch in derselben Nacht von den Amerikanern überrollt. Ein weitverzweigtes Waldgebiet brachte den Soldaten dann Rettung und Schutz. Tagelang und zu Fuß wichen sie nun dem haushoch überlegenen Gegner immer weiter aus. Anfänglich hörten sie noch heftige Schüsse, es sollten die letzten ihrer deutschen Nebelwerferraketen sein …

Unermüdlich marschierten die Soldaten auf im Wald gelegenen Nebenwegen. Manch einer von ihnen ohne jedes persönliche Gepäckstück. So erging es Friedrich Hänssler, dessen kompletten Habseligkeiten, alles, was er zum Leben brauchte, die Amis längst erobert hatten. Als Spähtrupp musste er permanent die unbekannte Gegend sondieren und war irgendwann völlig überfordert damit. Aufgrund des furchtbaren Hungers fühlte er sich vor allem auch kräftemäßig am Ende. Die fast dauerhaft hörbar rasselnden Ketten der amerikanischen Panzer taten ihr Übriges.

Hänsslers physischer Zustand drohte außer Kontrolle zu geraten, sodass er ernsthaft dazu bereit war, sich geradewegs von einem der verfolgenden Panzer überfahren zu lassen. Ein älterer Mann der Gruppe, er hätte Friedrichs Vater sein können, erkannte die dringliche, ja bedrohliche Lage und half seinem eigentlichen Vorgesetzten auf ganz praktische Weise, indem er ihm ein kleines Stück seiner eisernen Ration – bestehend aus einem 4 bis 6 cm² großen, nahezu steinharten Stück Zwieback und einem hauchdünnen Stück Schinken in der gleichen Größe – in die Hand drückte. Die Beschreibung »hauchdünn« ist dabei wortwörtlich zu nehmen, vermutlich hätte man unter dem Etwas von einem Schinkenstück eine Zeitung lesen können – doch der Verzehr dieser minimalen Zuteilung hatte eine maximale Wirkung auf den durch und durch geschwächten Körper. Der Lebensmut von Friedrich Hänssler kehrte mit dem wirkungsvollen Wach-auf!-Signal – in Form des kleinen Häppchens – zurück. Den nach Hänsslers eigenen Aussagen von Gott gesandten Engel in Menschengestalt sah Friedrich nie wieder, auch kannte er seinen Namen nicht.

Die Soldaten befanden sich insgesamt in einem eher ungeordneten Rückzug, nur das Waldgebiet bot ihnen stets neue und sichere Versteckmöglichkeiten. Immer dann, wenn die Männer, welche in der gesamten Abteilung nur noch ein einziges Pferd besaßen, eine Landstraße erreichten, waren ihnen die amerikanischen, fahrzeugmäßig gut ausgerüsteten Truppen bereits zuvorgekommen.

Plötzlich begann ein Schusswechsel. Für einen Rückzug war es jetzt fast zu spät, denn schon erschienen die amerikanischen Mustang-Jagdbomber und schossen alles kurz und klein, unter anderem auch einen großen, sich auf einer Waldwiese befindenden Bauernhof. Dieser brannte bereits lichterloh, als der junge Hänssler mit zwei seiner Kameraden einen durch Kopfschüsse getöteten Leutnant, es war »sein« liebenswertester Vorgesetzter, in einer Zeltplane vor jenem Bauernhof ablegten. Die drei Männer, welche in dem so ungleichen Kampf in panischer Eile um ihr Leben rennen mussten, baten inständig und voller Verzweiflung die vor dem brennenden Bauernhof stehende Bäuerin, ob sie nicht dazu bereit wäre, diesen toten Offizier zu begraben. Sie, die gerade eben ihr gesamtes Hab und Gut verloren hatte und in die lodernden Flammen ihres bis auf die Grundmauern verbrennenden Hauses blickte, sagte zu den bittenden Soldaten genau zwei Worte, die Hänssler sein Leben lang nicht mehr vergessen sollte, so sehr bewegten sie ihn: »Arme Soldaten!«

Noch wenige Tage zuvor waren sie alle eine einigermaßen geordnete Truppeneinheit, zogen vorbei an einer Burg, auf der noch der Divisionsstab arbeitete, da stritt noch der Kommandeur der Truppe mit dem Chef einer Einheit der Waffen-SS um die Frage, wer denn die nächste größere Ortschaft verteidigen sollte. Die kategorische Anordnung des SS-Kommandeurs zum weiteren Rückzug, welcher den Streit gewonnen hatte, rettete schließlich den Wehrmachtssoldaten das Leben. Die SS-Einheit verteidigte dann innerhalb einer kleineren Stadt die Friedhofsmauern und wurde dabei durch einen Panzerangriff fast vollständig vernichtet. Hinter diesen besagten Mauern lagen nun die Toten übereinander.

Es gab kein wirkliches Ziel, auf welches sich die Soldaten hätten zubewegen können, und so zogen sie in fortwährender, ungeordneter Weise in das nächstgelegene Waldgebiet der Ungewissheit entgegen. Das, was sie beim Vorbeimarsch an der Burg sehen mussten, Offiziere des Divisionsstabes im Burgvorhof mit Torten in der einen und Schnaps in der anderen Hand, diente mitnichten der geschwächten Kampftruppenmoral der Soldaten, die seit Tagen unter allen menschlichen Entbehrungen, hauptsächlich aber unter Hunger litten. Die Bibel hält zur Situationsbeschreibung ein passendes Wort in 1. Korinther 15,32 bereit: »Lasset uns essen und trinken, denn morgen sind wir tot.«

Beim Weitermarsch fiel den Männern plötzlich auf, dass ihr Kompaniechef verschwunden war. Die Auflösungserscheinungen der Truppe waren jetzt unübersehbar. Die Soldaten bekamen nun keine orientierenden oder zielführenden Befehle mehr, sie waren führer- und richtungslos geworden. Und so gingen sie einfach immer weiter und weiter, hinein, in die schutzgebende, längst angebrochene Nacht, bis sie an ein tief eingeschnittenes Tal kamen. Inmitten der Talwiese entdeckten sie zu ihrem Entsetzen eine ganze Gruppe amerikanischer Panzer in Ruhestellung, an der sie sich durch- bzw. neben den Lagernden entlangschleichen mussten, um das nächste Waldstück erreichen zu können. Würde das wohl gelingen? Noch wurden sie nicht von ihren Gegnern wahrgenommen.

Die Dunkelheit offenbarte den Soldaten erst in letzter Minute, dass sie direkt vor einem Fluss standen, den es unter allen Umständen zu überqueren galt. Das Risiko war ihnen bewusst, doch es gab keine andere Wahl und so sprangen sie mutig in das eiskalte, nasse Wagnis hinein. Das zu durchquerende Flusswasser reichte ihnen bis zum Halskragen. Auf der anderen Seite sah man wieder den Wald. Als die Männer dann die im Wald befindliche steile Anhöhe hinaufkletterten, vernahmen sie hinter sich auf einmal Schüsse. Man hatte sie also doch entdeckt. Notgedrungen musste sich nun die Gruppe verteilen, und nie mehr sollte sie zusammenfinden. Auf der Anhöhe angekommen, legte sich die kleine Anzahl von gerade mal noch fünf restlos erschöpften und klitschnassen Soldaten auf den Waldboden. Am Berg konnten sie von den US-Panzern nicht verfolgt werden. Die weiteren Ereignisse beschreibt Friedrich Hänssler sehr eindrücklich:

»Es war noch Frühjahr. Als ich nach einiger Zeit zu mir kam, bemerkte ich, dass Teile meiner Uniform angefroren waren. Auch bei meinen Kameraden konnte ich endlich wieder Lebensäußerungen wahrnehmen. Uns alle überfiel die pure Ratlosigkeit. Wir wussten nicht *wohin* und auf das *Wie* fanden wir ebenfalls keine Antwort. Was tun? Zudem war unser augenblickliches Handeln im juristischen Sinne Fahnenflucht. Was das bedeuten konnte, hatte ich ja noch zu gut in Erinnerung.

Durch die Körperwärme trocknete allmählich meine Kleidung und mit einem Mal entdeckte ich in meiner Gesäßtasche meinen fast einzigen Besitz, welchen ich noch hatte, den letzten Brief meines Vaters, schon älteren Datums. Andere Briefe haben mich nie mehr erreicht. Ich las Zeilen, wie sie nicht passender, nicht treffender hätten sein können. ›Du wirst in Situationen kommen, in denen du die Apostelgeschichte 5,29 praktizieren musst: Man muss Gott mehr gehorchen als den Menschen.‹

Der andere letzte Besitz war ein recht dünnes Heftlein, mit Schreibmaschine geschrieben. Freunde vom CVJM hatten die großartige Idee, den Soldaten des Wohnortes für jeden Tag ein Bibelwort abzutippen, zumal damals die so bekannten Herrnhuter Tageslosungen in Deutschland nicht gedruckt werden durften, und leisteten damit eine unglaublich gute Hilfe für die von der Heimat abgeschnittenen Wehrpflichtigen. Jenes Losungswort vom CVJM für genau diesen Tag, es war der 22. April 1945, entstammte aus Jeremia 21,8 und sprach direkt zu meinem Herzen: ›Siehe, ich lege euch vor den Weg zum Leben und den Weg zum Tode.‹ Wegweisende Worte waren das.

In unserem gemeinsamen Fünfergespräch über die Wohin?-Frage spielten diese beiden Gottesworte zur weiteren Wegfindung eine für mich sehr bedeutsame Rolle. Wir fünf kamen einheitlich zu dem Entschluss, dass wir versuchen sollten, uns irgendwie nach Hause durchzuschlagen. Wir wollten nur noch heim zu unseren Eltern, die eine lange Zeit nichts mehr von uns gehört hatten.

Die unerlaubte Heimkehr

» **D**er 22. April 1945 wurde zu unserem bisher gefährlichsten Fluchttag. Wir besaßen keine Landkarte und marschierten nur des Nachts und immer Richtung Westen. Tagsüber versteckten wir uns in Feldscheunen, in Waldschonungen oder im dichten Gestrüpp. Der Mangel an Nahrung war unser vielleicht größtes Hauptproblem. Wir wussten nicht, woher wir uns Essen organisieren sollten. Deshalb bemühten wir uns in der Abenddämmerung, uns an den Haustüren bemerkbar zu machen, um irgendetwas Essbares erbitten zu können. Häufig bekamen wir eine Kleinigkeit, obwohl sich die Helfer damit in große Gefahr begaben. In den vom Feind besetzten Gebieten durften deutsche Soldaten nicht aufgenommen werden. Darauf stand die Todesstrafe. Unsere mitgeführten Waffen brachten uns daher in doppelte Gefahr. Sie machten jede erwägenswerte Tarnung unmöglich.

In den Zeiten der Not erlebten wir ganz unterschiedliche Dinge. Ich erinnere mich an eine sehr mütterliche Bauersfrau, die uns mit in ihre Küche nahm und uns einen warmen Grießbrei mit den wahrlich emotionalen Worten bereitete: ›Mein Bub ist jetzt sicher auch auf der Flucht und ich hoffe, dass auch ihm irgendjemand etwas zu essen gibt.‹ Mir brachte das warme Essen einen deftigen Magenkrampf. Ich war nach längerer Zeit einfach nicht mehr daran gewohnt.

Einmal zwang uns ein Erschöpfungsschlaf, in einer Feldscheune zu übernachten, als uns ein rabiater Bauer aus demselben herausriss und davonjagte, weil wir von einer US-Patrouille gesucht wurden. Ein anderes Mal, im nächsten Dorf, gab es ebenfalls eine befremdende Begegnung. Dort empfing uns ein Hausherr äußerst großherzig, versorgte uns mit allerlei Lebensmitteln, ja, er verehrte uns fast, als er sah, dass wir schwer bewaffnet waren. Der Mann befand sich in dem Irrtum, dass wir ›Werwölfe‹ (Nazipartisanen) wären, die hinter der feindlichen Front operierten. Er selbst war immer noch durch und durch ein Nazi. Diese Situation elektrisierte uns irgendwie, und so verschwanden wir so schnell wie möglich. Keinesfalls konnten wir in dieser Form weiteragieren, das wurde uns spätestens bei der nächsten, nicht ungefährlichen Begegnung klar.

Bei fortgeschrittener Dämmerung stießen wir in einem weiteren Dorf auf eine Gruppe von polnischen und russischen Zwangsarbeitern, sogenannten DPs (*Displaced Persons*). Mit Pistolen bewaffnet, stellten sie damals durchaus eine imposante Macht dar. Es gab keine andere Wahl, als mitten durch diese Gruppe hindurch weiterzumarschieren. Man konnte fast ihren Atem spüren, so nah kamen wir uns. Mit unserem Sturmgewehr 42 waren wir den DPs, deren Anzahl die unsere bei Weitem übertraf, nur waffenmäßig überlegen. Es herrschte eine gespenstische Stille. Jeder von uns hielt den Finger in höchster Anspannung, unsere Einheit am Gewehrabzug, die DPs an ihren Pistolen … Und – es passierte rein gar nichts! Tatsächlich fühlte es sich so an, als ob uns eine Schutzmacht begleitet hätte.

Nach etwa zwei Kilometern, die wir stets rückwärtsblickend weitergingen, inzwischen war es schon tiefe Nacht, näherte sich jetzt von hinten ein Radfahrer. Wir stoppten augenblicklich und stellten uns sogleich schussbereit. Der Mann, ein Deutscher, stieg vom Rad und sagte: ›Ihr seid verrückt! Ihr könnt so nicht weitergehen! Der Krieg ist aus! Außerdem haben gerade in dieser Gegend, in der Nacht, ›Werwölfe‹ amerikanische Truppeneinheiten angegriffen. Sie haben im Wald Sperren eingerichtet, ihr seid in höchster Lebensgefahr!‹ Ohne weitere Erklärungen fuhr er wieder zurück. Erst viel später ging mir auf, dass *Gott* uns *wieder einmal* einen Engel in Menschengestalt gesandt hatte. *Wieder einmal* erlebte ich Lebensrettung pur.

Diese unerwartete nächtliche Begegnung hatte insofern Konsequenzen, dass wir uns nun ernsthaft damit auseinandersetzten, unsere Waffen verschwinden zu lassen. Nach gründlicher Beratung trafen wir auch diese wohlüberlegte Entscheidung einhellig. Auf einem Weg von mehreren Kilometern demontierten wir nun unsere Waffen und machten sie völlig unbrauchbar, die Munition warfen wir einzeln ins Gebüsch. Ich zerstörte die Zünder der mir um den Hals hängenden Handgranaten. Nun waren wir zwar erfolgreich entwaffnet, aber noch immer trugen wir die Uniform der deutschen Armee. Auch das musste sich schnellstens ändern. Sicherheitshalber wechselten wir unsere bisherige Marschrichtung. An den bemoosten Baumstämmen erkannten wir unsere Westrichtung, völlig ahnungslos, wo wir uns überhaupt befanden. Es schien, als seien wir auf einer bewaldeten Berghöhe. Im Wald ging es jetzt talwärts und mit kräftigen Sprüngen standen wir – über das sogenannte Härtsfeld kommend – plötzlich und unerwartet auf der heutigen Bundesstraße Aalen–Heidenheim. Erst später sahen wir, dass sich vor uns ein weites Tal befand, dazwischen eine Bahnlinie, dahinter wieder Wiesen. Uns fehlte der bisher gewohnte Schutz des Waldes. Wir rannten über die Wiesen und auf einmal erstrahlte durch die Scheinwerfer einiger amerikanischer Fahrzeuge die ganze Umgebung taghell. Augenblicklich warfen wir uns flach auf den Wiesenboden, in der Hoffnung nicht entdeckt zu werden. Dann erloschen die Scheinwerfer wieder.

Einer der Kameraden hatte bei dem eingelegten Sprint seine Taschenuhr verloren, die wir in dem unbekannten Gebiet genauso dringend zur Orientierung benötigten, wie wir auch den Polarstern zur Richtungserkennung nicht entbehren konnten. Und so versuchten wir in stockdunkler Nacht, auf einer Wiese mit riesigem Ausmaß, das Unmögliche und forschten nach der verloren gegangenen Uhr. Sicherlich gibt es einfachere Aufgaben. Wieder wurde es um uns taghell. Noch immer waren wir auf intensivster Suche. Jetzt hieß es erneut, so wie schon einmal, sich unmittelbar zu Boden zu werfen und dort unbedingt flach liegend zu verharren. Wir hörten das Tak-tak-tak der amerikanischen kleinkalibrigen Kanonen.

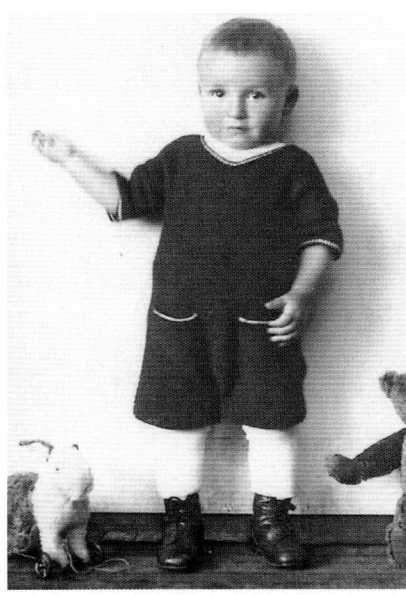

Friedrich Hänssler (1929)

Geburtshaus in
Stuttgart-Plieningen,
das bis 1956 auch
das Verlagshaus war

Mutter Friederike Hänssler

Vater Friedrich Hänssler sen.

Friedrich Hänsslers Urgroßvater, Wilhelm Friedrich (Mitte), mit Ehefrau und zwölf seiner Kinder, darunter Friedrichs Großvater Wilhelm (hinten, 2. v. l.)

Von links: Schwester Anna, Mutter Friederike, Stiefschwester Elsa, Friedrich und Vater Friedrich Hänssler sen.

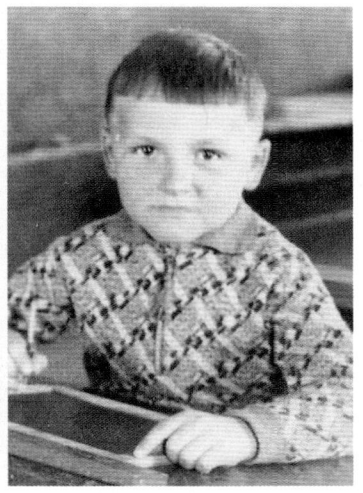

Schwester Anna Hänssler

Friedrich Hänssler
im 1. Schuljahr

In der Klassengemeinschaft (hinten, 2. v. r.) neben seinem Vetter
Hermann Hänssler (hinten 1. v. r.; Aufnahme vor 1938)

Von links: Vater und Mutter Hänssler, Elsa und Friedrich,
der Evangelist Edmund Stahl und Anna Hänssler (16 Jahre),
acht Tage vor ihrem Tod

Konfirmation im März 1940

Als Luftwaffenhelfer

Mit fünf Kameraden von der Luftabwehr (1. v. r.)

Bei einer Pfingstfreizeit

Mit seinem Vater

Als Organist (1947)

Die Eltern am Klavier

Bischof Hanns Lilje (1899–1977)

Kirchenpräsident Martin Niemöller (1892–1984)

Bei der Matterhornhütte, vor dem Aufstieg (1952)

Evangelisches Stift Tübingen

Der junge Verlegersohn

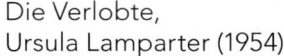

Die Verlobte,
Ursula Lamparter (1954)

Hochzeit am 13. September 1955

Verlagsgebäude in Hohenheim (1956) …

… und in Neuhausen (1970)

Im Büro in Neuhausen

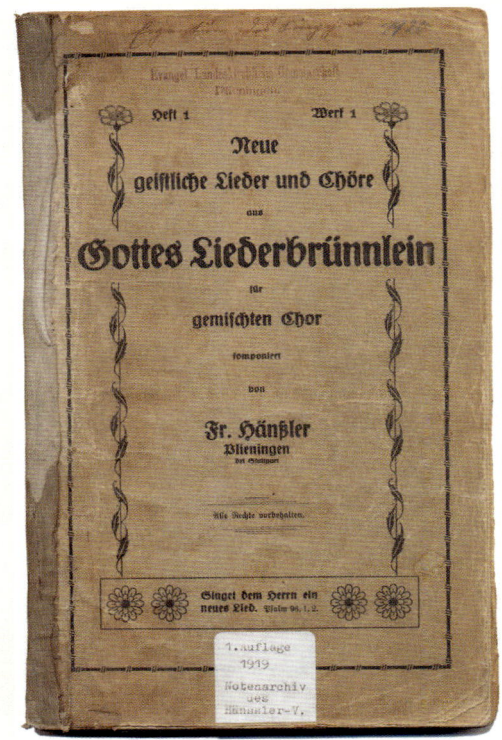

Eine der ersten
Notenausgaben
aus dem Hänssler-
Verlag mit geistlichen
Liedern im Chorsatz
(1919)

Der Chor vor einer Freiversammlung in Kirchheim/Teck

Hunderte jun-
ger Menschen
singen die
Frohe Botschaft
beim Pfingst-
jugendtreffen
1962, dirigiert
von Friedrich
Hänssler

Völlig erstarrt lagen wir da, dann wurde es auf einmal ruhig. Als uns die Nacht wieder umhüllte, griff der neben mir liegende Kamerad ganz unerwartet zur Seite und sagte auf einmal: ›Hier liegt die Uhr.‹

Eines der vielen überraschenden Wunder, welches uns die notwendige Kraft verlieh, nun im Eiltempo den sicheren Bahndamm zu erreichen. Dort konnten wir dann endlich etwas Atem holen. Von hier aus sahen wir die Umrisse der ersten Häuser eines Dorfes. Erst später fanden wir heraus, dass es sich dabei um Königsbronn handelte. Uns bewegte nun hauptsächlich die überlebensnotwendige Frage, wie wir auf schnellstem Wege Zivilkleider organisieren könnten. So trafen wir fünf Flüchtigen miteinander die Abmachung, dass ich diesen schwierigen Versuch wagen sollte.

Ich wählte gleich das erste Haus am Ortsrand aus; mehrfach schlich ich um dieses herum, doch trotz aller Dringlichkeit erlaubte ich es mir nicht, die Hausbewohner mitten in der Nacht aus dem Schlaf zu reißen. Mir war vor allem auch bewusst, in welche Gefahr ich diese Leute dadurch bringen würde. Beim zweiten Haus erging es mir nicht anders. Der Mut hatte mich verlassen. Meine Kameraden wurden schon etwas unruhig, die Zeit drängte, und wir konnten keinesfalls mehr bis Tagesanbruch warten ...

Es war gegen 2 Uhr, als ich schließlich an der Haustür des dritten Hauses anklopfte. Eine Frau mittleren Alters öffnete mir nur ganz vorsichtig, ja zu Tode erschrocken einen kleinen Spalt weit die Haustüre. Dieser kleine Spalt reichte aber immerhin so weit aus, dass ich einen Blick in das Innere des Hauses und damit direkt auf ein Bild werfen konnte, welches im Treppenhaus hing. Es zeigte das *Missionszelt Immanuel.* Auf dem Vordergrund des Bildes erblickte ich den Zeltprediger Fritz Hubmer, einen der engsten Freunde meiner Eltern, welchen ich deshalb bereits schon als Kleinkind kannte. Wir waren genau am richtigen Haus gelandet. Ich wusste: Gott hatte mich aus eben diesem Grund an den ersten beiden Häusern vorbeigeführt, weil er mich exakt zum dritten bringen und damit an die richtige Adresse leiten wollte.

Die herzensgute, gläubige Frau namens Rall besorgte uns Männern auch aus den umliegenden Nachbarhäusern alle möglichen Kleidungsstücke, gab uns, die wir total erschöpft und ausgehungert waren, zu essen und stellte uns dann auch noch die Familienbetten zur Verfügung, in denen wir für etwa zwei Stunden tief und fest schlafen durften, bevor sie uns eilig und in großer Dringlichkeit wieder aufweckte, weil eine amerikanische Patrouille in dieser Straße mit Hausdurchsuchungen begonnen hatte. Wir mussten schnellstens flüchten, das hieß für uns sofort durch die Fenster im ersten Stock direkt in den Garten hinunterspringen und dann mit rasanter Geschwindigkeit das wohltuende Domizil unverzüglich zu verlassen.

Ich trug jetzt Arbeitskleidung, einen Tiroler Hut und über die Schulter eine Gartenhacke. Alles zusammen wirkte eher *ver*kleidet als gekleidet, doch das spielte keine Rolle. Wie dankbar war ich jener Frau Rall für ihre liebevolle Fürsorge, die ihren eigenen Mann nicht umsorgen konnte, weil dieser sich trotz Kriegsende bisher nicht zu Hause eingefunden hatte. Sie begegnete uns Flüchtenden in der Weise, wie es dem Herrn Jesus wohlgefällig ist, der sagte: ›Wahrlich, ich sage euch: Was ihr getan habt einem von diesen meinen geringsten Brüdern, das habt ihr mir getan‹ (Matthäus 25,40). Frau Rall und ich standen noch längere Zeit in Kontakt und darüber hinaus, nach ihrem Heimgang, bestand die Verbindung auch zu ihrer Tochter.

Allem voran aber war ich unserem Herrn Jesus Christus dankbar. Im Nachhinein wurde ich zutiefst erfüllt von dem, was *er* an mir getan, wie *er* geholfen hatte, und ergriffen von seiner wirklich wunderbaren, sehr präzisen Führung. Auch auf den Wegen der Flucht brachte Jesus mich unübersehbar in vorbereitete Verhältnisse. Gottes Wort in Psalm 32,8: ›Ich will dich unterweisen und dir den Weg zeigen, den du gehen sollst; ich will dich mit meinen Augen leiten‹, wurde für mich wieder zum konkreten Erleben.«

Nun marschierten die Männer in Zivil heimwärts. Sie bewegten sich noch etwas unsicher in ihrer ungewohnten Kleidung den Landstraßen entlang und damit Schritt für Schritt der erhofften, herbeigesehnten Freiheit entgegen. Die fünf Heimkehrer konnten aus Sicherheitsgründen nicht mehr im Block gehen, das wäre viel zu auffällig gewesen. Sie blieben deshalb in ausgedehnter Sichtweite und hielten voneinander Abstand. Das funktionierte so weit ganz gut. Als dann die ersten amerikanischen Militärfahrzeuge direkt an ihnen vorüberfuhren, durchlebten sie erneut eine ungemütliche Erfahrung.

Unbewusst näherten sich die Heimkehrenden jetzt einer großen Ortschaft, in der zwei amerikanische Soldatengruppen in Marschordnung, in verschiedene Richtungen marschierend, unterwegs waren. Während die eine Gruppe keinerlei Notiz von den fünfen nahm, wollte die andere Gruppe diese ohne Umschweife kontrollieren. Das hätte allerdings zur sofortigen Festnahme geführt. Im selben Augenblick, sozusagen *just in time*, gelangten die Männer zur Ortsmitte, direkt an das große Rathaus heran, an dessen Eingangstür ein Plakat mit der Aufschrift hing: »Off limit to all troops!« (»Zutritt für alle Armeeangehörigen nicht erlaubt!«). Das war wie schon so oft Hilfe in höchster Not.

Unmittelbar betraten die fünf das Gebäude und liefen vorsichtigerweise gleich in den zweiten Stock. Dort angekommen, klopften sie mutig an die Tür des von der Militärregierung kommissarisch eingesetzten Übergangsbürgermeisters, der während der NS-Herrschaft aus politischen Gründen verfolgt worden war. Wahrheitsgemäß erklärten ihm die jungen Männer, dass sie deutsche Soldaten seien, die sich auf der Flucht befänden und dass sie möglichst unverzüglich nach Hause zu ihren Eltern wollten. Nach einer kurzen Überlegungspause deutete der Mann dann urplötzlich auf einen großen im Raum befindlichen Ofen und ohne jede weitere Kommunikation mit den Soldaten, ohne den Gebrauch eines einzigen Wortes, verstanden sie die deutliche Geste des Bürgermeisters.

Alles, was nur im Entferntesten an die Deutsche Wehrmacht erinnerte, sollte jetzt in diesem Ofen entsorgt werden. Der Bürgermeister durfte sich sogleich davon überzeugen, dass die Jungs seinen Fingerzeig verstanden hatten und seinen offensichtlich wohlgemeinten Rat freilich gerne befolgten, denn die Männer setzten das rettende »Angebot« eilends in die Tat um.

Friedrich Hänssler suchte unterdessen nach einer Möglichkeit, sein einziges noch vorhandenes Beweismittel zu sichern, um jederzeit glaubhaft dokumentieren zu können, dass er nicht bei einer SS-Einheit war. Dabei handelte es sich um das Wehrmachts-Soldbuch, welches er jetzt zur Sicherheit in seinen Schuh hineinlegte. Dann stellte der Bürgermeister die rettenden Passierscheine in englischer Sprache aus und vermerkte im Falle Hänssler explizit, dass dieser unterwegs sei, um seine Eltern in Stuttgart-Plieningen zu besuchen. Zusätzlich bat er schriftlich darum, ihn, Friedrich Hänssler, passieren zu lassen. Es ist anzunehmen, dass jene Formulierung in den anderen vier Passierscheinen ähnlich bzw. identisch wiederzufinden war. Als die fünf das Rathaus verließen, waren keine Amerikaner mehr zu sehen.

Die Kameraden, die alles miteinander durchgestanden hatten, mussten von hier an getrennte Wege gehen und sich nun voneinander verabschieden. Ihre Elternhäuser befanden sich in unterschiedlichen Regionen des Landes, und so musste auch der junge Hänssler allein seines Weges ziehen und – aufgrund des im Schuh verborgenen Wehrmachts-Soldbuches – die letzten 50 Kilometer bis zu seinem Elternhaus in leichter Unebenheit marschieren.

Mit jedem gelaufenen Kilometer wurde ihm die Landschaft vertrauter und trotzdem ging er mit ziemlich gemischten Gefühlen dem so herbeigesehnten Ziel entgegen. Vorwiegend drückte ihn die angstbesetzte Frage, ob das Elternhaus, nachdem es durch eine Luftmine stark beschädigt worden war, überhaupt noch stehen, und wenn ja, wie es denn jetzt wohl zu Hause aussehen würde.

Diese seine Gedanken wurden jäh unterbrochen, als er auf einmal unerwartet vor einem Fluss, dem Neckar, stand, nicht wissend, dass dieser zu jener Zeit die Grenze des amerikanisch besetzten Gebietes war, in welchem unzählige Trümmerteile einer wahrscheinlich in den letzten Kriegstagen gesprengten Brücke lagen, und welchen er in jedem Fall überqueren musste. So versuchte er eben über genau diese Bruchstücke zu klettern, doch die letzten vier bis fünf Meter erschwerten ihm aufgrund des vielen Wassers und der sehr starken Strömung das Ankommen. Was nun?

Wieder einmal hatte Gott vorgeplant. Auf der anderen Seite des Flusses, damals französisches Besatzungsgebiet, erblickte Friedrich unterdessen zwei Menschen. Die bemerkten ihn im selben Moment und erkannten sofort seine Notlage. Voller Besonnenheit warfen sie dem fast Hilflosen ein rettendes Seil entgegen und zogen ihn ans andere Ufer des Flusses. Der Ahnungslose hatte erst später erfahren, dass der unerlaubte Flussübertritt von der amerikanischen Zone der Militärregierung direkt in die französische Zone hineinführte.

Es waren nur noch 20 Kilometer bis nach Hause. Vor dem Heimatort entdeckte Friedrich eine Gruppe tunesischer Soldaten, die auf der Straße wie selbstverständlich »Hammel am Spieß« brieten. So entschloss er sich kurzerhand, diesem für ihn ungewohnten Anblick keine weitere Beachtung zu schenken und auf die dorfumgebenden Felder auszuweichen. Da der junge Hänssler sich auf der Flucht befand und keine Entlassungspapiere besaß, hätte ihn jeder Soldat unverzüglich gefangen nehmen können. Ganz sicher wäre er dann in einem der französischen Kriegsgefangenen-Hungerlager gelandet.

Die Situation war für den Flüchtenden äußerst brisant und so musste er sich durch die Felder und von rückwärts her an das nahende Elternhaus heranschleichen. Eine Bäuerin der Nachbarschaft entdeckte den Heimkehrenden und entfernte blitzartig einige Latten aus ihrem Gartenzaun, damit dieser geradewegs in den elterlichen

Garten hindurchschlüpfen konnte. Mit übergroßer Dankbarkeit und in völliger Überraschung empfingen die Eltern ihren mit Schwellungen und Vereiterungen übersäten Sohn, der zunächst erst einmal verarztet werden musste.

Wie geht es weiter?

Auf der Suche nach deutschen Soldaten nahmen die Besatzungssoldaten ständig Hausdurchsuchungen vor. Das bedeutete für Friedrich, stets auf der Hut zu sein und sich gut verstecken zu müssen. Als äußere Fluchtmöglichkeit dienten zwei Leitern, die sowohl am ersten als auch am zweiten Stock des Hauses an den offenen Fenstern von außen angelehnt waren.

Während einer plötzlichen Razzia kam der Fliehende nicht daran vorbei, die Leiter im zweiten Stock zu benutzen, die dann bald darauf, infolge seiner ungestümen Eile, mit ihm zusammen umkippte. Friedrich Hänssler wurde hier besonders eindrücklich die kostbare Bedeutung eines Verstecks vor Augen geführt, noch dazu in einem Dorf, wo jeder jeden kannte, was den Schwierigkeitsgrad deutlich erhöhte. Wochenlang konnte er sich nicht ein einziges Mal an einem der vielen Fenster des Hauses blicken lassen. Schließlich aber war es doch passiert. Irgendjemand hatte Friedrich am Fenster entdeckt.

Viel zu schnell wurde die für den Burschen gefährliche Nachricht im Dorf publik. Auch der Ortspfarrer hatte davon erfahren und stattete der Familie unmittelbar danach einen Besuch ab. In dem umsorgenden Gespräch tauchte nun hauptsächlich die Frage auf, wie es wohl mit Friedrich angesichts der gesamten Situation weitergehen würde, nachdem dieser sozusagen von der Schulbank aus Soldat geworden war und dadurch in den darauffolgenden zwei Jahren keinerlei schulische, kulturelle oder geistige Impulse empfangen hatte.

Während dieser insgesamt harten Zeit durfte Friedrich nicht einmal eigene Entscheidungen für sich selbst treffen. Alle Würde, die ein Mensch im familiären Umfeld erfahren kann, ist ihm und den anderen jungen Soldaten in den Kriegsdienstjahren mehr und mehr genommen worden. Eine Urkunde, die das bestandene Notabitur bezeugte, war das Einzige, was er vorzuweisen hatte. Der Ortspfarrer gab dem ratlosen Jungen die Empfehlung, Theologie zu studieren, und traf damit, ohne das ahnen zu können, das Herz von Friedrichs Mutter Friederike, in deren Innersten dieser insgeheime Wunsch seit Langem fest verankert war. Vieles aber sprach gegen diesen Vorschlag, vor allem die finanziellen Möglichkeiten der Verlegerfamilie. Nur wenige Wochen nach dem furchtbaren Krieg kauften die Menschen in erster Linie lebensnotwendige Dinge wie Nahrung und Kleidung. Alles andere, so auch der Kauf von Noten, rückte deutlich in den Hintergrund.

Ein anderes Problem schien zu sein, dass Friedrich Hänssler vor dem Kriegsdienst in einem naturwissenschaftlichen Gymnasium untergekommen war. Im Falle eines zusätzlichen Theologiestudiums hieße das jetzt, dass er nebenher, neben dem Normalstudium, noch Latein, Griechisch und Hebräisch lernen müsste. Der Ortspfarrer entschloss sich dennoch, trotz aller Gründe, die gegen ein Theologiestudium sprachen, einen Antrag auf ein Vollstipendium im berühmten Evangelischen Stift in Tübingen zu stellen, welcher dann auch genehmigt wurde.

Hänssler selbst sah für sich keine andere Perspektive. Und so geschah es, dass Samuel Friedrich eines Tages im Juni 1945 mit dem Fahrrad und mit einfachem Gepäck in die Universitätsstadt Tübingen fuhr. Um an den Straßenkontrollpunkten der Besatzungsarmee vorbeizukommen und diese problemlos passieren zu können, trug der angehende Student am rechten Oberarm eine weiße Armbinde mit einem violetten kirchlichen Stempel. Doch schon bei der ersten Kontrolle am Stadtrand von Tübingen sollte die gut gedachte Vorbereitung beinahe an einem marokkanischen Soldaten scheitern, welcher ohne einen besonderen Grund auf den Verlegersohn aufmerksam geworden war und diesen nun streng zurückpfiff. Friedrich Hänssler, der nicht einmal Entlassungspapiere besaß, ließ sich jedoch nicht beirren und trat umso kräftiger in das Pedal seines Fahrrades. Unbeschadet, ohne weitere Folgen, kam er im ehrwürdigen Stift in Tübingen an.

Dort wartete allerdings auf den Neuankömmling eine weitere, zunächst noch unangenehm scheinende Überraschung: Das riesige, alte Kloster, welches man inzwischen kriegsbedingt umfunktioniert hatte, diente jetzt nicht nur als Wohnsitz und Arbeitsplatz für die Theologie-Stipendiaten, sondern wurde zudem noch in Teilen von der französischen Armee besetzt und beschlagnahmt. Alles in allem war das eine recht unliebsame Tatsache, mit welcher der junge Student aber dennoch leben lernen musste.

Doch keine der Befürchtungen, die Hänssler innerlich bewegten und im Hinblick auf die militärischen Hausbewohner in Unruhe versetzten, traf ein. Tatsächlich kümmerte sich niemand von den Soldaten um die fehlenden Entlassungspapiere des jungen Mannes. Über jene Zeit wird er späterhin einmal mit einem Augenzwinkern sagen können: »In der Höhle des Löwen ist man wohl am sichersten.«

Ein Schritt über die Linie

Nach Kriegsende begrüßte der damalige Ephorus die im Evangelischen Stift eintreffenden Studienanfänger des ersten Studiensemesters mit richtungsweisenden Worten: »Meine Herren, Sie sind nun hier in einem historischen Gebäude, in welchem schon Johannes Kepler, Hölderlin, Mörike, Schelling und Hegel studiert haben. Erweisen Sie sich bitte dem Geist dieses Hauses würdig.«

Auf den jungen Hänssler, der erst kurz zuvor seinen 18. Geburtstag begangen hatte und als einer der Jüngsten fast unmittelbar aus den Kriegshandlungen zum Studium gekommen war, wirkte die »neue Welt« anfänglich eher fremd und unnahbar. Nach nur drei Monaten hatte er die Absicht, an der Universität die Prüfung in Hebräisch zu absolvieren, das aber konnte in der Fülle der auf ihn einströmenden Anforderungen nicht gelingen. Eine ganze Anzahl seiner Kommilitonen lernte Hebräisch bereits zuvor im altsprachlichen Gymnasium. Am Anfang des zweiten Semesters schloss auch Friedrich Hänssler endlich das Hebraicum erfolgreich ab.

In dieser Zeit kamen nicht wenige jener Theologiestudenten aus Krieg und Gefangenschaft zurück, die schon vor dem Krieg ihr Studium begonnen hatten. Auch Schwerkriegsbeschädigte waren unter ihnen im Studium. Der Platz im Stift, welcher bereits durch die französische Besatzung eingeschränkt war, wurde jetzt sukzessive knapper, sodass die Studenten der jüngsten Jahrgänge zum Teil unfreiwillig pausieren mussten. Bald entsandte die Kirchenleitung Württembergs Friedrich Hänssler als kirchlichen, praktischen und geistlichen Helfer in ein Flüchtlingslager von Bessarabien-Deutschen. Es war Gottes Ruf.

In den vorausgegangenen Semesterferien hatte sich in seinem Leben ganz Entscheidendes ereignet: Als der Student Hänssler am 22. September 1945 mit der Straßenbahn in das württembergische Korntal fuhr, um einen Druckauftrag seines Vaters an den schon erwähnten befreundeten Druckereibesitzer Dr. Alfred Zechnall zu überbringen, konnte jun. Hänssler freilich nicht ahnen, dass dieser Tag ihn zur wichtigsten Entscheidung in seinem noch so jungen Leben führen würde. Dr. Alfred Zechnall, welcher an diesem Tag selbst noch in Stuttgart zu tun hatte, bot dem jungen Mann gleich unmittelbar nach dessen Ankunft an, ihn mit seinem Auto wenigstens bis in die württembergische Hauptstadt mitzunehmen und ihm so die Rückfahrt zu erleichtern.

Genau jene Rückfahrt von Korntal nach Stuttgart benutzte Gott dann schließlich, um durch diesen Geschäftsmann zu Friedrichs Herzen zu sprechen:

»Dr. Zechnall, den ich durch die geschäftlichen Kontakte zu meinem Vater kannte und der sich als Nachfolger Jesu Christi in dieser schwierigen Zeit insbesondere um junge Männer kümmerte, unter anderem auch eine große Verantwortung für den Aufbau des Hymnus-Knabenchores trug, fragte mich ganz konkret, der ich mich als startender Student irgendwie in seinem Blickwinkel befand, ob ich eine persönliche Beziehung zu Jesus Christus hätte.

Diese Frage des so feinen Unternehmers, dessen behutsamer Umgang mich sehr ansprach, traf mich mitten ins Herz und rannte in meinem Lebenshaus – nach den zum Teil sehr traumatischen Kriegserlebnissen – eine offene Türe ein. Er traf sozusagen auf vorbereitete Verhältnisse. In einem Vieraugengespräch auf engstem Raum klärten wir die Schuldfrage in meinem Leben. Daraufhin öffnete sich mein Mund zu einem nicht geplanten Sündenbekenntnis und er, der von Gott Gesandte, der Botschafter Gottes, sprach mir im Anschluss die Vergebung durch die folgenden Bibelworte zu:

So wir aber im Licht wandeln, wie er im Licht ist, so haben wir
Gemeinschaft untereinander, und das Blut Jesu Christi, seines
Sohnes, macht uns rein von aller Sünde.

1. Johannes 1,7

So wir aber unsere Sünden bekennen, so ist er treu und
gerecht, dass er uns die Sünden vergibt und reinigt uns
von aller Untugend.

1. Johannes 1,9

Das war der Moment, in dem ich mich Jesus Christus ganz anvertraute und ihm mein Leben überschrieb, der Moment, ab dem *er* das
Steuerrad meines Lebens übernommen hat. Fast siebeneinhalb Jahrzehnte ist das nun schon her und ich habe in all den vergangenen
Jahren in keinem einzigen Moment diese meine Entscheidung bereut. Ganz im Gegenteil. Vielmehr frage ich mich, wo ich heute stünde, wenn ich dem damaligen Ruf nicht gefolgt wäre. Wie dankbar
bin ich, dass mein Herz mir jenen Weg zum Herrn gewiesen hat,
an einem scheinbar ganz normalen Tag. Noch heute sehe ich die
beiden auf einem Notizzettel mit grünem Bleistift geschriebenen
Bibelworte vor mir – nebenbei bemerkt, war es der erste grüne Bleistift, den ich bisher in meinem Leben zu sehen bekam –, welche
mir Dr. Zechnall in seinem alten Opel P4 auf der Fahrt von Korntal
nach Stuttgart überreicht hatte. Diese sollten Leitworte für mich
werden. Noch am selben Tag notierte ich, nun mit einem Rotstift,
das für mich unvergessliche und überwältigende Ereignis in meine
Konfirmationsbibel hinein. Das ist die Basis, auf der Gott ein Leben
gestaltet. Und es war die Basis, die es brauchte, um den Menschen
in jenem Flüchtlingslager von ganzem Herzen dienen zu können.«

Die äußerst vielseitige Arbeit mit den Flüchtlingen, welche hauptsächlich in praktischer Weise vonstattenging, ebenso aber – neben

der täglichen Betreuung – von Kurzandachten begleitet wurde, schaffte nicht zuletzt auch für Friedrich Hänssler ein ganz neues Betätigungsfeld:

»Wir wollten und konnten Lehmhäuser wie in Bessarabien, dem heutigen Moldawien, bauen. So arbeitete ich lange Zeit im Steinbruch, ebenso im Wald. Ein Lastwagen brachte uns nach Bartholomä, damit wir für den Winter reichlich Brennholz für die Flüchtlingslager-Baracken schlagen konnten. Untergebracht war ich im Pfarrhaus der Gemeinde. Hier begegnete ich einem lieben, noch unschuldigen Mädchen bei den Tischmahlzeiten, genauer gesagt, begegnete ich der damals sechsjährigen Gudrun Ensslin. Später konnte und wollte ich nicht begreifen, dass eine totalitäre, radikale Ideologie eine Studentin derart fürchterlich verblenden konnte, dass diese sich gänzlich der terroristischen Vereinigung zuwandte und sogar in der RAF führend wurde. Es war eine Demonstration für mich, dass der Mensch ohne Gott wirklich zu allem fähig ist. Manche der handwerklichen Tätigkeiten waren mir in ihrer Ausführung völlig neu. Ich musste zum Beispiel lernen, wie man eine Backsteinmauer oder andere Mauern baut. Bis heute bin ich dankbar für diese Betätigung, für all die ungewohnte Arbeit, mit welcher ich auf die Barackenbewohner wirklich positiven Einfluss nehmen konnte und welche mir im Gegenzug in großem Maße ihre Dankbarkeit zum Ausdruck brachten.

Gelebte Nächstenliebe schafft unglaubliche Nähe und natürlich auch den Wunsch, so viel wie möglich Zeit miteinander zu verbringen. Die Flüchtlinge hatten Erwartungen an mich, denen ich mich als bewusster Christ, als Nachfolger Jesu, nicht habe entziehen können. Obwohl ihnen bekannt war, dass ich, bedingt durch den Krieg, schon die vergangenen zwei Weihnachtsfeste nicht mit meinen Eltern feiern konnte, rechneten sie dennoch damit, dass ich bei ihnen bleibe, um gemeinsam mit ihnen das Weihnachtsfest zu verbringen. Sie wollten die Hingabe ganz praktisch sehen.«

Kleinbottwar

U nd noch etwas ereignete sich zu jener Zeit mit ungeahnten Spätfolgen. Zusammen mit den Flüchtlingen lebte Friedrich Hänssler in dem Dorf Kleinbottwar. Gemeinsam wohnten sie hier in Baracken. Der junge Hänssler hatte darüber hinaus außerdem Kontakt mit dem Pfarrhaus und auch mit der dort ansässigen Pfarrfamilie. Schon die Kirchenleitung gab ihm den wertvollen Hinweis, er könne mit einem der Söhne, welcher bereits im Gymnasium Griechisch erlernt hatte, diese für ihn neue Sprache vor Ort üben und sich aneignen.

So geschah es, dass bald daraus eine jahrzehntelang anhaltende Freundschaft entstand, die beide Männer gleichermaßen beflügelte. Eines Tages, als Friedrich wieder einmal ins Pfarrhaus ging, hörte er dort Klavierspiel. Neugierig öffnete er die Tür zum Zimmer und sah zum ersten Mal, dass es neben den sechs Brüdern auch noch mindestens eine Schwester gab, und die sang und spielte ausgerechnet in jenem Augenblick eine frühe Komposition seines Vaters: *Singe deine Lieder, Jugend, froh dem Herrn.*

»Das war für mich nicht nur erstaunlich, sondern auch sehr berührend«, weiß Friedrich Hänssler sich zu erinnern, »sah ich doch dadurch, dass das Leben der jungen Frau Jesus gehörte. Eine prägende Begegnung für mich, ohne Frage. Sie ihrerseits war sehr angetan von meinem jugendlich frischen Orgelspiel beim Gemeindegottesdienst. Besonders imponierte ihr die Begleitung beim Missionslied des schwäbischen Pfarrers Christian Gottlob Barth *Zieht fröhlich hinaus.*

Da dieses anziehende Mädchen sich aber meistens in Stuttgart aufhielt, um dort ihr Abitur zu machen, konnten wir leider die Anzahl der Sätze, die wir miteinander gesprochen haben, fast an einer

Hand abzählen. An jedem frühen Morgen traf ich mich mit ihrem Bruder Kurt. Gemeinsam lasen wir das griechische Neue Testament. Dabei musste ich stets einen bereits geöffneten Hintereingang des Pfarrhauses passieren, wenn die Schwester meines Freundes mal nicht in Stuttgart, sondern zu Hause bei ihrer Familie verweilte. Dass Kurts Schwester Ursula an den Tagen ihrer Anwesenheit schon sehr bald am Morgen zu ihrer Freundin ging, um mit ihr zu beten, hatte ich zu jener Zeit nicht in Erfahrung bringen können. Erst sehr viel später wurde mir bewusst, dass dies der eigentliche Grund für die offene Tür war. Wir sind uns deshalb bei dieser morgendlichen Gelegenheit nie begegnet. Auch in den folgenden acht Jahren hatten wir keinerlei Kontakt zueinander.«

Von Blaubeuren zurück nach Tübingen

N och während dieser Periode in der Aufgabenstellung des Evangelischen Hilfswerks erreichte Friedrich Hänssler dann eines Tages der Ruf, sich doch bitte im Evangelischen Theologischen Seminar in Blaubeuren einzufinden. Die Frage der alten Sprachen stand noch immer ungeklärt im Raum. Im ehrwürdigen und berühmten Kloster Blaubeuren sollte Hänssler zusammen mit anderen Studenten die nicht geringe Hürde in einem Sprachkurs überwinden. Jenen Lebensabschnitt wird er im Nachhinein einmal als eine besonders schöne Zeit beschreiben, in der vor allem sehr viel musiziert wurde. Das recht stattliche Streichorchester, in welchem der junge Hänssler Bratsche spielte, war durchaus in der Lage, die Brandenburgischen Konzerte von Johann Sebastian Bach miteinander zu musizieren; in dem beachtlichen Lernstress war das für alle eine hochwillkommene Abwechslung.

Eher ungewohnt empfand Friedrich Hänssler das Singen mit Noten für drei oder vier Männerstimmen; völlig neu war für ihn das Singen der altkirchlichen Komplet in der dämmrigen Klosterkirche.

Eine wesentliche Erleichterung kam spürbar über den Studierenden, als er das große Latinum und das Graecum erfolgreich ablegen konnte. Nichtsdestotrotz mangelte es dem jungen Mann an geistlicher Gemeinschaft. Das von Gott geschenkte neue Leben brauchte nun auch Lebensäußerungen – Gottes Wort – Gebet – Gemeinschaft.

Von seinem Vater wusste Friedrich Hänssler, dass in der Nähe, in dem benachbarten Dorf Berghülen, eine Landeskirchliche Gemeinschaft des Württembergischen Brüderbundes (heute Christusbund) existieren würde, in welchem Vater Hänssler in der Mitverantwortung stand. So wanderte Friedrich an den Sonntagen die

Kilometer vom Blautal auf die Hochfläche der Schwäbischen Alb, um die praktische Bibelauslegung der Brüder miterleben zu können. In dieser Gemeinschaft gab es auch einzelne Jugendliche, die Hänssler regelmäßig separat zum Singen und zur Gemeinschaftspflege zusammenrief. Aus diesen jungen Menschen entstand über kurz oder lang dann ein richtiger Jugendkreis. Jene Entwicklung war wegweisend und bezeichnend für die neuen, auf den zukünftigen Verleger wartenden besonderen Aufgaben und deren Gestaltung in den Folgejahren.

Von Blaubeuren ging es für Hänssler nun wieder zurück nach Tübingen. Hier, im Stift, dienten als Studienhilfe die sogenannten Stiftsübungen mit den Stiftsrepetenten, welche die Semesterarbeiten vorgaben. Diese sollten der Nachweis für die Ernsthaftigkeit und für den Studieneifer des Stipendiaten sein. In den verschiedenen Stiftskreisen (Studentenverbindungen im Stift) entwickelten sich nicht selten persönliche Freundschaften. Als besonders ansprechend erwiesen sich für Friedrich die vielseitigen Möglichkeiten, Musik zu praktizieren, im Gesangsunterricht oder aber beim Orgelspiel in der großen Stiftskirche, welches vom Stiftsmusikdirektor persönlich auf den diversen Konzertflügeln im Hause, im Stiftsorchester oder im Stiftskirchenchor angeleitet wurde. Das Stifts-Innenleben befand sich ganz außerhalb des universitären, parallel laufenden Studienbetriebes.

Alles begann zunächst mit einer Einführung in die Philosophie. Friedrich Hänssler hatte zu jener Zeit den von ihm bis heute hochgeschätzten dänischen Theologen, Schriftsteller und Philosophen Søren Kierkegaard gerade so sehr für sich entdeckt, dass er von Hand seitenweise Zitate und ganze Schriftsätze aus den geliehenen Kierkegaard-Büchern abschrieb, nur um auf das kostbare Gedankengut des Universalgelehrten nicht verzichten zu müssen und um über Zitate wie das folgende nachdenken zu können:

In der »Christenheit, da spielen wir das Glauben, das Christsein ...« nachdenken zu können. Die Bibelauslegung der Mittel-
mäßigkeit erklärt Christi Worte so lange, bis sie ihr Eigenes, das
Triviale herausbekommt – und wenn sie dann alle Schwierigkeiten beseitigt hat, ist sie beruhigt und beruft sich auf Christi
Wort![9]

Diese sah Hänssler als Worte, die die seiner Ansicht nach verheerende Lehrmeinung der historisch-kritischen Methode charak-
terisieren. Darüber hinaus jedoch konnte Hänssler, der ohnehin der
Annahme war, man würde mit Beginn des Studiums direkt in die
Erklärung einiger biblischer Bücher einsteigen, mit Philosophie nur
recht wenig anfangen. Stattdessen aber erhielt er unter anderem
eine Einleitung in die Grundbegriffe der historisch-kritischen Methode, auch in die Quellenscheidung etc. und war zutiefst getroffen
von dieser Lehrmeinung. Der junge Student hatte in all den vergangenen, vom Krieg geprägten, beschwerlichen und unbeschreiblich leidvollen Zeiten stets erfahren dürfen, dass *sein* Gott ein be-
wahrender Gott ist, ein Gott, der Wunder tut, ein Gott, mit dem er
über Mauern springen kann, und jetzt eine solche Lehrmeinung?

Über jenen sogenannten Lehrabschnitt berichtete Friedrich Hänssler zusammenfassend:

»Für meinen kindlichen Glauben war das eine kaum zu ertragen-
de Zumutung, hatte ich doch die Verlässlichkeit des Bibelwortes in
unzähligen Erlebnissen im Kampfgeschehen hautnah erfahren können. Die Wundergeschichten der Bibel waren für mich deshalb in
keiner Weise problematisch oder gar zweifelhaft, wusste ich doch,
dass der Gott der Bibel ein lebendiger Gott ist, der auch heute noch
Wunder tut, schließlich konnte ich sie doch persönlich erleben. Zum
Wort Gottes hatte ich absolutes Vertrauen, trotz der historisch-kritischen Erziehung, um nicht Indoktrination zu sagen. Für mich war

und ist die Bibel Gottes Wort. Punkt. Und nicht wie immer wieder gesagt wird: Sie *enthält* Gottes Wort. *Wer* kann und darf denn festlegen, wo in der Bibel Wort Gottes ist und wo nicht? Man stellt auf diese Weise die menschliche Weisheit gegen Gottes Offenbarung. Jedenfalls musste ich mich jetzt entscheiden: Historisch-kritisch: Nein! Historische Methode und Forschung: Ja, und zwar so viel wie möglich. *So,* auf diese Weise, wollte ich die Geschichte Gottes mit seinem Volk und der Welt kennenlernen. Gewiss kann man sich, wenn man will, im Theologiestudium sehr viel aneignen. Dafür bin ich bis heute dankbar.

Wenngleich ich mich wiederum bis heute beim Gebrauch meiner *Biblia Hebraica* darüber recht ärgere, dass ich damals die verschiedenen, von der Wissenschaft angenommenen Textquellen bei den Fünf Büchern Mose (Pentateuch) jeweils mit einer bestimmten Farbe markiert habe. Dass die Bibel zuerst Lebensbuch und dann Lehrbuch ist, lernte ich nicht an der Universität. Jesus Christus wurde der Herr meines Lebens. *Dadurch* habe ich erfahren: Das lebendige Wort, das mir ganz und gar zur Lebenshilfe geworden ist, hätte ich mir selbst nicht sagen können.«

Lehrzeit in Bethel

B ald trat eine Veränderung ganz anderer Art in das Leben des Studenten Friedrich Hänssler. Der Evangelische Stiftsvorstand sah für die Stipendiaten allgemein einen Studienortwechsel vor. Jeder »Stiftler« konnte nun für ein Semester an einer anderen Universität oder Hochschule studieren. Für Friedrich Hänssler schlug man die Evangelische Theologische Hochschule in Bethel vor, welche damals fest in die ausgeprägte geistliche Dimension der Bodelschwingh'schen Anstalten eingebunden war. Nachfolgend wird er sagen können, diesen Wechsel nie bereut zu haben.

Im Mittelpunkt des Wochenablaufes stand der sonntägliche Gottesdienst in der Zionskirche mit den vielen der dort lebenden Kranken. Hänssler erzählt später, dass er während der Monate seines Aufenthaltes nicht einen einzigen Gottesdienst erlebt habe, in welchem nicht mindestens einer der Kranken einen epileptischen Anfall erlitt und wohlgeordnet von anderen Kranken aus der Kirche getragen wurde.

Besonders einprägsam war für ihn das im großen Rundbogen des Gotteshauses aufgemalte Psalmwort: »Wenn der Herr die Gefangenen Zions erlösen wird.« Dieses ergreifende Wort aus der Zionskirche brannte sich ihm tief ins Innere hinein. Ganz bewusst wendete Friedrich Hänssler jenen Bibelvers auf die vielen in der Gefangenschaft der Krankheit und des Siechtums Befindlichen an, wissend, dass dieses Leben nicht nur ständig vom Tod bedroht und vom Sterben durchdrungen ist, sondern dass dieses Leben auch leben will, denn Gott ist die Quelle des Lebens. Das, was Bethel sowohl für die Kranken als auch für die Mitarbeiter auszudrücken vermag, formulierte einst der Gründer Friedrich von Bodelschwingh als Botschaft nach draußen:

Christus steht nicht hinter uns als unsere Vergangenheit,
sondern vor uns als unsere Hoffnung.

Dieser Hoffnungsgedanke war in Bethel ganz und gar lebendig. Die Studenten bekamen hier den Auftrag, »praktische Theologie« einzuüben. Das bedeutete, nach dem Gottesdienst in einige der sich in den Häusern befindenden Krankenzimmer zu gehen – Bethel war mit den vielen Krankenhäusern und Heimen, die alle biblische Namen trugen, ein Stadtteil für sich – und den Menschen vom Gottesdienst zu berichten, Bibeltexte zu lesen, ein Gesangbuchlied zu singen oder zu lesen und ein Gebet zu sprechen. Manche der Kranken kannten die Bibel besser als die Studenten der Theologie. Hin und wieder gelang es ihnen auch, die jungen Gelehrten mit ihren Fragen in wirkliche Verlegenheit zu bringen.

Die wohl eindrücklichste Predigt seines Lebens erlebte Friedrich Hänssler aufgrund einer Begegnung mit einem unbekannten *Prediger*, welcher mit ganz ungewohnter Ansprache auf Gott aufmerksam machte. Mitten in Bethel, auf einem Platz, an dem sich Gehwege kreuzten und wo viele Menschen unterwegs waren – Bewohner, Besucher, Gesunde und Kranke, insofern sich die letztgenannten dieser Aufzählung zu Fuß bewegen konnten – bemerkte der junge Hänssler plötzlich etwas Sonderbares: Da lag ein Kranker auf einem großen Brett, festgeschnallt mit drei breiten Lederriemen. Das Brett selbst hatte man wiederum auf Fahrradrädern angebracht. Welche Bedeutung konnte diese zunächst seltsame Darstellung haben?

Der an einer stark ausgeprägten Schüttellähmung erkrankte Mann war nicht mehr in der Lage, seinen Leib unter Kontrolle zu halten, und musste deshalb festgebunden werden. Jeder nicht befestigte Muskel seines Körpers zuckte unaufhörlich wie ein Motor. Ein Anblick, der Friedrich Hänssler unversehens sprachlos machte. Was auch hätte er angesichts einer solchen Erkrankung sagen sollen?

Dafür aber sprach der Mann jetzt sehr eindringlich und klar zu ihm, dem Studenten, doch nicht nur zu ihm, vielmehr zu jedem, der an dem Kranken vorüberging beziehungsweise die Augen auf ihn richtete. Er tat das nicht mit Worten, sondern mit seinem ebenfalls von Schüttellähmung betroffenen, ausgestreckten linken Arm, welcher sehr beharrlich auf ein montiertes Pappschild zeigte, auf dem in gut lesbaren Buchstaben der aufgedruckte Text stand: »Lasset euch versöhnen mit Gott!«

Der sich in ständiger Unruhe befindende linke Zeigefinger des Leidenden deutete ohne Unterlass auf das lebensrettende Bibelwort. Hänssler erkannte damals, was vielleicht der eine oder andere nicht sah oder sehen wollte: »Dieser Mann war wirklich ein Botschafter an Christi statt, der an Christi statt bat: ›Lasset euch versöhnen mit Gott!‹« (2. Korinther 5,20).

»Ich werde diese Begegnung, diese Predigt, wohl mein Leben lang nicht mehr vergessen können, so prägnant war sie. Es war eine Begegnung mit einem Gesandten des Christus. Und die Predigt hatte ein klares seelsorgerliches Ziel: Der Prediger sucht den Menschen«, erinnert sich Hänssler.

In Bethel unterrichteten seinerzeit auffallend gute Lehrer. Das waren echte, authentische und fromme Menschen, Dozenten, die ihren Beruf als eine Berufung wahrnahmen und diesen mit Leib und Seele ausübten. Der Magister Hellmuth Frey zum Beispiel, Alttestamentler, ein Mann, der mit dem Wort Gottes lebte und auch dem Wort Gottes mehr zutraute als seinen eigenen Gedanken, war eine solche Persönlichkeit. Es konnte gut sein, dass Hellmuth Frey während einer Vorlesung oder im Seminar zu seinen Studenten Hebräisch redete, wenn er mal so richtig »in Fahrt« geriet. Denen verschlug es dann eher die Sprache, als dass sie ihm in gleicher Weise geantwortet hätten.

Auch der Neutestamentler Wilhelm Brandt und der Homiletiker Herbert Girgensohn begeisterten Friedrich Hänssler außerordentlich. Einen guten Kontakt hatte er während der Zeit im Hochschulorchester vor allem zu Kirchenmusikdirektor Adalbert Schütz. Hänssler spielte dort Geige, in Ausnahmefällen Klavier und zusammen mit Studienfreunden außerdem Streichquartett. Zunehmend fühlte er sich zur Musik hingezogen. Sie nahm jetzt eine wesentliche Rolle in seinem Leben ein, so ganz anders, als das noch zu Beginn seines Studiums der Fall gewesen war.

Zwei Ereignisse aus jenen Tagen werden Friedrich Hänssler besonders eindrücklich in Erinnerung bleiben: Zum einen die Währungsreform im Juni 1948, deren Inkrafttreten die Reichsmark augenblicklich hinfällig werden ließ und die Deutsche Mark – die erstmalig an Einzelstehende, an »Normalbürger« bzw. an »Haushaltsvorstände« in Höhe von 40 DM pro Kopf am frühen Sonntagmorgen des 20. Juni 1948 ausgegeben wurde – zum allein gültigen Zahlungsmittel machte. Das bedeutete für die Menschen, so natürlich auch für den von der Heimat weit entfernt lebenden Friedrich Hänssler, eine gewaltige Veränderung.

Zum anderen erlebte dieser ganz unmittelbar die Entstehung und Gründung der Evangelischen Kirche in Deutschland, der EKD mit. Die Studenten wurden bei diesem Prozess in vielfältigster Weise, hauptsächlich aber als Helfer eingesetzt. Friedrich selbst sollte einige der anwesenden Bischöfe und Kirchenpräsidenten persönlich betreuen, kleinere Hilfsdienste leisten, die bis hin zur Direkthilfe beim Hineinschlüpfen in den Mantel reichten.

Und was waren das für Bischöfe! Die wichtigsten der damaligen Zeit! Die Namen lesen sich wie das *Who's who* der Kirchengeschichte: Otto Dibelius, Martin Niemöller, die Präsides Gustav Heinemann und Hans Asmussen und die Bischöfe Hanns Lilje, Julius Bender und Martin Haug.

Erst sehr viel später erschloss sich dem jungen Studenten die eigentliche Bedeutung dieser wirklich bemerkenswerten Begegnungen. Und so ist es nicht verwunderlich, dass ihm auch nach 70 Jahren bestimmte Erlebnisse in lebendiger Erinnerung geblieben sind: »Einmal«, berichtet Hänssler, »lieferte mir Martin Niemöller einen fingierten, kleinen, spaßigen Boxkampf. Das war herrlich natürlich, einfach ganz besonders. Wesentlicher und viel wichtiger war jedoch jener Tag, als der spätere Bundespräsident Gustav Heinemann in eine Versammlung hinein pointiert sagte: ›Die Herren dieser Welt gehen, unser Herr kommt.‹

Absolut unvergessen bleibt mir die klare Mahnung des Lutheraners Bischof Hanns Lilje, welche er einstmals in einer Ansprache an uns, seine Theologiestudenten, richtete: ›Ich kann mir keinen richtigen Pfarrer vorstellen, der nicht mit einem Tropfen pietistischen Öls gesalbt ist.‹«

Noch mal Tübingen

Das Auswärtssemester ging leider viel zu schnell vorüber. Jetzt galt es, das gewohnte Studentenleben im Stift in Tübingen wieder einzuüben: Vorlesungen und Seminare an der Uni, Lehrveranstaltungen im Stift, Semesterarbeiten über vorgegebene Themen, Kolloquien. Friedrich Hänssler begann mehr und mehr die geistlich geprägte Atmosphäre in Bethel zu vermissen und suchte deshalb nach einem gangbaren Weg, um diesen empfundenen Mangel irgendwie ausgleichen zu können. Zunächst befasste er sich noch intensiver mit der Musik, so wie er das bereits in Bethel sowohl vom Zeitaufwand her als auch in der Kombination mit seinem Studium ausgeführt hatte. Immerhin praktizierte er ja schon lange Zeit Musik mit mehreren Instrumenten, was ihm echte Freude und auch ein wenig Genugtuung im Hinblick auf das Kommende bereitete. Hänssler war vor allem für die musikalische Grundlage dankbar, die er sich durch das vielseitige Spielen hatte erwerben können. Dann aber entschied er sich konkret, im Musikwissenschaftlichen Institut zu studieren und begab sich mitten hinein in die Materien Musikgeschichte, Harmonielehre, Kontrapunkt und Komposition. Tübingen war bekannt dafür, über einen hohen wissenschaftlichen Standard zu verfügen.

An den Wochenenden suchte Friedrich Hänssler immer wieder Kontakt zu lebendigen Gemeinden und Gemeinschaften. Dazu gehörte unter anderem auch das Diakonissenmutterhaus in Aidlingen, welches ihm bereits von seinen Eltern her bestens bekannt war. Eines Tages luden die Diakonissen ihn und seinen Freund Kurt auf ein Wochenende ins Mutterhaus nach Aidlingen ein. Für die zwei jungen Studenten hatte man extra eine Diakonisse abgestellt, die für beide die Bibelarbeit halten und sie außerdem zu einer größeren Abendveranstaltung mitnehmen sollte. Hier bekam Friedrich Hänssler aufgrund einer spontanen Aufforderung eine erste Gelegenheit, vor all den Leuten seinen Glauben zu bezeugen und zu erzählen, was ihm Jesus Christus für sein Leben bedeutet.

Sein infolge dieser erstmaligen Erfahrung, nach eigenen Aussagen, eher holpriges Bekenntnis tat dem Ganzen keinerlei Abbruch.

Friedrich fühlte sich sehr wohl in diesem Umfeld. Endlich konnte er jene geistliche Luft atmen, die er so dringend zum Leben brauchte. Wie sehr hatte er sich danach gesehnt, wie sehr suchte er nach geistlicher Gemeinschaft, nach Wachstum in der Nachfolge Jesu. All das vermisste er unsäglich im damaligen Theologiestudium zu einer Zeit, in welcher die Theologie des Rudolf Bultmann im theologischen Gespräch absolutes Topthema war. Jener Bultmann, der den stellvertretenden Sühnetod Jesu ablehnte, nicht mehr an die Wunder des Neuen Testaments und damit auch nicht an die leibhaftige Auferstehung Jesu Christi glaubte. Insgesamt betrachtet wurde und wird in der Theologie die Autorität der Bibel infrage gestellt, damals wie heute. Das ist längst kein Geheimnis mehr.

In Tübingen machte der junge Student Friedrich Hänssler noch eine Erfahrung ganz anderer Art, wenn man so will eine weitere, gleichermaßen aber auch eine neue Begegnung mit der Ewigkeit. Im Hause eines lieben altpietistischen Bruders lag die Ehefrau schwer krank im Bett und wurde von schlimmen Schmerzen geplagt. Trotz dieser sehr leidvollen Situation befand sie sich in einem tiefen Frieden mit Gottes unerforschlichem Plan.

Ihr gesamtes Knochengerüst war von der Krankheit bereits so sehr verkrümmt, dass man ihren Körper nach ihrem Tod nur unter allergrößter Mühe in einen Sarg einbetten konnte. Das Leiden und Sterben dieser Frau sowie die Geborgenheit gebende Haltung ihres treu sorgenden Mannes, der aufgrund seines »In-Gottes-Willen-Verhaltens« für Friedrich Hänssler persönlich eine Demonstration dafür war, dass Gottes Liebe immer größer ist als unser Leid, blieben für Hänssler heilige, geweihte Momente.

Das nachfolgende Zitat steht nicht nur für jenes beschriebene Ereignis, es steht insgesamt für jedes einzelne gelebte und gewirkte Dasein; einzig und allein entscheidend ist doch letztlich die Tatsache, ob eben dieses Dasein hier auf Erden mit oder ohne Gott erfolgte und vollendet wird.

> Was ist noch wichtig in unserem Leben, zwei Minuten nachdem wir in die Ewigkeit eingegangen sind?
>
> *Friedrich Hänssler*

Begegnungen mit Wilhelm Busch

Auch in den Gemeinschaften des Württembergischen Brüderbundes fühlte sich Friedrich Hänssler daheim. In Hülben bei Urach, heute Bad Urach, erlebte er eine bewegende Begegnung mit dem weltbekannten Pfarrer und Prediger Wilhelm Busch, dessen Vorträge in Gemeindegottesdiensten, bei Evangelisationen oder Jugendtreffen den jungen Studenten außerordentlich ansprachen. Seinerzeit versuchte er alles Erdenkliche, die im Umlauf befindlichen Tonbandkassetten von Busch oder auch die Publikationen mit den Predigten und die weitverbreiteten *Kleinen Erzählungen* von Pfarrer Wilhelm Busch als aktuellen Lesestoff heranzuschaffen.

Im Rahmen seiner durchaus begrenzten Möglichkeiten bemühte sich Friedrich Hänssler sehr darum, diesen Gottesmann einmal persönlich erleben zu können, obwohl er aufgrund seiner Schüchternheit es niemals gewagt hätte, den begnadeten Prediger von sich aus anzusprechen. Als Friedrich dann eines Tages einer Einladung nach Hülben folgte, dem kleinen Dorf auf der Schwäbischen Alb, die ihm ein befreundeter Gemeinschaftsprediger ausgesprochen hatte, sollte sein Herzenswunsch in Erfüllung gehen.

An einem der Abende riet ihm sein Gastgeber plötzlich, er möge am heutigen Abend allein zur Bibelstunde in das alte Schulhaus gehen. Ausgerechnet zur selben Zeit verweilte auch Wilhelm Busch in seiner alten Heimat, und so kam es, wie es kommen sollte: Friedrich Hänssler folgte dem Vorschlag des Gemeinschaftspredigers und begegnete an jenem Abend Pfarrer Busch, welchen er dort in der Bibelstunde zu seinem eigenen Erstaunen noch einmal ganz anders kennenlernen konnte, als er ihn bislang durch die Predigten mündlicher oder schriftlicher Art erlebt hatte.

Hänssler, der sich inmitten der Menschenmenge zu verbergen versuchte, war fasziniert von der theologischen, seelsorgerlichen und doch so persönlichen Art des Mannes. Doch ungeachtet dessen: Was Gott vorbereitet, das wirkt er auch, und so konnte der junge Mann sich nicht der Aufmerksamkeit des berühmten Pfarrers entziehen, als dieser auf einmal, während er eine Psalmenauslegung von Rudolf Abramowski erwähnte, ganz intuitiv seinen Blick ausgerechnet auf Friedrich Hänssler in seinem missglückten Versteck richtete und ihn nun mit dem Brustton der Überzeugung ganz direkt ansprach: »Sie kennen ja die Abramowski-Psalmenauslegung!«

Hinter jener zweifelsfreien Behauptung hörte man keine Frage – sondern ein Ausrufezeichen. Der Mann wusste genau, was er sagte, ohne es, menschlich gesehen, wissen zu können. Für den Studenten war dieses Erleben ein unbegreifliches Ereignis, nachdem er noch nie zuvor persönlich mit Wilhelm Busch gesprochen und ihm dadurch zu erkennen gegeben hatte, dass er die von ihm erwähnte Psalmenauslegung tatsächlich kannte. Hänssler gewann im selben Moment die unumstößliche Erkenntnis, dass dieser vom Geist Gottes geprägte und erfüllte Mensch ein Bevollmächtigter des Christus war.

Nach der Veranstaltung ging Wilhelm Busch geradewegs auf den zurückhaltenden und ihm bis dahin noch unbekannten Friedrich Hänssler zu und nahm ihn in das geräumige Wohnzimmer der Familie Kullen mit, die klar vom schwäbischen Pietismus geprägt war und aus welcher die Mutter von Wilhelm Busch, Johanna Busch, geborene Kullen, entstammte. Dort bekam Friedrich nicht nur geistliche Speise, sondern auch etwas ganz Handfestes für den Leib. Mit ansteckender Fröhlichkeit und einem immer wiederkehrenden herzlichen Lachen erzählte Busch seinen Gästen von den großen Taten Gottes.

Für Friedrich Hänssler war die Begegnung mit dem gesegneten Mann im alten Schulhaus mehr als nur ein in Erfüllung gegangener Herzenswunsch, vor allem war es für ihn eine unglaublich wichtige Ermutigung. Einige Jahre später kreuzten sich die Wege der beiden Männer erneut, wenn auch in einem ganz anderen Umfeld. Es war bei einer Zeltevangelisation. Menschen über Menschen, bei Weitem nicht nur Christen und Kirchgänger, auch so manche Orientierungslose, Suchende tummelten sich in dem großen, bereits völlig überfüllten Zelt und warteten auf den bekannten Prediger Wilhelm Busch, um die so eindeutige und frohe Botschaft von Jesus Christus zu hören.

»Als dieser dann vor Beginn der Veranstaltung in einer vorderen Ecke des Zeltes Platz genommen hatte, konnte man ihm sehr deutlich die geistliche Verantwortung seiner Verkündigung vor Tausenden ansehen«, weiß Friedrich Hänssler sich noch Jahrzehnte danach zu erinnern. »Hier saß nicht der Strahlemann, sondern ein von der Verantwortungslast fast gebeugter Mensch, der sich ganz und gar seiner Abhängigkeit von Jesus Christus bewusst war. Plötzlich stand er auf und sprach mit einigen Menschen, die in seiner Nähe saßen, unter anderem auch mit mir. Eindringlich bat er uns, mit ihm und für ihn zu beten. Wir vier oder fünf Herbeigerufenen folgten natürlich gerne seinem Wunsch. Wilhelm Busch schloss die spontane Gebetsgemeinschaft dann mit der herzlichen Bitte an Jesus ab, dass doch jene Menschen errettet werden mögen, die sonst verloren gingen.

Als wir nach dem gemeinsamen Gebet wieder aufblickten, war es mir, als hätte ich Tränen in den Augen von Wilhelm Busch gesehen, so ernst nahm er die Verkündigung, so sehr ging es ihm um die Rettung von Menschen. Das war das Leben eines Fürsprechers. Für mich war das der noch tiefere Eindruck des Abends, obwohl er doch gewiss packend und lebendig das Evangelium verkündigt hatte. Und so sehr er sich vom Wirken Gottes abhängig wusste, so sehr lebte er auch dieses: *Alles, Herr, bist du!*

Eines Tages bekam ich über Wilhelm Busch ein Lied zugesandt, das er aus Norwegen mitgebracht hatte. Schnell und weit verbreitete es sich damals in der Jugendarbeit und ist inzwischen bis heute millionenfach publiziert worden. Dieses Lied *Jesu Name nie verklinget* könnte das Lebensmotto von Wilhelm Busch gewesen sein, denn seine Botschaft war immer die Botschaft von Jesus Christus. Mit Freuden und einem ganz dankbaren Herzen denke ich an die Begegnungen mit diesem eindrucksvollen Mann zurück.«

Große Persönlichkeiten

An der Theologischen Fakultät gab es positive Veränderungen. Die letzte Semestervorlesung des großen Professors Dr. Karl Heim, der zu den herausragenden Theologen des 20. Jahrhunderts gehört, und dessen Herzenssache es im Ganzen war, den angefochtenen Glauben auf ein sicheres Fundament zu stellen, wurde zum wichtigen Höhepunkt für den Studenten Hänssler, der es freilich als ein besonderes Vorrecht empfand, jenen Professor ein ganzes Semester lang hören zu können.

Heim erfuhr durch einen Onkel, welcher der Londoner Baptistengemeinde Charles Haddon Spurgeons angehörte, wesentliche Impulse für sein Leben. Doch die Begegnung mit dem schwäbischen Erweckungsprediger Elias Schrenk führte ihn letztlich zu einem radikalen Neuanfang hin. Der evangelische Theologe Adolf Köberle fasste die Herangehensweise des genialen Denkers im Weitergeben eines rechten Glaubens wie folgt zusammen: »Als ein ausgezeichneter Kenner der geistigen Situation seiner Zeit besaß Heim ein lebhaftes Empfinden für die Denkschwierigkeiten des modernen Menschen auf dem Weg zum Glauben. Darum wählt er fast immer einen weiten Anmarschweg. Er setzt nicht voraus, er nimmt seine Hörer an die Hand und führt sie Schritt um Schritt weiter, bis sie vor der letzten Entscheidung stehen, den lebendigen Gott oder das Nichts zu wählen.«[10]

An der Stiftskirche Tübingen prägte Karl Heim von 1920 bis 1948 als Frühprediger Generationen von Pfarrern, konnte aber auch viele Nichttheologen gewinnen. Ihm verdankte Friedrich Hänssler einmal eine persönliche Einladung zum Nachmittagskaffee in sein Privathaus und damit die gute Gelegenheit, im privaten Rahmen ins Gespräch zu kommen. Vor lauter Ehrfurcht wagte es Hänssler allerdings kaum, sich aktiv an dem mündlichen Gedankenaustausch mit dem so sehr geschätzten Professor Heim, der auch Ehrenbürger der Stadt Tübingen war, zu beteiligen. Dessen gewünschter Dialog glich aufgrund von Friedrichs Zurückhaltung an jenem Tag wohl vielmehr einem Monolog.

Auch der Neutestamentler Professor Otto Michel beeindruckte Friedrich Hänssler.

Für den in Elberfeld geborenen evangelischen Theologen war die jüdische Sprach- und Denkweise der Schlüssel zum Verständnis der Bibel. Er mahnte an, auf menschlich-philosophische Vorverständnisse zu verzichten und sich allein von den Texten der Bibel leiten zu lassen. Dazu Prof. Otto Michel: Jeder Versuch, die Bibel menschlich in den Griff zu bekommen, muss scheitern. Das Grundthema muss heißen: »Lasst euch umgestalten durch die Erneuerung eurer Denkweise« (Römer 12,2). Der Grundsatz bleibt also bestehen: Nicht der Mensch kritisiert die Heilige Schrift, sondern die Heilige Schrift kritisiert den Menschen.[11]

Auf die Bitte von Karl Heim übernahm Otto Michel die Begleitung der SMD (Studentenmission in Deutschland), deren Grundlage war: das Gebet, das Bibellesen, das Gespräch untereinander und mit anderen und öffentliche Vorträge und Hochschulevangelisation. Über die SMD sagte Otto Michel:

Die SMD ist ein Kind der Erweckungsbewegung und sie habe dies ernst zu nehmen. Die SMD muss ein Unterpfand für die Lebendigkeit der deutschen Erweckungsbewegung in der Gegenwart sein. Wir unterscheiden uns daher im Tiefsten von anderen gegenwärtigen Strömungen der Theologie, dass wir als letztes Ziel nicht Aufklärung und Bildung haben, sondern die Erweckung. Es gilt auch heute, aus den erstarrten und aus den aufgelösten Lebensformen unserer Zeit in das Zentrum der Erweckung durch das Wort des lebendigen Gottes hineinzukommen. Aufklärung will immer Vergeistigung, es geht aber um die Verantwortung vor dem lebendigen Gott. Es geht um die Hingabe von Geist, Seele und Leib an den lebendigen Gott... Die Ideologie gefährdet heute wie zu allen Zeiten die Freiheit des Evangeliums: »Ihr seid um einen Preis erkauft« (1. Korinther 6,20); im tiefsten Sinne sind wir befreit von der Ideologie und sind unmittelbar hineingestellt in die »Freiheit der Kinder Gottes« (Galater 5,1).[12]

Die Worte, mit denen Friedrich Hänssler den bemerkenswerten Professor illustriert, sind, wenn auch knapp gewählt, bezeichnend: »Seine Garderobe war sicher nicht aufwendig und der Schlips häufig schief, aber sein Wissen war profund. Als er in der Vorlesung den neutestamentlichen Begriff *Charis* = Gnade erklärte, sagte er dezidiert: ›Gnade, das heißt: So! So! So! Bist du mir recht!‹ Unvergesslich!«

Auch der als Vertreter und sensibler Interpret des schwäbisch-pietistischen Erbes geltende Theologe Adolf Köberle war eine wesentliche Bereicherung des Lehrkörpers und ist Friedrich Hänssler in besonderer Erinnerung geblieben. Seit 1939 war er Professor für Systematische Theologie in Tübingen. Seine Forschung im Bereich Vermittlung von Tiefenpsychologie und Seelsorge war damals bahnbrechend. Bei aller tiefschürfenden wissenschaftlich theologischen Arbeit war es Köberle ein wesentliches Anliegen, klarzustellen, so sagte er einmal, dass Christus, das Brot des Lebens, für alle da ist, und die, die von ihm reden, es so tun, dass es jeder fassen kann, und sowohl der Akademiker wie der einfache Zuhörer unter die Herrlichkeit und verpflichtende Hoheit des göttlichen Wortes gestellt wird. Nach Köberle ist der Leitgedanke des christlichen Handelns die Christusliebe und die Dankbarkeit gegenüber Gott.

Ein großer Gelehrter seiner Zeit war außerdem auch der evangelische Theologe Helmut Thielicke, der als Privatdozent von den Nazis entlassen wurde und 1941 Rede- und Reiseverbot erhalten hatte. Er war ein ganz entschiedener Vertreter der Bekennenden Kirche und schrieb 1943 ein kritisches theologisches Gutachten zu Bultmanns Entmythologisierung des Neuen Testaments. Thielicke, welcher 1945 auf einen Lehrstuhl für Systematische Theologie an die Universität Tübingen berufen wurde, veröffentlichte zahlreiche und wichtige Arbeiten zur Dogmatik und Ethik.

Friedrich Hänssler charakterisierte den überaus beeindruckenden, im Jahre 1986 verstorbenen Prediger als eine »herausragende, faszinierende Persönlichkeit, äußerst klug, witzig und sehr fromm, der zudem durch die Feuerprobe des Nationalsozialismus erprobt war«. Zu seinen Vorlesungen strömten die Studenten zuhauf. Selbst der größte Hörsaal war dem Andrang nicht mehr gewachsen, und so musste der gottbegnadete Mann seine Vorlesungen im Festsaal der Universität abhalten. Viele seiner Hörer waren keine Theologen. Hänssler bedauerte außerordentlich, dass er die Vorlesungen von Helmut Thielicke erst gegen Ende seiner Studienzeit besucht hat. Der vielreisende Professor und Prediger begegnete auf seinen zahlreichen Vortragsreisen in den USA unter anderem auch Billy Graham.

»Sie schaffen das schon!«

D ie musikalische Seite von Friedrich Hänssler musste aufgrund des umfangreichen Studiums verständlicherweise immer an zweiter Stelle stehen. In den Ferien fuhr er regelmäßig mit dem Fahrrad zu seinem Studienfreund Albrecht und seiner musikbeflissenen Familie ins Pfarrhaus in Grunbach im Remstal, um sich dort als Begleiter von Vokal- und Instrumentalsolisten nützlich machen zu können. Dabei erhielt er eine Menge Musikliteraturkenntnis, und alsbald ergab sich bei ihm eine wichtige Wendung: weg von der Musiktheorie, hin zur Praxis.

In Tübingen zeigte sich das in der Sammlung und Betreuung eines kirchlichen Posaunenchors im mehrere Kilometer entfernten Dorf Kilchberg. Darüber hinaus spielte Friedrich Hänssler jetzt in der Tübinger Stiftskantorei solistisch Trompete und konnte zudem als Geiger bei einigen Uraufführungen von Kantaten im kleinen Orchester des in der Kirchenmusik wohlbekannten Kirchenmusikers und Komponisten Helmut Bornefeld mitwirken. Bornefeld, der in jener Zeit gerade dabei war, eine neue Kantate zu komponieren, in welcher ein Teil für konzertierende Trompete enthalten sein sollte, und damit partiell auch schon begonnen hatte, stellte dann die ehrenvolle Anfrage an Friedrich Hänssler, ob dieser bereit sei, bei der Uraufführung zu spielen. Hänssler sagte zu. Doch es kam alles ganz anders.

Zunehmend fühlte sich der Musikbegeisterte schlapp und schwach, auch wenn er bewusst diesem unbefriedigenden Zustand zunächst keine weitere Beachtung schenkte. Als dann zusätzlich ein auffälliger Husten hinzukam, begab er sich endlich in die Sprechstunde der Stiftsärztin, die ihn unter anderem auch mit einem hochbetagten

Röntgenapparat untersuchte. Das Ergebnis ihrer Untersuchung war o. B. Ohne Befund, eine krasse Fehldiagnose, wie sich später leider herausstellen sollte.

In der Vorbereitung auf das Staatsexamen war die Leistungsfähigkeit von Friedrich Hänssler keinesfalls ausreichend genug gegeben. Der nunmehr dauerhafte Husten zwang ihn letztlich zu der Entscheidung, das Trompetenspiel aufzugeben, und schien ein Zeichen dafür zu sein, dass der junge Mann ein ernsthaftes Problem mit der Lunge hatte. Wie schmerzhaft für ihn diese ungewollte Beschneidung war, zeigt der Umstand, dass Hänssler später dann seine beiden Trompeten – darunter eine hohe Es-Trompete, mit welcher er im Kohlenkeller des Stifts den Trompetenpart der h-Moll-Messe von Bach geübt hatte – in eine Kiste packte und diese einem Missionarsfreund für seinen Posaunenchor im afrikanischen Tansania zusandte, allein deshalb, weil Hänssler seine Trompeten nicht mehr sehen wollte.

Das Staatsexamen war inzwischen herangekommen und gleich am ersten Tag dieses so wichtigen Ereignisses kam für Friedrich, der sich kaum mehr aufrecht halten konnte und deshalb den Ephorus im Stift inständig darum gebeten hatte, vom Examen zurückzutreten zu dürfen, der totale Zusammenbruch. Die leichtfertige, verbale Reaktion des Ephorus, welche mit den Worten: »Sie schaffen das schon!« einherging, war in jener Situation absolut unverantwortlich. Jene gleichgültige und unnachsichtige Empfehlung, die mit Biegen und Brechen die Teilnahme des Studenten erzwungen hatte, war letztlich unwiderruflich falsch. Hänssler musste sich nun regelrecht durch das Examen hindurchquälen und schaffte es tatsächlich in zwei Fächern nicht, die von ihm erwartete und gleichzeitig selbst erhoffte Leistung zu bringen. Entsprechend seines Zustands konnte er die mündlichen Prüfungen in keiner Weise absolvieren. Dabei hatte er bereits im vorletzten Semester ohne jegliches persönliches Dazutun eine Zusage für die Finanzierung einer Promotion an der

Universität Tübingen erhalten, was insgesamt ein absolut unüblicher Vorgang war.

Die damalige körperliche Verfassung erlaubte es Friedrich Hänssler nicht, die beiden Fächer noch einmal zu wiederholen. Weil er für solch einen entscheidenden Schritt keinerlei Möglichkeiten mehr sah und im tiefsten Inneren vielleicht auch nicht mehr sehen wollte, verzichtete er ganz bewusst auf jedes weitere Wagnis. So oder so ähnlich äußerte sich dann Hänssler schlussendlich gegenüber dem zuständigen Kirchenrat des Oberkirchenrates. Dass jene Entscheidung ungeheure Auswirkungen auf seine gesamte Lebensgestaltung haben würde, begriff er seinerzeit noch nicht. Erst als Friedrich die Enttäuschung von Mutter Friederike miterlebte, die ihn in diesen Tagen in Tübingen besucht hatte, und ein Pfarrer, Vorsitzender eines Gemeinschaftsverbandes, ohne Friedrichs Wissen einen Bittbrief an die württembergische Kirchenleitung mit der berührenden Feststellung schrieb, dass die Kirche solche Pfarrer wie Friedrich Hänssler bräuchte, dämmerte es in ihm zunehmend.

Hänssler fühlte sich ausgebrannt, genau genommen fühlte er sich so, als würde er nur noch als Torso dastehen: unvollständig, leer, ohne Ziel und Perspektive. Nachdem er dem Pfarrerberuf eine Absage erteilt hatte, war sein Blick auch in Bezug auf andere Möglichkeiten völlig getrübt. Es ist kein Geheimnis, dass ihn der Zustand der scheinbaren Alternativlosigkeit jahrelang belastete und das, obwohl er längst wusste: Dieser Abbruch in der Lebensführung war gleichzeitig der Aufbruch zu großen Aufgaben.

Walter Schaal, Pfarrer und Vorsitzender des Altpietistischen Gemeinschaftsverbandes, schrieb Friedrich Hänssler einmal die erbauenden und – im Hinblick auf die weiteren Entwicklungen des Lebenswegs von Hänssler – durchaus prophetischen Worte: »Gott hat dir eine Tür geschlossen und dafür ein großes Tor aufgemacht.« Ermutigend war auch der damalige Zuspruch von Dekan Walter Tlach, mit dem Friedrich Hänssler vor allem durch die spätere Arbeit in seinem Verlag eng verbunden war. Angesichts dieser ausgedehnten Verlagsarbeit bewertete der Dekan die Situation sehr wirklichkeitsgetreu und mit spürbarer Anerkennung: »Friedrich, du hast die größte Kanzel von uns allen!«

Walter Tlach war während der Studienzeit von Friedrich Hänssler Repetent am Evangelischen Stift Tübingen, wodurch es zu ersten Begegnungen zwischen den beiden Männern kam. Einmal, während eines unverschuldeten, heftigen Zwischenfalls mit einem marokkanischen Besatzungssoldaten, fungierte Tlach als Hänsslers Beschützer und bewahrte ihn durch sein Eingreifen vor unliebsamen Folgen. Zwischen 1960 und 1970 wirkte Tlach als Pfarrer im Nachbardorf Stuttgart-Birkach und ab 1973 dann als Dekan im Evangelischen Kirchenbezirk Heidenheim. Er war Mitbegründer des Albrecht-Bengel-Hauses in Tübingen und gab die Anregung, in Württemberg alljährlich an Fronleichnam die späteren Ludwig-Hofacker-Konferenzen durchzuführen.

Der Beginn des Kirchenmusikverlages

Z unächst kehrte Hänssler mit der großen »Was nun?«-Frage in sein Elternhaus zurück. Sein Gesundheitszustand blieb auffallend schlecht, und eine Besserung war nicht in Sicht. Vater Hänssler ergriff nun die Initiative und meldete am 15. August 1950 seinen Sohn Friedrich Hänssler als Volontär im Musikverlag Friedrich Hänssler in Stuttgart-Plieningen an, sodass der Junge wenigstens eine Krankenversicherung besaß. Diese mit großer Tragweite von Gott gelenkte Entscheidung hatte Friedrich, der nun als zweiter Angestellter im Verlag arbeitete, weder erwartet noch herbeigesehnt, *noch* konnte von einer richtigen Mitarbeit unter vollem Einsatz allerdings nicht gesprochen werden. Ein Aufenthalt in der Schweiz brachte seiner rundherum nach wie vor kritischen körperlichen Verfassung zunächst etwas Linderung und verbesserte auch seine Konstitution insgesamt, doch das Übel selbst, die Lungenerkrankung, zeigte sich hier, in einem Restaurant in fast 4 000 Meter Höhe, erstmals durch blutigen Speichel. Kurz danach trat Friedrich die Heimreise an. Im Verlag seiner Eltern angekommen, fühlte er sich anfänglich ein wenig besser und konsultierte deshalb noch immer keinen Arzt. Dieses Fehlverhalten schätzte er späterhin als »reichlich naiv« ein.

So gut es eben ging, versuchte Hänssler seine Eltern im Verlag zu unterstützen und sie dadurch zu entlasten. Die vielerlei Arbeiten, zum Beispiel Postabliefern, Rechnungen schreiben, Bestellungen heraussuchen, Briefe und Notenmanuskripte schreiben u. v. m., musste er sich im *Learning by Doing* sozusagen von der Pike auf aneignen. Im Laufe der Zeit wurden manche der Tätigkeiten für ihn immer interessanter, zumal Friedrich – aufgrund dessen, dass Vater Hänssler ihm bei seiner Arbeit unerwartet viel Freilauf ließ – bald einen umfassenden kirchenmusikalischen Bereich selbstständig aufbauen konnte. Eine stilistische Neuheit sozusagen. Der Verlegersohn übertrug aus den Manuskripten Alte-Meister-Motetten in unsere heutige Notationsweise. Somit kristallisierte sich eine ganze Motettenreihe heraus mit Vertonungen biblischer Texte von all den bekannten Kirchenkomponisten früherer Jahrhunderte. Auf diese Weise entstanden schlussendlich insgesamt 500 Titel.

Die Jahre nach dem Kriegsende waren für den Musikverlag insofern günstig, dass viele der Noten durch die Kriegseinwirkungen verloren gegangen waren und nun die Chöre folglich einen großen Bedarf danach hatten. Auch der seit 1935 veränderte Musikgeschmack ließ den Wunsch nach Neuem entstehen.

Von den ersten zehn Notenausgaben in der von Friedrich Hänssler jun. herausgegebenen Motettenreihe *Die Motette* waren zwei besonders erfolgreich – die Nr. 7 von Andreas Hammerschmidt und die Nr. 8 von Johann Pachelbel, sodass von beiden je über 200 000 Stück verkauft werden konnten. In dieser Reihe entstanden zum Beispiel Kompositionen wie die Nr. 3 von Heinrich Schütz *Die Himmel erzählen die Ehre Gottes*, die Nr. 4 *Schaffe in mir Gott, ein reines Herz* und die bereits erwähnte zahlreich verkaufte Nr. 7 *Machet die Tore weit*, beide von Andreas Hammerschmidt, sowie die ebenfalls verkaufsstarke Nr. 8 *Singet dem Herrn ein neues Lied* von Johann Pachelbel. Unter dem übergroßen Angebot gab es sehr zur Verwunderung von Friedrich Hänssler auch wertvolle Titel, die sich weniger gut bis gar nicht verkaufen ließen.

Der Aufbau des Kirchenmusikverlages war spannend, irgendwie auch ein Erfolgserlebnis. Die Arbeit verdrängte in Friedrich das Gefühl, krank zu sein, und hatte deshalb eine besonders wohltuende Wirkung auf ihn.

Der Ruf des Württembergischen Brüderbunds

» **W**ie ein Blitz aus heiterem Himmel traf mich die plötzliche und unerwartete Anfrage des Württembergischen Brüderbunds, die mit der Bitte einherging, dass ich, der ich mich ohnehin im Rahmen dieser Arbeit immer wieder um einzelne Jugendliche gekümmert hatte, doch wenigstens zeitweise an einer wichtigen Sitzung teilnehmen möge. Die Zahl der jungen Menschen in den Gemeinschaften war eher gering. Ich sah in dem Ganzen eine geistliche Verantwortung. Noch vor der Sitzung wurde mir dann der Grund für meine Anwesenheit mitgeteilt: Beginn einer Jugendarbeit im Verband«, resümiert der Verleger.

Die Verantwortlichen mussten sich hinter geschlossenen Türen über den noch Ahnungslosen unterhalten haben, so schien es zumindest. An diesem Tag hatte Friedrich Hänssler das aktuelle Losungswort der Herrnhuter Brüdergemeine noch nicht gelesen und holte das nun, im Nebenraum sitzend und auf den Aufruf wartend, nach. Mit großem Erstaunen las er darin die so persönlich zugesprochenen Worte Samuels: »Hier bin ich.« – sogar der Name passte, und das war für ihn, der selbst Samuel heißt, ein augenfälliger deutlicher Hinweis. Bald darauf wurde Friedrich ins Besprechungszimmer gebeten und gezielt gefragt – doch nicht ohne ihm einige nachvollziehbare und wirklich ernst zu nehmende, nicht zuletzt auch theologische Gründe für diese Entscheidung des Jugendarbeitsbeginns zu nennen – ob er bereit wäre, im Brüderbund eine Jugendarbeit aufzubauen.

Ganz bewusst wollte der Verband eine evangelistische und bibelorientierte Arbeit starten, das war so ganz im Sinne von Friedrich Hänssler. Ohne die weite Dimension des Auftrags auch nur im

Entferntesten erahnen zu können, sagte Hänssler, nachdem er dem Bruderrat von seinem Erleben mit der aktuellen Tageslosung im Vorfeld der Besprechung erzählt hatte, dieser Berufung zu, denn er konnte Gottes Wort in den Losungen als Bestätigung für sein Ja sehen. Erst kurz zuvor wurde Friedrich von einem Pfarrer aus Winterbach/Remstal berufen, der ihn persönlich kannte, dort eine kleine Jugendevangelisation durchzuführen.

Im Zusammenhang mit der Jesusnachfolge bekennt Hänssler eindrücklich, wie sehr er sich seiner Abhängigkeit von Gott bewusst ist: »In der Nachfolge Jesu erfahre ich immer wieder neu und wurde mir immer wieder vor Augen geführt, wenn Gott ruft, wenn *sein* Wort einen Menschen trifft, dann wird der Mensch, auch wenn er sich noch so sehr dagegen wehrt, in den Dienst gestellt. Ganz persönlich gesagt: Ich konnte Gott immer nur mit dem dienen, was *er* selber vorher in mir geschaffen hat.«

Zu jener Zeit herrschte eine geistliche Aufbruchsstimmung. Die Anzahl der jungen Menschen, die eine große Liebe zu Jesus hatten und welchen er, Jesus, deshalb auch Großes anvertrauen konnte, die bereit waren, sich in Hingabe ihrem Herrn Jesus zur Verfügung zu stellen, war bemerkenswert. Neben der Mitarbeit im Verlag konnte Friedrich Hänssler, dessen Gesundheitszustand nach wie vor kritisch war, sich zusätzlich in der ihm zugedachten und locker zusammenhaltenden Jugendgruppe mit einbringen. Im Februar 1951 kam man schließlich zusammen, um über das weitere Vorgehen zu beraten.

Und so geschah es dann, dass nach Hänsslers Vorschlag ein Jugendarbeitskreis des Württembergischen Brüderbundes gegründet wurde. Es war allen ein besonderes Anliegen, keine Organisation aufzubauen, sondern einen freien Kreis von Christus bewegten jungen Menschen. Schon an Pfingsten desselben Jahres fand ein mehrtägiges Pfingstjugendtreffen in Kirchheim unter Teck statt. Gott bestätigte diesen Weg. Vor allem prägten gute Verkündiger der biblischen Botschaft das Treffen, aber auch die Seelsorge, ein ohnehin wesentlicher, zentraler Punkt. Außerdem wurde viel gesungen, meistens vierstimmig, das war das besondere Markenzeichen der Jugendgruppe unter der Leitung von Friedrich Hänssler.

Nicht wenige fanden bei dem Pfingstjugendtreffen zum persönlichen Glauben an Jesus Christus. Die etwa 200 Teilnehmer zogen mit Liedern, Kurzansprachen und mit vorher eingeübten Sprechchören kurzer, prägnanter Bibelworte wie etwa: »O Land, Land, Land, höre des Herrn Wort!« (Jeremia 22,29) oder: »Suchet den Herrn, solange er zu finden ist; rufet ihn an, solange er nahe ist« (Jesaja 55,6) zu Freiversammlungen an verschiedene Plätze der Stadt. Sicher bot sich den Anwohnern ein ungewohntes Bild, wenn Friedrich Hänssler mit seinem Hocker, welchen er auf den Schultern zu tragen pflegte, falls er nicht auf demselben stand, um den riesigen Chor überblicken und dirigieren zu können, durch die Straßen zog, begleitet von einer dicht auf den Fersen folgenden Menge junger und fröhlicher Menschen.

All diese Begebenheiten geschahen spontan, mit großer Freude und Überzeugung. Gott schenkte geistliches Erwachen und damit einen geistlichen Aufbruch, dessen Impulse ins Land hineingingen und in die Gemeinschaften, aus denen viele der Teilnehmer kamen. Nicht wenige fühlten sich von Gott gerufen, bekehrten sich, kehrten um von ihrem Leben ohne Gott. Sie sahen sich als Missionare und wollten jetzt selbst Rufer sein in dem Wissen, dass es tausend Möglichkeiten für den ewigreichen Gott gibt, Menschen zu überwältigen und in seine Nachfolge zu rufen.

Und so fand sich eine Gruppe dynamischer Jugendlicher entschlussfreudig zusammen, um in vielen Dörfern sogenannte Zeugnistage ins Leben zu rufen und auf diese Weise den Glauben nun ganz praktisch zu leben, so, wie es in Apostelgeschichte 1,8 von Jesus selbst gesagt wird: »… ihr werdet die Kraft des Heiligen Geistes empfangen, welcher auf euch kommen wird, und werdet meine

Zeugen sein (…)« Oftmals wurden die 20 bis 30 Jugendlichen von den örtlichen Gemeinden über ein ganzes Wochenende in ein Dorf eingeladen, oder aber sie luden sich selbst ein, mieteten einen neutralen Saal, auch mal eine Gaststätte, selten eine Kirche und baten dann persönlich die Menschen im gesamten Dorf zu ihrer Veranstaltung zu kommen, indem sie von Haus zu Haus liefen. Dafür brauchte es nicht einmal Handzettel.

Meist waren es drei oder vier Veranstaltungen in geballter Kürze, an denen die Jugendgruppe mit den eingeladenen Dorfbewohnern zusammenkam und wo der missionarische Jugendkreis als Chor viele evangelistische Lieder sang. Eines davon war zum Beispiel:»Seele hörst du's klopfen / weißt du, wer das ist / sieh' vor deinem Herzen / stehet Jesus Christ.« Sehr häufig erklang auch:»Sag, kennst du wohl den wunderbaren Namen / uns zum Heil von Gott gesandt? / (…) Name über alle Namen / Jesus, kein schöneren auf Erden gibt's. / In keinem andren Namen ist Erlösung, / nur in diesem Nam' ist Heil.«

Die Jugendlichen erzählten dann einer nach dem anderen, wie es war, als sie ihr Leben ganz bewusst an Jesus übergaben, was ihnen Jesus und *sein* Wort bedeutet und was sich in ihrem Leben seither verändert hat. Nun konnten erstaunlich viele Menschen die echten und glaubhaften Zeugnisse der mit dem Fahrrad herbeigeradelten Jugendlichen hören, die nicht selten eine 30 bis 50 Kilometer weite Anfahrt hatten.

Manchmal bezeugten diese ausnehmend gut ihren Glauben, erzählten von dem, was ihnen widerfahren ist, manchmal geschah das auch eher holprig. Sie alle waren ja ungeübte Laien, arm an Erfahrung. Das erst einmal Ungewohnte erforderte hauptsächlich Mut, daran mangelte es den Jugendlichen ganz und gar nicht. Ein vom Jesus-Feuer entflammter Mensch hat Kraft und Mut. Die Zuhörer erlebten eines jedoch ganz besonders: Authentizität, Originalität, Hingabe, fröhliches Christsein und außerdem ungeheure Ermutigung, es mit Jesus zu wagen. Dieses Gesamtpaket erreichte die Herzen der Hörenden, und für so manch einen waren jene Tage der Beginn eines neuen Lebens mit Gott.

Die Gemeinschaften, die Friedrich Hänssler und seine Jugendgruppe mit einer Einladung gerufen hatten, erfuhren eine Neubelebung, und in den Ortschaften derer, die bisher keine Gemeinschaften kannten, konnten nun welche gegründet werden. Das aber waren nicht die einzigen Folgen. Vielmehr stellte sich jetzt die wichtige Frage, was aus jenen Menschen werden sollte, die dem Ruf ihres Herzens folgend einen Anfang mit Jesus gemacht hatten. Müsste da nicht dringend eine Weiterführung geschehen, vor allem ein Hineinführen in das unvergängliche Wort Gottes, ein Hinleiten zum täglichen Gebet?

Zur rechten Nachfolge kommt es doch nur dann, wenn *Christus* in uns *sein Leben lebt* und wir *in seinem Wort leben*. An diesem Punkt angekommen, wuchs in Hänssler samt seinen Jugendlichen schließlich der Gedanke, diese Menschen für kürzere Zeit zusammenzurufen, damit sie Gemeinschaft erleben konnten. Sie kamen keineswegs immer aus einem förderlichen Familienmilieu, auch lebten bisher die meisten von ihnen ohne die gute Möglichkeit, gemeinsam oder einsam ungestört die Bibel studieren zu können. Dieser Gedanke wurde zur klaren Beauftragung und damit zum Beginn von 14-tägigen Bibelfreizeiten für Jugendliche, später dann wurden auch Erwachsene dazu eingeladen.

Die erste Freizeit von Friedrich Hänssler mit insgesamt 26 jungen Burschen fand in der Jugendherberge in Zermatt am Fuße des Matterhorns statt. Gott wirkte inmitten dieser einzigartigen, grandiosen Bergwelt. Viele weitere Freizeiten folgten, deshalb suchten einige ältere Freunde nach neuen Örtlichkeiten, vor allem suchten sie nach Mitarbeitern für die Küche, den Transport usw. Sie stellten sogar ihren Jahresurlaub zur Verfügung, ansonsten wäre die ständig wachsende Arbeit nicht möglich gewesen. So wuchs eine Vielzahl von Mithelfern mit einer großen Motivation, mit Einsatzwillen und ganzer Hingabe heran, was für die gesamte Arbeit ein Segen war. Die Freizeiten mit der Maßgabe: wunderschöne Gegend, gute Verköstigung, Gelegenheit zur körperlichen Bewegung und, als Zentralpunkt, gute und eindeutige Bibelarbeiten, und das alles auch noch zu günstigen Preisen, zeigten schließlich weitere Notwendigkeiten auf. Obwohl die einzelnen Freizeitorte im In- und Ausland wirklich attraktiv waren, stellten Friedrich Hänssler und seine mitarbeitenden Freunde fest, dass sie möglichst eigene Freizeithäuser brauchen, um dort fortlaufend, von außen unbeeinflusst, ihren Verkündigungsauftrag ausführen zu können. Daraus erwuchs zunächst eine weichenstellende Überlegung, die dann recht schnell zu einer gemeinsamen, insbesondere auch – wie das Ergebnis im Nachhinein bestätigt – tragfähigen Entscheidung hinführte und letztlich zielführend in die Tat umgesetzt werden konnte.

Und so kam es im Laufe der Jahre zum Erwerb, zum Umbau und zum Neubau von insgesamt acht Freizeithäusern in Deutschland, Österreich und Kroatien; am Meer, im Gebirge und in bekannten Waldgebieten. Wie das im Einzelnen vor sich ging, ist eine Kette von Wundern, unerwarteten Führungen und Segnungen. Bei jedem der Häuser, die meist ganzjährig geöffnet sind, mit 60 bis 170 Betten, gibt es eine besondere, manchmal sehr berührende Entstehungsgeschichte. Alles in allem erfolgte eine Reihe von Wohltaten, die Gott über das Baugeschehen und damit über die Menschen ausgegossen hat. Hänssler spricht in diesem Zusammenhang im Rückblick von einer jahrzehntelangen Erfahrung der Fürsorge Gottes in großen wie in kleinen Dingen.

Die Zahl der zu betreuenden, meist jüngeren Menschen war immens gestiegen und sowohl Friedrich Hänssler als auch seinen Mitarbeitern wurde in der Begegnung mit den nunmehr Tausenden eines ganz neu vor Augen geführt und damit bewusst: Bei vielen gab es keine Bibelkenntnis oder aber diese war auf ein Minimum geschrumpft, praktisch im wahrsten Sinne des Wortes verdunstet. Da brauchte es unbedingt Abhilfe und dringend eine gezielte, konsequente Hinführung an das Wort Gottes, an die Heilige Schrift. Die Antwort auf die brennende Frage, wie das gelingen könne, sah man in der Gründung von Kurzbibelschulen. Sie sollten gute Möglichkeiten schaffen, unter der Anleitung von begabten Bibellehrern in das Wort des lebendigen Gottes einzutauchen. Diese Arbeit hatte einen Motor in dem hochbegabten Wilhelm Wagner, der sich als Prediger in die notwendige und bedeutsame Arbeit rufen ließ, sie fortan auch stark prägte. Als der Gemeinschaftsverband Friedrich Hänssler später zum Vorsitzenden wählte, wurde Wilhelm Wagner Hänsslers Stellvertreter. Jahrzehntelang arbeiteten die beiden Männer großartig zusammen, ergänzten sich prächtig in all ihrem Tun. Hänssler, der in Wagner seinen besten Freund fand, musste leider sehr bald von dem viel zu früh Verstorbenen Abschied nehmen.

Der allgemeine Andrang zu diesem Angebot war erstaunlich groß, sodass die Kurzbibelschulen, die sich für den Mitarbeiterstamm und weit darüber hinaus als sehr segensreich erwiesen, in fünf der acht Ferienhäuser stattfanden, im Übrigen bis heute stattfinden, in dreien davon parallel. Die vielen Freizeiten bekamen einen weiten Streukreis über den Brüderbund hinaus, und einen noch viel größeren Zustrom zum jährlichen Pfingstjugendtreffen, Jahre später *Dynamis* genannt. Jedes Treffen stand unter einem besonderen Thema, dieses beeinflusste erstmalig die Verlagsarbeit, befruchtete sie regelrecht.

Es gab für die dreitägige Gemeinschaft auf das Thema zugeschnittene mehrere Tagungslieder. Beim ersten Pfingstjugendtreffen sang man noch von einzelnen Liedblättern. Ab dem zweiten Treffen im Jahre 1952 hielten die teilnehmenden Gäste dann alljährlich druckfrische Liedhefte mit Liedern aus jener Zeit in ihren Händen, die der Hänssler Musikverlag eigens für diesen Anlass herstellte. Friedrich Hänssler benötigte zum Einüben doch einiges an Notenmaterial, darunter gab es bewährte Chorsätze, aber auch Eintagsfliegen.

Zunehmend prägten jene Jugendlieder die Produktion des Musikverlags und wurden, sehr zur allgemeinen Freude, auch gerne von ganz anderen Gruppierungen der Evangelischen Jugend aufgenommen. Das begeisterte vierstimmige Singen Hunderter junger Leute, christusbewegt, wirkte in höchstem Maße ansteckend. Mit den folgenden Jahren wuchs die Teilnehmerzahl der Pfingstjugendtreffen auf bis zu zwei- oder dreitausend Menschen an.

Aufgrund dessen konnten jetzt auch bekannte Verkündiger für die Wortverkündigung eingeladen werden, darunter so manche aus dem Ausland. Das waren Bevollmächtigte des Christus, deren Botschaft sehr viele Jugendliche erreichte. Es blieb längst nicht nur beim gesprochenen Wort, darüber hinaus entstanden vor allem auch schriftliche Zeugnisse der Referenten – Bücher, nicht als Denkmäler der Vergangenheit, sondern als geistliche Waffen der Gegenwart. Um nur zwei der Referenten beziehungsweise Autoren zu nennen: William MacDonald mit seinem Buch *Wahre Jüngerschaft* und W. Ian Thomas *Christus in euch – Dynamik des Lebens*. Beide Bücher, bis heute noch auf dem Markt erhältlich, brachten die biblische Botschaft zu einigen Hunderttausend Lesern. Das waren freilich sehr viel mehr Menschen, als die beiden genannten Referenten damals in der Stadthalle Kirchheim/Teck erreichen konnten.

»Es war ein Erleben, das sich im Lauf meines Lebens noch oft wiederholte«, erzählt Friedrich Hänssler, »Gott schob mich in Aufgaben hinein, von denen ich wirklich keine Ahnung hatte – erlebte Führung an der Hand Gottes. Gott führte mir aber immer auch einen harten Kern von ausschlaggebenden Mithelfern zu, ohne die die wachsende Bewegung gar nicht zu denken gewesen wäre. Es waren prächtige Menschen, die nach ihrer einmaligen Hingabe an Christus ein Leben fortwährender Hingabe lebten. Häufig gab es dabei unerwartete Nachwirkungen des Evangeliums, der Botschaft vom Hereinbrechen des Reiches Gottes inmitten unserer gefallenen Welt.«

»Ich bin der Herr, dein Arzt«

Unter bewusster oder unbewusster Ausblendung der nach wie vor bestehenden Krankheitsproblematik und unter Nichtbeachtung von ganz unterschiedlichen Krankheitssymptomen, u. a. zum Beispiel starke Gewichtsabnahme, gelang es Friedrich Hänssler trotz widriger Umstände, eine Reihe von Freizeiten im Hochgebirge zu leiten. Ein Faktum, welches im Besonderen auch seiner außerordentlichen Freude am Bergsteigen entgegenkam, wenngleich ihn das Klettern am Monte Rosa oder am Matterhorn bis zum Erreichen der Gipfel an seine physischen Grenzen führte.

Anlässlich der Vorbereitung einer bereits zuvor erwähnten Freizeit trat nun bedrohlich hervor, was bis zu diesem Zeitpunkt keine angemessene Beachtung fand: die Krankheit selbst, welche zu dieser Stunde einen deutlichen Warnschuss sendete. Die bisher beiseitegeschobenen Symptome wurden jetzt ganz konkret und unausweichlich. Kaum dass Friedrich Hänssler wieder zu Hause angekommen war, brach das schon seit Jahren im Körper schlummernde Leiden massiv aus, sodass Hänssler kurz nach seiner Ankunft, noch im Auto sitzend, einen heftigen Blutsturz erlitt.

Der eiligst herbeigerufene Hausarzt wusste sich angesichts der Lage nicht mehr anders zu helfen, als den Schwerstkranken mit Unmengen Salz vollzustopfen, in der großen Hoffnung, durch diese Handlung die Blutgefäße irgendwie blockieren zu können. Dann rief er selbst den Notarzt an, einen Pneumologen, einen Spezialisten für Lungenkrankheiten. Der Arzt brachte Friedrich Hänssler in ein 30 km entfernt liegendes Lungenspezialkrankenhaus. Doch auch hier blieb er ein Notfall. Die starken und lebensbedrohlichen Lungenblutungen wiederholten sich nun fast täglich. Sein erbärmlicher

Zustand änderte sich keineswegs zum Besseren, als man ihn dann auch noch ausgerechnet in jenes Zimmer verlegte, in dem normalerweise die Toten aufgebahrt wurden.

Die Ärzte aber versuchten alles, um das Leben von Friedrich Hänssler zu retten. Dabei standen die Chancen äußerst schlecht, von dieser schweren Tuberkulose geheilt werden zu können, die ein gefährliches »Mitbringsel« aus dem Zweiten Weltkrieg war. Für die bevorstehende, notwendige Lungenoperation, die partout keinen Aufschub duldete, wollte man überdies eine Koryphäe, eine wahre Kapazität als Lungenchirurg mit dem Hubschrauber einfliegen lassen. Das war für Nachkriegsverhältnisse ein absoluter Sonderfall. Der berühmte Mediziner hatte dafür bereits seine Zustimmung gegeben, doch Hänsslers extrem schlechte körperliche Verfassung machte ihn absolut operationsunfähig. Selbst der kurze Transport innerhalb der Klinik, von der einen Abteilung in den chirurgischen Teil des Hauses, schien zu riskant für ihn zu sein.

»Was ich damals *noch* nicht überblicken konnte: Auch diese aufgrund meiner Transportunfähigkeit nicht mögliche Operation, in welcher mir eine Lungenseite entfernt werden sollte, hatte Gott vorausschauend so geplant. Vorlaufende Gnade! Denn das ist der Grund, weshalb ich heute noch alle Rippen habe und nicht körperbehindert sein muss!«, erinnert sich Hänssler dankbar an die schwere Zeit in seinem Leben. Um die Blutungen zum Stillstand zu bringen, versuchten die Ärzte ihm einen Pneumothorax anzulegen. Das geschah in der Notlage wohl etwas brachial, brachte aber tatsächlich eine erste Milderung.

Das bisherige Besuchsverbot, welches auch für Seelsorger galt, wurde nun ein wenig gelockert. Obwohl noch immer lebensgefährlich erkrankt, spürte Friedrich Hänssler in seinem Innersten mit jeder neuen Woche mehr Lebendigkeit und Lebensinteresse, gleichermaßen überfielen ihn aber auch tiefe Fragen die Zukunft betreffend.

In dieser Zeit kam es in Hänsslers Leben zu zwei besonderen Ereignissen, die er späterhin wie folgt beschreiben wird:

»Zunächst hielt ich eine innere, intime Zwiesprache mit Jesus, dem Herrn meines Lebens, in der ich meinem Herrn sagte: ›Lieber Herr, du kannst mich von dieser Welt wegholen, du kannst mich auch dalassen, es soll so geschehen, wie du es willst! Ich bin ganz einverstanden mit deinem Plan.‹ Und ich meinte, was ich betete! Der Herr war mir unaussprechlich nahe und ich vertraute Ihm und Seinem Wirken ganz und gar. *Er* allein sollte entscheiden, ob, und wenn ja, wie es mit mir weitergehen würde!

Auch das zweite Erlebnis empfand ich als eine große Besonderheit, als eine ausgesprochene Gottesstunde. Obwohl mich außer meinem Vater kaum jemand besuchen durfte, betrat in jenen Tagen völlig unerwartet ein mir vom Elternhaus her bekannter Bruder und Geschäftspartner aus der Schweiz, ein christlicher Verleger, mein Krankenzimmer. Er war ein guter und fröhlicher Zeuge des Evangeliums. Neben meinem Bett stehend, bat er Gott ganz kindlich um Heilung für mich. In diesem Gebet dankte er Gott dafür, dass Gott ein Gott ist, der Wunder tut, und bat den Allmächtigen, auch ein Wunder an mir zu tun. Dieser spürbar heilige Moment in meinem Zimmer, das kindliche und zugleich tiefe, ernstliche Gebet des Freundes, sollte tatsächlich die aus menschlicher Sicht hoffnungslose Lage bald zum Guten verändern.

Jener Tag wurde zum Wendepunkt in meinem Leben. Ich durfte genesen. Mein Gesundheitszustand besserte sich zusehends, und bald kam der Tag, an dem ich die ersten Schritte gehen konnte. Man versuchte mich außerdem hochzufüttern, und ganz allmählich konnte ich am normalen Klinikbetrieb teilnehmen. Wieder einmal hatte Gott ein greifbares Wunder geschehen lassen, und das, nachdem mich der großartige Chefarzt der Klinik, welcher nicht zur zimperlichen Sorte von Ärzten gehörte, seinem eigenen Bekunden nach, bereits aufgegeben hatte. Die behandelnden Ärzte sahen es selbst als ein Wunder an, auch noch nach Jahren der ambulanten Behandlung, dass ich am Leben geblieben bin.

Unbedingt muss noch hinzugefügt werden, dass sich damals in einigen Ortschaften die erweckten Jugendlichen abends trafen, manche davon sogar täglich, um für meine Heilung zu beten. Welch ein gewaltiges Erleben! Nach meiner Gesundung hatte ich mit den Lungen keine weiteren Probleme mehr. Der Glaube sieht das Unsichtbare, glaubt das Unglaubliche und bekommt das Unmögliche!«

Auf dem Flur oder in der Röntgenabteilung lernte Friedrich Hänssler in der Zeit seines monatelangen Klinikaufenthalts manchen Mitpatienten kennen, und so hörte er zwangsläufig auch unzählige Krankengeschichten, von denen allerdings die wenigsten erbaulich waren. Er selbst hingegen machte immer deutlichere Fortschritte. Das Sprechen fiel ihm zunehmend leichter, dadurch konnte er sich langsam wieder an einer Unterhaltung beteiligen und Fragen beantworten, auch die Frage, warum auf seinem Nachttisch eine Bibel lag. Diese hatte er seither kaum benutzen können, auch gab es viele Tage, wo er sogar zum Beten zu schwach war. Friedrich Hänssler lag in einem Dreibettzimmer. Seine Zimmergenossen waren ein streng katholischer Lehrer mit besonderer Beziehung zum Wallfahrtsort Lourdes, der ihm bald ein Buch darüber schenkte, und ein recht aggressiver atheistischer evangelischer Lehrer, welcher nicht genug über seine Pfarrererfahrungen lästern konnte.

Nicht selten besuchten auch Hauspatienten das Zimmer von Friedrich Hänssler und seinen beiden Zimmernachbarn. Außer theologischen Fragen in jener »Sammelstelle lebensbedrohlicher Krankheit« stellten sich die Schwerkranken freilich auch ihre ganz persönlichen, intimen Fragen, doch man debattierte nicht darüber. Mit jedem weiteren Monat Klinikaufenthalt wurden die Fragen der Betroffenen aktueller. Für den inzwischen fast 27-jährigen Friedrich Hänssler war nach wie vor keine klare Lebensperspektive in Sicht, auch wenn ihn ein Prälat der Kirchenleitung bei einem persönlichen Krankenhausbesuch erneut auf das Thema Pfarrberuf angesprochen hatte. Im Hinblick auf seine Krankheitssituation war daran aber nicht im Entferntesten zu denken, und so blieb die Frage nach dem Beruf weiterhin ungeklärt.

Und es gab noch ein weiteres wichtiges, ja beinahe drängendes Thema: der Bund fürs Leben. Würde Hänssler *die* Frau fürs Leben finden? Und vor allem: *Wo* würde er sie finden? Als Verantwortlicher einer weitreichenden Jugendarbeit, als Jugendchorleiter und besonders als Klavierspieler war der Junggeselle Hänssler gut umschwärmt. Zu dieser Tatsache äußerte er sich einmal entwaffnend ehrlich: »Ich kann nicht sagen, dass mir das nicht gefallen hätte.«

Dass ihn die Fragen nach dem Beruf und der richtigen Lebenspartnerin zunehmend mehr beschäftigten, obwohl die Aussichten keineswegs rosig waren, hing ganz sicher auch damit zusammen, dass Friedrich Hänssler acht Monate im Bett liegend verbringen musste und ihm sehr viel Zeit zum Nachdenken blieb. Jetzt, in dieser lang anhaltenden Ausnahmesituation, wurde ihm gänzlich klar, dass da noch eine maßgebliche Lebensentscheidung zu treffen ist.

Um diese dringende Klarstellung begann er nun zu beten. Als immer noch sehr kranker Mensch bewegte Hänssler im Besonderen die Frage, ob er überhaupt je wieder einmal richtig arbeiten könnte. Was hatte Jesus mit seinem Leben noch vor?

An diesem Punkt angekommen, entdeckte Friedrich Hänssler zusehends das Gebet als Gemeinschaft mit Gott, als Reden mit Gott und das ultimative Hören auf Gott, um den Willen Gottes erfahren zu können, aber auch das Schreien um Hilfe und die Möglichkeit, Gott auch in schweren Situationen zu loben und *seine* Kraft zu empfangen. Diese inneren Vorgänge waren mehr als bedeutsam für sein weiteres Glaubensleben. Vor allem die Bibel unterwies ihn in allen Lebensbereichen und gab ihm Antwort und Wegweisung.

Das Buch der Bücher schien den anderen – gewollt oder unge-
wollt – immer wieder ins Auge zu springen und sorgte so zwangsläufig für Gesprächsstoff. Keineswegs wollten sich die Kranken
ausschließlich nur endlose, manchmal auch maßlose Tuberkulose-
geschichten erzählen und anhören, deshalb versuchten sie, sich alle
geistig rege zu halten. Es sollte noch erwähnt werden, dass in dem
»sie« durchaus auch Akademiker-Patienten eingeschlossen waren.
Kurzum, es kam in diesem Krankenhaus zu einem Gesprächskreis
über biblische Themen, oftmals aber wurde aus einem Gespräch über
biblische Themen vielmehr ein Disput über Kirche und Religion!

»Jener Art von Gesprächskreis, in dem hauptsächlich meine zwei
Zimmergenossen Wortführer waren, und welcher wohl eher einem
Debattierklub glich, war ich damals leider nicht gewachsen. Dieses
letztlich zwecklose Unterfangen versuchte der Atheist in seiner Argu-
mentation auszunützen. Als er sich zu seiner Aussage ›Es gibt keinen
Gott!‹ erhoben hatte, konnte ich ihn nur in einer zugegeben zynischen
Weise und nicht wie angemessen in feiner seelsorgerlicher Art fragen:
›Könnte es sein, dass ich schon von Ihnen gelesen habe?‹ Worauf dieser sich fast ein wenig geschmeichelt fühlte. Dann schließlich beant-
wortete ich meine an ihn gerichtete Frage an seiner statt: ›Die Toren
sprechen in ihrem Herzen: Es ist kein Gott‹ (Psalm 14,1).

Ich hatte Erfahrung mit Jugendlichen und Jungscharlern, aber
keine mit Akademikern und sah angesichts der Tatsache, dass man
Monate beieinander ›wohnen‹ musste, darin nichtsdestotrotz eine
Aufgabe. Soweit ich die Situation zu überblicken vermochte, schien
außer mir selbst niemand im Krankenhaus zu sein, der Jesus Christus nachfolgen wollte. Gab es da wirklich niemanden? Ja, doch, da
war vielleicht doch einer, wenn auch geistig nicht sehr bemittelt. Er
war von schmuddeligem Ansehen und, gemessen an seinen gerade
einmal 23 Lebensjahren, glich er körperlich einer Ruine. Das noch
größere Übel aber schien seine besitzergreifende, plumpe, fordern-
de Art zu sein, die auch ich zuweilen zu spüren bekam.

Man musste stets Zeit für ihn haben und für seine laute, unerzogene Art permanent Verständnis aufbringen. Er konnte hin und wieder ein echtes Ekel sein, und ich war ehrlich gesagt froh, wenn mich nicht allzu viele Mitpatienten an seiner Seite sahen. Die fragenden Blicke mir gegenüber redeten eine deutliche Sprache. Es blieb auch nicht immer nur bei solchen Blicken. Heute weiß ich, dass dieser heimatlose Bursche, dem es im Krankenhaus bestimmt so gut ging wie sonst nie in seinem Leben, einfach nach Liebe suchte. Dieser Mitpatient war wohl derjenige, der irgendwie von Jesus angesprochen war. Mit ihm konnte ich sogar beten. Auch deshalb haben wir uns immer wieder getroffen, aber irgendwie erwartete er von mir, dass ich noch mehr Gemeinschaft mit ihm habe. Manchmal schien er fast eifersüchtig auf den Gesprächskreis zu sein, zu dem er gewiss nicht hinpasste, allerdings auch nie dazu eingeladen wurde.

Einmal gab es im Krankenhaus einen Eklat, dessen Grund mir unbekannt blieb. Wolfgang, so hieß der junge Mann, reagierte so heftig darauf, dass er seinem Leben ein Ende setzen und sich aus dem Fenster des dritten Stocks stürzen wollte. Sein Körper hing bereits über der Brüstung, als ich hinzukam. Gerade noch rechtzeitig konnte ich ihn an seinen beiden derben Schuhen packen und zurückreißen. Kurz nach diesem Ereignis wurde ich aus dem Krankenhaus entlassen, sah Wolfgang im Zuge der nun folgenden und länger andauernden ambulanten Behandlung noch ein bis zwei Mal, dann war auch er eines Tages nicht mehr im Klinikum und die Verbindung riss ab. Seine neue Adresse kannte ich nicht, und Schreiben war nicht Wolfgangs Sache. Ob er überhaupt richtig schreiben konnte?

Nach ungefähr einem Jahr erreichte mich eine Karte, die wohl ein anderer Mensch in Wolfgangs Namen geschrieben hatte. Ich entnahm den traurigen Zeilen, dass er sich erneut im Krankenhaus befand und in den nächsten Tagen eine schwere Nierenoperation auf ihn zukam. Man bat mich deshalb, ihn unbedingt zu besuchen. Also machte ich mich auf den Weg in das etwa 80 Kilometer entfernt liegende Krankenhaus. Wie leuchteten seine schwarzen, schwermütigen Augen, als ich das Krankenzimmer betrat. Am nächsten Morgen sollte eine durch Tuberkulose zerstörte Niere herausoperiert werden, und so betete ich für ihn und die bevorstehende Operation. Man konnte tatsächlich den Eindruck gewinnen, ich wäre der einzige Mensch, mit dem er umgehen konnte. Seine Augen bettelten: *Besuch mich bald wieder!*

Indirekt erfuhr ich, dass die Operation gut verlaufen war. Wahrscheinlich hatte man ihn in eine andere Klinik verlegt, jedenfalls hörte ich *von ihm selbst* nichts mehr, alle seine Spuren waren verwischt. Darüber ehrlich nachdenkend, ist mir heutzutage bewusst, dass ich hier vieles versäumt habe, dass dieser Wolfgang meine Zeit und meine Zuwendung weit mehr gebraucht hätte als der akademische Gesprächskreis. Wollte ich sein Leben überschreiben, dann würde wohl die entsprechende Überschrift lauten: Wolfgang – auf der Suche nach Liebe. Diese Liebe forderte er von mir ein und mir war das ein *Zuviel,* auch angesichts des Akademikerkreises, welcher keinerlei Verständnis für meinen Kontakt zu jenem Wolfgang hatte, ganz im Gegenteil.

Seither sind viele Jahrzehnte vergangen und ich hoffe doch, dass ich inzwischen etwas mehr von dem Wort Jesu in Matthäus 25,40 verstanden habe: ›Was ihr getan habt einem unter diesen meinen geringsten Brüdern, das habt ihr mir getan.‹«

»Es ist mir nicht unrecht«

>> **D**ie Erhörung meiner, und ganz sicher auch manch anderer Gebete war eindeutig. Kurz vor meiner Entlassung aus der Klinik bat mich mein Vater, ob ich ihm im Betrieb nicht weiterhin helfen könnte. Diese Wegweisung war eine Hilfslösung für mich, aber keineswegs mein Wunschtraum. Und doch war ich unendlich dankbar dafür, dass mein Vater mir mit dieser Frage signalisierte, dass er mich *dennoch* – trotz meiner körperlich schlechten Verfassung – brauchte. Auch wenn die endlos lange Zeit im Krankenhaus nun hinter mir lag, war ich kräftemäßig noch immer sehr schwach, sodass ich gerade einmal eine Stunde am Tag arbeiten konnte. Aber: Es war ein Anfang! Ein Senfkorn-Anfang! Es war Gottes Zeitpunkt, *sein* Startschuss für meine Berufung! Nicht im Entferntesten konnte ich damals ahnen, dass Gott damit meine Füße auf weiten Raum stellte (Psalm 31,9)«, resümiert Friedrich Hänssler über seine berufliche Frühphase, seinen beruflichen Ursprung, um dann wie folgt in der Geschichte fortzufahren:

»Die andere Gebetserhörung mit der Bitte um die richtige Frau geschah auf recht eigenartige Weise. Meine zukünftige Frau sollte unbedingt und konsequent in der Nachfolge Jesu stehen, das war für mich absolute Voraussetzung für den Bund der Ehe.

Im Zusammenhang mit der wachsenden Jugendarbeit waren einige väterliche Freunde äußerst besorgt darum, dass es vor allem auch eine Frau sei, die in diese erweckliche Jugendarbeit nicht nur hineinpassen, sondern mir hauptsächlich auch eine starke Unterstützung sein konnte. Diesbezüglich erhielt ich sogar noch sehr eindeutige Personenvorschläge, aber kein einziger Hinweis davon wollte mir gefallen. Gott hatte offenbar einen ganz anderen Gedanken.

Nach acht langen Jahren ohne jeden Kontakt erinnerte ich mich plötzlich an die klavierspielende Pfarrerstochter aus Kleinbottwar. Inzwischen war ihr Vater für eine Pfarrstelle auf der Schwäbischen Alb berufen worden. Es galt nun herauszufinden, wo genau die Familie jetzt lebte, und das war gar nicht so einfach! Mir fiel ein, dass einer ihrer Brüder schon Diverses im Verlag bestellt hatte, und so wurde ich schließlich in der Kundenkartei fündig, die ich dabei zurate zog. Die Pfarrfamilie wohnte derzeit in Unterböhringen. Dort gehörten drei Kirchengemeinden zum Dienstauftrag des Pfarrers. Die Landkarte half mir weiter und gab Aufschluss, wo das kleine, mir bis dahin völlig unbekannte Dorf lag.

Nun, auch wenn dieses jetzt gefunden war, stellten sich mir so manche berechtigte Fragen, hauptsächlich aber Fragen der Ungewissheit. Durfte ich denn nach Jahren einfach so in die Familie hineinplatzen? Was, wenn der Besuchsgrund Ursula, so hieß die Pfarrerstochter, vielleicht gar nicht anwesend, oder noch schlimmer, vielleicht verlobt oder sogar schon verheiratet wäre? Mein »Geheimnis Ursula« war niemandem bekannt. In jedem Fall könnte ich meinen Besuchsgrund nur schlecht erklären. Jetzt galt es also ein paar Hürden zu überspringen. Offenlegung war notwendig geworden, was mir besonders schwerfiel. Diese und andere fragende Überlegungen drängten mich sehr zum intensiven Gebet. Ich durfte ja alles, alles vor Gott bringen. Bald darauf fragte ich meinen Vater, ob er bereit wäre, mich nach Unterböhringen zu begleiten, ein Tun, welches durchaus nicht meinem üblichen Verhaltensmuster entsprach. Meiner Bitte zustimmend, legte er den entsprechenden Tag dafür fest.

In meinen Gebeten bat ich Gott nun um ganz bestimmte Zeichen. Unbedingt wollte ich *seinen* Willen erkennen und *seinen* Wegen folgen, sozusagen eintreten in die Dynamik des Willens Gottes. Die erbetenen Zeichen, sie trafen ein. Ursula war *zufällig* an diesem Wochenende zu Hause, ein eher ungewöhnlicher Umstand, verweilte sie doch üblicherweise im Lehrerinnenseminar in Kirchheim/Teck. Weil ich mit ihrem Bruder Kurt befreundet war, glaubte die Pfarrfamilie zunächst, der unangemeldete Besuch gälte ihm, an Ursula dagegen hatte man nicht gedacht. Wir wurden freundlich empfangen, allerdings siezte mich Ursula, während ich beim ursprünglichen Du blieb. Ich wusste ja, dass sie Querflöte spielte, und so bot ich an, mit ihr gemeinsam zu musizieren, das aber lehnte sie mit der Begründung ab, Johann Sebastian Bach sei ihr viel zu schwer, wenn sie dagegen *Händel-Noten* hätte, dann sei sie gerne dazu bereit.

Auf der Rückfahrt von dieser ersten Begegnung nach so langer Zeit wollte ich unbedingt von meinem Vater erfahren, welchen Eindruck er persönlich von Ursula gewonnen hatte. Ganz typisch für meinen Vater, antwortete dieser mir: ›Frag mich morgen noch mal!‹ Das war freilich nicht die von mir erwünschte Auskunft, doch fiel seine Meinung dann am nächsten Morgen ausnehmend gut aus. Die erste große Hürde war also genommen. Wohlgemerkt: Die erste!

Wie aber sollte ich Ursula nun jene Signale senden, die sie hören musste? Der Versuch, ihr einige *Händel-Noten* über ihren Bruder Kurt zuzusenden, sozusagen als Anknüpfungspunkt zum gemeinsamen Musizieren, war recht langwierig, zumal er selbst die Bedeutung dieser Depesche nicht erkennen konnte und die Notenblätter folglich einige Wochen mit dem Gedanken liegen ließ, sie einfach beim nächsten Besuch persönlich abzugeben. Das aber hatte ich so gar nicht in meiner eigenen Zeitplanung einkalkuliert. Im Gegenteil! Täglich hoffte ich darauf, dass Ursula mir ein Zeichen zukommen lässt, dass ich sie mit den *Händel-Noten* überzeugt hatte. Aber nichts dergleichen geschah. Erst eine vorsichtige Nachfrage bei ihrem Bruder nach dem Verbleib, brachte endlich die ganze Angelegenheit in Bewegung. Der Kontakt war somit wieder hergestellt, und bald darauf trafen wir uns dann zum vorgeschlagenen gemeinsamen Musikspiel im Rundsaal des Schlosses in Kirchheim/Teck.

Trotz einer recht schüchternen Distanz kam es dabei zur persönlichen Begegnung innerer Art, und obwohl wir uns mangels Gelegenheiten eigentlich gar nicht richtig kennen konnten, stellte ich trotzdem die etwas ungelenke Frage: ›Wäre es dir recht, wenn ich bei deinen Eltern um deine Hand anhalten würde?‹ Das war damals eine praktizierte Umgangsform. Ursula antwortete mir darauf kurz und bündig, echt klassisch: ›Es ist mir nicht unrecht!‹

Gottes Zeit ist die allerbeste Zeit, komponierte einst Johann Sebastian Bach. Es war wohl *seine* Stunde.

Später erfuhr ich von Ursula, dass ein gläubiger Lehrer seinen Schülerinnen auf der Mädchenschule, die sie einst besuchte, Entscheidendes mit auf den Weg gegeben hatte: ›Wenn ihr einmal heiraten möchtet, könnt ihr schon jetzt für euren künftigen Mann beten; auch, wenn ihr den noch gar nicht kennt, gibt es *diesen einen* Mann, welchen Gott für euch bereit hält, schon jetzt irgendwo auf der Welt.‹

Das war für Ursula und all die anderen ein ganz wesentlicher und äußerst hilfreicher Hinweis dieses gläubigen Pädagogen, denn zu jener Zeit dachte sie ernsthaft darüber nach, Diakonisse zu werden. Für den Fall, dass es erkennbar Gottes Wille sein sollte, dass sie doch einmal heiratet, begann Ursula dann eines Tages in ihren Gebeten, den künftigen Mann, also mich, zu segnen. Drei Voraussetzungen hatte sie sich als Zeichen von Gott erbeten, wobei der erstgenannte Punkt – so wie in meinem Fall auch – eine feststehende Bedingung war: Der künftige Ehemann musste in der Nachfolge Jesu leben, mit ihr die Bibel lesen und beten können und wollen. Außerdem sollte er noch intelligent, musikalisch und am liebsten ein Akademiker sein ...

Die zweite und wichtigste Hürde war übersprungen, nun musste die Dritte angestrebt werden. Mit der *Frage aller Fragen* überraschte ich Ursulas Eltern doch sehr. Der Vater, welcher mich durch die lange Zusammenarbeit im Flüchtlingslager und von der Kirchengemeinde recht gut kennengelernt hatte, wirkte ausgesprochen zustimmend, ich konnte in seinen Augen Tränen sehen. Die eher zurückhaltende Mutter dagegen wünschte sich vielmehr, dass Ursula weiterhin im Elternhaus blieb, um der großen Familie zur Verfügung zu stehen. Ihr ging das alles verändernde Ereignis viel zu schnell.

Doch gab es ja noch ein schwerwiegendes Problem mich selbst betreffend. War meine noch immer nicht vollends ausgeheilte Krankheit vielleicht ein zu großes Risiko? Nach wie vor musste ich ja regelmäßig zur ambulanten Weiterbehandlung in die Klinik. Wohlmeinende Freunde warnten meine zukünftige Frau: ›Ursula, du kannst doch keinen so kranken Mann heiraten!‹ Selbst ihre beste Freundin und Seelsorgerin mahnte sie eindrücklich. Entgegen aller Befürchtungen fand am Reformationsfest 1954 unsere Verlobung statt.

Dieser Schritt brachte eine gewaltige Veränderung in unsere Lebensgestaltung. Ursula konnte den im Seminar erlernten Lehrerberuf nicht mehr ausüben, denn es zeichnete sich schon sehr bald ab, dass sie im schnell wachsenden Verlag zur Mitarbeit benötigt wurde. Ich selbst widmete mich der gesamten Verlagskonzeption, was mich insgesamt ziemlich forderte. Die ersten Bandausgaben erschienen, Reihen-Editionen für Kirchen und Verbände.

Am 1. Mai 1955 erhielt der erste Lehrling in unserem Verlag eine Lehrstelle und ab dem 20. Mai 1955 wurde Ursula Lamparter als insgesamt vierte Angestellte im Verlag beschäftigt.«

Es kommt zusammen,
was zusammengehört

>> **N**atürlich war es mir und meinen Eltern wichtig, bald zu heiraten. Unsere Hochzeit feierten wir dann schließlich am 13. September 1955 – etwas nach dem von Ursulas Mutter festgelegten frühesten Zeitpunkt – in der von Ursulas Vater gebauten Wichernkirche in Stuttgart-Bad Cannstatt. Von dieser Wichernkirche aus bildete sich an diesem recht windigen Tag mitten durch die Gartenlandschaft der feierliche Hochzeitszug mit den geladenen Gästen – allen voran die sehr hübsche Braut mit ihrem kräftig wehenden Schleier – hin zum nahen Stadtteil *Sommerrain*. Dort feierten wir im engeren Familienkreis in einem mit wunderschönen Sonnenblumen ausgeschmückten Raum. Dass ich in eine kirchengeschichtlich so bedeutungsvolle Familie einheiraten würde, wusste ich damals nicht. Zu ihr gehörten u. a. der 1528 in Waiblingen geborene Jacob Andreä, sein Enkel Johann Valentin Andreä und Samuel Urlsperger.«

Jacob Andreä, Sohn des Schmiedes Jacob Endris, starb im Januar 1590 in Tübingen. Seinen ursprünglichen Namen »Endris« latinisierte er zu Andreä. Er war 1552 Stadtpfarrer, später dann Generalsuperintendent zu Göppingen. Vielseitige reformatorische Tätigkeiten inner- und außerhalb Württembergs gehörten zu seinen Hauptaufgaben. Außerdem war Andreä Kanzler der Universität Tübingen, Professor der Theologie, Probst und Reformator. Hauptsächlich durch Jacob Andreä kam 1577 die Konkordienformel zustande.

Ebenso waren sein Enkel, der Theologe, Schriftsteller und Mathematiker Johann Valentin Andreä (1586–1654) – mit maßgeblichem Einfluss auf den Protestantismus im Herzogtum Württemberg, Hofprediger und Bahnbrecher des frühen Pietismus in Württemberg –

und nicht zuletzt auch der lutherische Theologe mit pietistischer Ausrichtung Samuel Urlsperger (geboren 1685 in Kirchheim/Teck und 1772 in Augsburg verstorben), welcher um seiner unerschrockenen Verkündigung willen vom Herzog des Landes verwiesen wurde, Teil dieser durchaus bedeutsamen Familie.[13]

»Nur wenige Wochen nach unserer Hochzeit begannen schon die Bauarbeiten an einem dringend benötigten Verlagsneubau in Stuttgart-Hohenheim. Das Wachstum des Verlages wies uns jenen notwendigen Weg, in dessen Produktlinie sich in der Zwischenzeit insgesamt eine wesentliche Erweiterung ergeben hatte. Unsere Hochzeitsreise führte uns in die Schweiz nach Beatenberg. Das Ziel war die Bibelschule vor Ort, die mir schon einmal bei einem früheren Besuch zum besonderen Segen geworden ist, denn erstmalig hatte ich dort in der Begegnung mit Missionaren und Missionskandidaten erfasst, was Weltmission in Wirklichkeit bedeutet. Die vielen fröhlichen Bibelschüler, die evangelistische Prägung, das ernsthafte Studium der Schrift, die Gemeinschaft untereinander berührten mich stark und darüber hinaus lernte ich auch das für mich persönlich sehr wichtige Buch von dem kanadischen Pastor und Autor des Buches *Glühende Retterliebe* Oswald Smith kennen.

Die Formulierung unseres schwäbischen Landsmanns Gustav Werner: ›Was nicht zur Tat wird, hat keinen Wert‹ war uns durchaus bekannt; wir wollten, in Erinnerung daran, in jedem Falle praktisch werden. Aus verschiedenen Gründen, u. a. auch gesundheitlicher Art, konnten wir eine vollzeitliche Aufgabe als Missionare im Ausland nicht wirklich in Betracht ziehen, und so entschieden wir uns, mit unseren sehr bescheidenen finanziellen Mitteln am großen Missionsauftrag Gottes für die Welt mitzuhelfen. Bisher bedeutete für uns Mission mehr oder weniger Gebet für einige wenige Missionare, die wir persönlich kennengelernt hatten, nun aber versprachen wir Gott, einen bestimmten monatlichen Betrag für die Weltmission zu geben. Wir waren uns über die Folgen dieser Entscheidung – künftige Einschränkungen im Haushalt – durchaus bewusst.

Zu all diesen Erfahrungen kam ein weiterer, ganz wesentlicher Impuls hinzu: Bei jeder gemeinsamen Veranstaltung innerhalb der Bibelschule in Beatenberg, auch beim gemeinsamen Essen, wurden stets – auswendig und begeisternd – kurze Chorusse oder Bibelworte in Form von prägnanten, glaubensstärkenden Sätzen gesungen. Das wirkte richtig anfeuernd. Dabei fiel mir auf, dass es dazu keine Noten gab und auf meine Nachfrage hin wurde meine Feststellung bestätigt. Irgendwie hing mir dann der Gedanke an, jene Chorusse aufzuschreiben, sie zu sammeln und dann einem größeren Umfeld bekannt zu machen. Um das erreichen zu können, musste der Chor der Bibelschüler sowohl die Chorusse als auch eine Reihe erwecklicher Lieder singen, manchmal mehrfach hintereinander, während ich, mit Notenpapier und Bleistift ausgestattet, vor dem Chor saß, um derweil das Gesungene zu notieren.

Das war eine ganz neue musikalische Aufgabenstellung für mich und so ergab es sich, dass ich die Möglichkeit fand, diese und noch weitere Lieder zu einem Liederbuch zusammenzustellen, welches dann im darauffolgenden Jahr unter dem Titel *Wir singen einen Chorus* erschienen ist. Die Leiterin der Bibelschule, Frau Dr. Gertrud Wasserzug, schrieb das Geleitwort dazu. Dieses Liederbuch war für mich der nächste Schritt hinein ins Neuland.

Ich fühlte es mir umso mehr aufs Herz gelegt, beständig und konsequent an dem Aufbau des Kirchenmusikverlages weiterzuarbeiten, was ich auch in dem insgesamt betrachtet langwährenden Zeitraum von ungefähr 20 Jahren systematisch durch die Herausgabe von Motetten, Choralsätzen, Kantaten und geistlichen Konzerten umsetzte.

Die Musik der großen alten Meister mit ihren wunderbaren Vertonungen des Wortes der Bibel erfüllte mich total, nun aber diese einfachen Lieder, die so direkt redenden Texte, die fast enthusiastische Art des überzeugenden Singens. Das war eine durchaus neue Erfahrung für mich, ein wirklicher Umdenk- und Umlernprozess, bis ich endlich verstehen konnte, dass Gott jene Lieder, die er segnen und zum Bau seines Reiches benutzen will, immer selbst heraussucht. Ich durfte eigens beobachten, wie eben solchen Melodien und Texten, in ihrer so schlichten Art, vom Geist Gottes eine Dynamik verliehen wurde, die in ihrer Wirkung, die Herzen junger Menschen bleibend veränderte.

Die Veröffentlichung des ersten Buches (nach einzelnen Heften) im neuen Musikstil erstaunte doch so manchen kompetenten und auf Qualität achtenden Kirchenmusiker. Freilich gab es teilweise auch harsche Kritik. Einzelne sahen darin sogar den Untergang der kirchlichen Musikkultur, zumal sich dieser Stil erstaunlich schnell verbreitete. Verschiedentlich wurde selbst mein musikalisches Ansehen infrage gestellt, obwohl fast jedem bekannt war, dass die Musik Johann Sebastian Bachs für mich vor aller anderen Musik oberste Priorität hat. Diese Musik ist für mich der absolute Höhepunkt. Diese Musik musiziere ich, liebe ich, und ich darf wohl auch sagen, diese Musik kenne ich.

Mit dem Liederbuch *Wir singen einen Chorus,* begann eine Zeit der Blüte des sogenannten Evangeliumsliedes. Für mich insgesamt gesehen eine Publikation sehr persönlicher Art, die meiner Frau in vielen Jahren unserer Ehe immer wieder die Gelegenheit gab, mich zu frotzeln: ›Das war deine Arbeit während unserer Hochzeitsreise!‹

Bis zu diesem Zeitpunkt war der Hänssler-Verlag noch ein reiner Musikverlag. So kamen recht viele Chorleiter zu uns und baten um Beratung. Um ein neues Chorlied erklären und vorführen zu können, benötigten wir dringend ein Klavier. Die damalige vorherrschende finanzielle Situation machte es uns unmöglich, ein solches Musikinstrument zu kaufen, und so nutzten wir dankbaren Herzens jene Behelfslösung, die ein befreundetes junges Ehepaar ermöglichte, welches ein Stockwerk über uns wohnte und im Besitz eines

Klaviers war. Immer wieder stellten sie uns ihr Instrument zur Verfügung und damit gleichzeitig auch ihre Wohnstube, welche mir nicht selten als Vorführraum diente. Uns allen war natürlich sehr bewusst, dass das keine Dauerlösung sein konnte. Wir stellten die gesamte Situation unserem Herrn Jesus anheim, er wusste, weshalb wir kein Klavier hatten, obwohl wir dringend eines brauchten.

Einige Zeit später bekam meine Frau einen Anruf von einer Tante, die eine sehr liebenswerte Familientante war. Fast beiläufig erwähnte die gute Frau in diesem Gespräch, dass sie davon gehört habe, dass wir kein Klavier hätten, was für einen Musikverlag ja eine Unmöglichkeit sei. Nun, so weit waren wir mit unseren eigenen Überlegungen auch schon gekommen. Dann, etwa nach vierzehn Tagen, rief diese Tante wieder an, diesmal um uns mitzuteilen, dass eine befreundete Baronin ihren schönen Flügel bei ihrem Neffen im feuchten Seeklima des Bodensees in Überlingen aufbewahren würde. Zudem gäbe es dort auch ein Platzproblem. Sie suche nach einem geeigneteren Standort im trockeneren Klima, wo sie ihren Flügel gut untergestellt wüsste.

Mit wachsender Begeisterung boten wir unser großes Wohnzimmer an, in welchem sich auch regelmäßig ein Jugendkreis versammelte. Kurzum: Wir durften tatsächlich den Flügel abholen, im Wohnzimmer platzieren und nach Herzenslust darauf spielen. Die Baronin luden wir immer mal wieder zur Besichtigung ein und gaben ihr somit die Möglichkeit, den neuen Standort persönlich kennenzulernen. Leider ließ sich in ihrem Terminkalender keine Zeit dafür finden, den Einladungen zu folgen, was wir außerordentlich bedauerten. Der Flügel aber fühlte sich in unserem Wohnzimmer sehr wohl und wurde inzwischen noch von unseren Kindern benutzt oder traktiert, je nachdem.

Jahre später dann erkundigte sich die Familientante nach dem Flügel, fragte, was aus ihm geworden sei. Meine Frau antwortete daraufhin wahrheitsgemäß, dass das gute Stück nach wie vor im

Wohnzimmer der inzwischen größer gewordenen Familie stünde und die Frau Baronin mehrfach zugesagt habe, sie würde einen Besuch abstatten, dies jedoch bisher nicht ermöglichen konnte. Unmittelbar nach diesem Telefonat folgte ein weiterer Anruf der Tante: ›Baronin von P. hat mir gesagt: Sagen Sie doch den jungen Leuten (inzwischen waren wir nicht mehr jung!), dass der Flügel auch immer dort stehen bleiben wird, und grüßen Sie sie ganz herzlich.‹

Welch konkrete Hilfe Gottes. Welch großartiges Planen und Führen. Wir konnten die Baronin nie persönlich kennenlernen und hatten kaum Gelegenheit, uns bei ihr richtig zu bedanken.

Der Flügel, ein wertvoller Grotrian-Steinweg der Spitzenklasse, würde heute so etwa zwischen 30 000 und 40 000 Euro kosten. Nie wäre in unserer Gedankenwelt eine solche Anschaffung aufgetaucht, nicht einmal in unseren Träumen. Die erwähnten monatlichen Missionsgaben – für uns damals sehr viel – hätten längst nicht ausgereicht, um so ein Instrument bezahlen zu können. Gott lässt sich nichts schenken. Er vergilt überreich.

Viele bekannte Musiker haben seither auf diesem Klavier gespielt, welches dann eines Tages seinen Standort wechseln und zunächst in das Verlagshaus Neuhausen, später dann nach Holzgerlingen umziehen musste. Dort wurde es seither bei der täglich stattfindenden Andacht für die Verlagsangestellten benutzt, außerdem auch bei all den zahlreichen Veranstaltungen im großen Konferenzraum des Verlags in Holzgerlingen. *Herr, deine Güte reicht, soweit der Himmel ist.* (Psalm 36,6)«

Die Verbreitung des neuen Liedguts

D er Aufschwung der Evangeliumslieder hatte gute Gründe. Zunächst einmal drückten sie pure Freude von jüngeren Menschen aus, die ihren Glauben an Jesus Christus in ihrer Musiksprache, mit ihren Worten und Empfindungen persönlich bezeugten. Das war authentisch und folglich auch ansteckend. Auf eben diese Kreise, aus denen sie kamen, wirkte das sehr belebend, vor allem Gemeinschaft stiftend, ja manchmal sogar Gemeinde gründend.

Ein anderer Grund waren die in jenen Jahren aufkommenden Großevangelisationen von *Jugend für Christus*, den kanadischen Janz-Brüdern Hildor (Sänger und Komponist des Neuen Geistlichen Liedes) und Leo (Evangelist), dem deutschen Evangelisten und Gründer des Missionswerkes *Neues Leben* Anton Schulte und natürlich ganz besonders Billy Graham, die allesamt jene Evangeliumslieder im Land bekannt machten. Eigens für Großveranstaltungen dieser Art entstanden im Musik-Verlag Hänssler einige Liederbücher in sehr hohen Auflagen.

Die aus dem amerikanischen Umfeld kommenden Evangelisten brachten eigene Sänger mit, welche den Zuhörern ihre Lieder ins Herz hineinsangen, so zum Beispiel der kanadische Gospelsänger, Komponist und Grammy-Preisträger George Beverly Shea, der, nachdem er im Jahre 1943 einer Einladung des evangelikalen Erweckungspredigers Billy Graham nach Chicago gefolgt war, ein fester Bestandteil all seiner Evangelisationsveranstaltungen wurde und ihn fortan ein Leben lang begleitete. In Melodie und Arrangement stark amerikanisch akzentuiert, waren die Lieder der *Fackelträger*, eine Gründung des bevollmächtigten britischen Christuszeugen Major W. Ian Thomas.

Durch die Veröffentlichung der weitverbreiteten Liederbücher wurde der Verlag fast automatisch ein Teil dieser wichtigen evangelistischen Bewegungen. Hier fühlte Friedrich Hänssler sich wohl. Überall dort, wo man Jesus Christus klar und glaubhaft verkündigte, da fühlte er sich daheim und gleichzeitig auch als Mitarbeiter. Unbändig groß war seine Freude, wenn durch Lied und Wort Menschen ganz persönlich Gottes Ruf verspürten und sich dann konsequent in die Nachfolge Jesu begaben. Ein weiterer Grund für die wachsende Verbreitung dieses Liedguts war das Aufkommen der Schallplatte im christlichen Bereich durch den Verleger Hermann Schulte, welcher unter dem Label *Frohe Botschaft im Lied* vom Jahre 1956 an mit der Produktion christlicher Schallplatten begann. Während manche Christen darin ein erfreuliches Novum sahen, hielten es andere wiederum für ein Risiko.

Der neu gegründete Evangeliumsrundfunk (ERF) benötigte regelmäßig Aufnahmen geistlicher Lieder. Chöre, die gerade zur Verfügung standen, nahmen diese geistlichen Lieder dann auf. Dazu zählte neben manch anderen auch der von Hänssler gegründete Evangeliumschor Stuttgart mit seinem Evangeliumsterzett und Männerquartett. Immer wieder spielte anfänglich Friedrich Hänssler dabei die Klavierbegleitung, später außerdem noch die Orgelbegleitung. Mit dem Evangeliumschor kam Hänssler bei Veranstaltungen des ERF in viele Gegenden Deutschlands, eine durchaus bereichernde Erfahrung, die zudem noch sehr motivierend wirkte. Es bot sich dadurch die besondere Gelegenheit, die veröffentlichten Kompositionen nicht nur zu verlegen, sondern gleich in der Praxis zu erproben. Für ihn und für den Verlag war das eine bedeutsame und wesentliche Möglichkeit.

Die Schallplattenserie *Frohe Botschaft im Lied* gab insoweit Impulse, welche sich natürlich nicht unerheblich durch die gleichnamige dreibändige Liederbuchserie verstärkten, die unerwartet erfolgreich wurde und nachfolgend im Hänssler-Verlag entstanden war. Die Welle der »Jesuslieder«, wie einige sie hin und wieder abwertend nannten, schwappte nun in die etablierten Gemeindechöre über und auch grenzüberschreitend weit darüber hinaus.

Für den Indianerstamm der Shipibo (Peru), die damals noch nicht einmal das Neue Testament in ihrer Sprache besaßen, publizierte der Hänssler-Musikverlag ein Gemeindeliederbuch. Auch das über Jahre hinweg unzählige Kinder beeinflussende, sehr stark verbreitete Kinderliederbuch *Wir singen* der deutschen evangelikalen Kindermissionarin Ruth Frey, durch die viele Kinder zum lebendigen Glauben gekommen sind, veröffentlichte der Hänssler-Verlag in Pidgin-Englisch für die Kinderarbeit in Neuguinea.

Jesu Name nie verklinget

Im Jahre 1958 fragte der evangelische Pfarrer und Gründer des Lebenszentrums Adelshofen, Dr. Otto Riecker, eines Tages im Hänssler-Verlag an, ob dieser nicht zu dem kleinen Textheft *Jesu Sieg ist unumstößlich* eine Notenausgabe machen könnte. Zu jener Zeit ereignete sich in der Gemeinde Adelshofen gerade ein geistlicher Aufbruch, eine Erweckung. Es war eine neue Bestätigung einer alten Tatsache: Da, wo neues Leben durch Jesus Christus geboren wird, da entstehen auch neue Lieder: Christuslieder. Der Verlag, welcher darin eine Aufgabe sah, zumal in diesem Textheft neu entstandene Liedtexte aus erwecklichen Kreisen enthalten waren, sagte der Anfrage zu, nicht ahnend, wie sehr Gott diese Arbeit segnen würde.

Das Anliegen des Pfarrers Dr. Otto Riecker ließ das Liederbuch *Jesu Name nie verklinget* entstehen, welches in verschiedener Hinsicht den üblichen Rahmen der Verlagsarbeit sprengte. Das von Gemeinden und Jugendkreisen im Inland und zum Teil auch im Ausland – selbst bis in die Urwälder Brasiliens hinein – meist verlangte Liederbuch – zumindest dort, wo man in den Gemeinden Deutsch sprach, – war so gefragt wie kein anderes in der Verlagsgeschichte. Kein anderes Buch wurde in solchen Mengen auf verborgenen Wegen hinter den Eisernen Vorhang gebracht, wohl kein anderes Buch forderte man so häufig kostenlos an, und ganz sicher war kein anderes scheinbar so gefährlich, dass auf einem DDR-Güterbahnhof zwei ganze Paletten mit einigen Hundert Exemplaren von *Jesu Name nie verklinget* verbrannt werden mussten.

Winrich Scheffbuch, Theologe und Pfarrer der württembergischen Landeskirche, Autor und langjähriger Freund von Friedrich Hänssler, lässt viele Jahre später, im Jahr 2007, gemeinsam mit seiner Frau jene Zeit Revue passieren und beschreibt mit wenigen Sätzen das Alleinstellungsmerkmal des beliebten Buches:

> Über viele Jahre hinweg habe ich nie eine Besprechung dieses Liederbuches in irgendeiner Zeitschrift gefunden. Ich meine das in Millionenauflage gedruckte *Jesu Name nie verklinget*. Junge Leute sangen damals überhaupt nicht gerne. Das war aus der Mode gekommen. Was keiner für möglich gehalten hätte, gelang diesem blauen Buch mit den alten Erweckungsliedern. Unzählige Jugendgruppen wagten wieder, missionarisch zu sein. Man sah sie, wie sie in den Fußgängerzonen standen und zu Jesus einluden. Es gehört zu den merkwürdigen Besonderheiten dieses Buchs, dass keine Kommission es bearbeitet und keine Institution seine Einführung beschlossen hat. Ich bin mir ganz sicher: Eines Tages wird man unter uns wieder dieses herrliche Lied singen, das einst neun junge Norweger am 4. Juli 1944 auf dem Hof des KZ Grini vor ihrer nächtlichen Erschießung gesungen haben. Im Originaltext heißt es:»Der Name Jesus ist ewig, niemand kann ihn auslöschen.«[14]

Mag auch einst die Welt versinken,
mag vergehn der Sonne Schein:
Jesu Nam wird weiterklingen,
unvergänglich wird er sein.[15]

Dieses Liederbuch prägte eine ganze Generation Jugendlicher in Kirche und Gemeinde. Gott hatte seine Hände auf dieses Buch gelegt und bewirkte das ganz Unerwartete, indem *er* sowohl diese Veröffentlichung als auch die nachfolgenden weiteren fünf Bände im hohen Maße segnete und zum Bau seines Reichs benutzte.»Die beste Werbekampagne der Welt hätte kein solches Resultat bewirken können!«, sagt Friedrich Hänssler mit strahlendem Gesicht. Dabei denkt auch er mit großer Freude an jene Zeit zurück, die in vielen, vor allem in jungen Menschenherzen eine innere Reformation im positiven Sinne ausgelöst hat:

»Noch heute werde ich von Menschen angesprochen, die von einem bestimmten Lied aus diesem Buch den Anstoß zum Schritt über die Linie, hin zu Jesus, bekamen. Immer wieder wurde hauptsächlich *eines* der Lieder aus der damaligen DDR genannt, die wir damals erstmalig im Westen veröffentlichten. Für die DDR-Autoren war dies ein heikles Unterfangen, für welches manche Sondervereinbarung erfunden werden musste, um sie nicht dem Machtapparat des Staates auszuliefern.«

Der Titel des sehr gefragten Liedes *Heute will dich Jesus fragen: Bist du ganz für mich bereit?* von Hans Christian Tischer, welchen er im Jahre 1959 geschrieben hatte, war Programm:

Heute will dich Jesus fragen:
Bist du ganz für mich bereit?
Du verlierst dich sonst im Jagen
nach den Gütern dieser Zeit.
Wag es mit Jesus, was deine Not auch sei!
Wag es mit Jesus, er macht dich frei!
Wag es mit Jesus, was deine Not auch sei!
Wag es mit Jesus. Er macht dich frei!

Rühmst dich deiner Kraft und Gaben,
nur dich selbst bezwingst du nicht.
Mut muß man bei Jesus haben,
Menschenfurcht führt zum Verzicht.
Wag es mit Jesus, was deine Not auch sei!
Wag es mit Jesus. Er macht dich frei!

Wag es mit Jesus, was deine Not auch sei!
Wag es mit Jesus. Er macht dich frei!

Einmal fällt die Maskerade,
die du vor der Welt beziehst,
wenn du durch Gericht und Gnade dich im Lichte Gottes siehst.
Wag es mit Jesus, was deine Not auch sei!
Wag es mit Jesus. Er macht dich frei!
Wag es mit Jesus, was deine Not auch sei!
Wag es mit Jesus. Er macht dich frei!

Laß dich nicht von Menschen leiten,
Menschen sind wie Laub im Wind.
Jesus schafft Persönlichkeiten,
die das Salz der Erde sind.
Vorwärts mit Jesus, wie schwer der Kampf auch sei!
Vorwärts mit Jesus. Er steht dir bei!
Vorwärts mit Jesus. Er steht dir bei![16]

Die erwecklichen Liederbücher nahmen einen immer größeren Raum ein. Parallel dazu ereignete sich jedoch auch der unaufhaltsam fortschreitende Aufbau des Kirchenmusikverlags. Bei einer Kirchenmusikertagung, die zum Jahreswechsel 1954/1955 stattfand, kam es in diesem Zusammenhang zu einer Begegnung mit dem damals 21-jährigen Musikstudenten Helmuth Rilling, welcher dann unmittelbar danach Friedrich Hänssler mit einer konkreten Bitte im Herzen besuchte.

Rilling benötigte zwei Motettenausgaben für eine begabte Studentengruppe, die sich am Wochenende zum Singen treffen wollte. Die Noten sollten kostenlos sein, da die Studenten nicht über das nötige Geld für den Notenkauf verfügten. So bekam Helmuth Rilling, wie erbeten, für den Chor zwei verschiedene Motetten von Friedrich Hänssler geschenkt. Keiner der beiden Männer konnte zu diesem Zeitpunkt voraussehen, dass daraus die später weltberühmte, von Journalisten als »Stradivari der Chöre« bezeichnete Gächinger Kantorei entstehen sollte. Rilling war Friedrich Hänssler dafür sehr dankbar, und es entwickelte sich eine lebenslange Freundschaft und Zusammenarbeit daraus. Darüber ist im weiteren Verlauf des Buches noch zu berichten.

In jenen Jahren beauftragte der Verband Evangelischer Kirchenchöre den Hänssler-Musikverlag zur Herstellung einer ganzen Anzahl von Notenheften für einzelne Landesverbände. Ein besonderer Schwerpunkt, gleichzeitig aber auch für den Verlag wirtschaftlich hilfreich, war die Herausgabe des umfangreichen Bandes *Neues Chorgesangbuch* mit Chorsätzen zu den Liedern des *Evangelischen Kirchengesangbuches*. Dies führte zu einer wesentlichen Vergrößerung des Verlags, der bis 1962 ein ausgesprochener Familienbetrieb war – und das nicht nur im wörtlichen Sinne, sehr zur Freude der anwesenden Verlagsmitarbeiter, die lange Zeit täglich alle gemeinsam ihr Mittagessen in der Hänssler-Familie einnahmen.

Die zahlreichen Notenausgaben wurden meist in der herkömmlichen alten Art des Notenstichs gefertigt, eine Kunst, die inzwischen ausgestorben ist. Für den Notenstich war deshalb die Stadt Leipzig Priorität, hier konzentrierten sich die auf Notenstich- und Musikaliendruck spezialisierten Betriebe. Doch leider waren diese in der Kapazität meist nicht verfügbar, denn in der Zeit vor dem Mauerfall hatte der große Bruder Sowjetunion absoluten Vorrang, so musste stets die Kapazität für Notendruckaufträge aus der UdSSR freigehalten werden.

Im Westen gab es noch einen Notenstichbetrieb, die Berliner Notenstecherei, welche damals 16 Fachleute beschäftigte und viele Aufträge des Hänssler-Verlags in Bearbeitung hatte, davon auch viele Stichaufträge, die schon halb fertig und vorausbezahlt vorlagen, als der Notenstichbetrieb urplötzlich Konkurs anmeldete.

Um die Firma samt den wertvollen angefangenen Arbeiten retten zu können, und dabei selbst nicht einen enormen Schaden zu erleiden, musste Hänssler schnell reagieren. Im August 1967 wurde dann die Notenstecherei von Berlin zum ehemaligen Verlagsstandort des Hänssler-Verlags verlegt. Auch die Berliner Notenstecher folgten dem Unternehmen durch einen Umzug. Damit wurde Friedrich Hänssler von Gott wieder einmal in eine von ihm sicher nicht geplante Gegebenheit geführt, eigentlich vielmehr – wie so oft – hineingeschoben. Den roten Faden seiner Führung konnte er erst wesentlich später erkennen.

Die Erweiterung durch einen stattlichen Neubau im benachbarten Neuhausen im Jahre 1970 war nur das äußere Zeichen der Ausdehnung der Verlagsarbeit mit Gründung der Versandbuchhandlung *Laudate*. »Die Standortänderung, der Grundstückskauf, war eine ganz eindeutige Erhörung von Gebeten«, sagt Hänssler rückblickend und schiebt dann eine noch konkretere Formulierung hinterher: »Um es deutlich und biblisch auszudrücken: Wir hatten von Gott ein klares Zeichen erbeten, so wie Gideon im Alten Testament, in Richter 6,37-40, sinnbildlich ein Vlies auslegt, und Gott gab uns die Bestätigung dazu. Die Auswirkungen und die Notwendigkeit dieser Entscheidung für die enorme räumliche Vergrößerung sollten sich recht bald als unbeschreiblich wertvoll erweisen …«

Als reiner Musikverlag hatte der Hänssler-Verlag mit der DDR einen Austauschvertrag in beträchtlicher Höhe. Eigentlich war das unmöglich, doch unter dem Stichwort »Kultur«, konnte eben auch Unmögliches möglich werden. Die Produktion von Kirchenmusik in der DDR wurde trotz des bestehenden großen Bedarfs nicht gefördert, und so erreichten den Verlag regelmäßig sehr interessante Notenbestellungen. Das Problem bestand nun darin, dass der Hänssler-Verlag – gemäß des Austauschvertrags – keine einzige Mark für all diese Bestellungen bekam, sondern im Gegenzug dafür Waren aus der DDR übernehmen musste. Da stellte sich freilich die berechtigte Frage: Was hatte man denn überhaupt zu erwarten?

Dankbarerweise ergab sich die Möglichkeit, Bücher der Evangelischen Verlagsanstalt (damals Ostberlin) zu übernehmen, um sie dann im Westen zu verkaufen. Das allerdings gestaltete sich schwieriger, als vorauszusehen war.

Die Gründe dafür bestanden zum Teil in der ganz anderen thematischen Entwicklung der Publikationen von Ost und West. Manche der Ostveröffentlichungen waren für den Westen einfach nicht aktuell genug. Andererseits fehlte dem Hänssler-Verlag, der noch immer zu dieser Zeit ein reiner Musikverlag und kein Buchverlag war, schlicht und ergreifend der Kundenkreis. Folglich füllten sich die Verlagskeller mit Tausenden von Büchern, die auf ihren Verkauf warteten.

Als sich dann eine neue, noch wesentlich bessere Möglichkeit anbot, die Austauschverträge zu erfüllen, sollte sich die Situation noch verstärken: Jene Titel, welche bereits in der DDR erschienen sind, durften dann auch wieder in der DDR, in Bad Blankenburg, nachgedruckt werden. Es handelte sich dabei um Bücher, mit deren Inhalt sich der Hänssler-Verlag durchaus identifizieren konnte. Wenn der Hänssler-Verlag also von einem Buch 10 000 Exemplare bestellte, durfte der entsprechende christliche DDR-Verlag dieselbe Stückzahl für die DDR drucken und das wiederum hatte zur Folge, dass zum einen die christliche *Harfe Druckerei* durch eben all diese zahlreichen Druckaufträge aus dem Westen noch einige Zeit länger überleben konnte, als das sonst der Fall gewesen wäre. Zum anderen bedeutete das für die Christen im Osten eine wesentliche Hilfe, weil ja bekanntermaßen christliche Bücher ohnehin Mangelware in der DDR waren. Darüber hinaus konnte der Hänssler-Verlag nun auch Bücher wie zum Beispiel von dem damals weit bekannten Evangelisten Ernst Modersohn *Die Frauen des Alten und Neuen Testaments* anbieten, auch wenn dies zunächst zu einer weiteren Erhöhung des Lagerbestands führte.

Inzwischen hatten sich zur umfangreichen Notenproduktion eine Reihe mehr regionaler Buchveröffentlichungen gesellt. Friedrich Hänssler beschäftigte deshalb notgedrungen die Frage, wie man besser verkaufen könnte. Im Gespräch mit einem evangelikalen Pfarrer, dessen großes Anliegen die weite Verbreitung biblischer Literatur war, verfestigte sich in Hänssler die Idee der Kooperation von mehreren Verlagen, welche sich alle in ihrem Abnehmerkreis für dasselbe Buch einsetzen sollten, um einen viel größeren Kundenkreis, damit gleichzeitig eine höhere Auflage und infolgedessen einen günstigeren Ladenpreis erreichen zu können. Das Konzept der Verlagsgroßhändler, die unter ihrem eigenen Verlagsnamen sich in ihrem Umfeld für ein gemeinsames Buchprojekt einsetzten, war einfach, aber recht erfolgreich.

Im Verlauf von einigen Jahren erschienen unter dem Namen TELOS mehrere Hundert Buchausgaben, darunter manche ausgesprochene Standardtitel, die seit 1971 bis heute auf dem Markt sind. So kann man es durchaus als Wunder bezeichnen, dass die unumgängliche Veränderung der Verlagssysteme – neun Verlage nahmen die Einladung zur engen Zusammenarbeit schließlich an, die ihren Anfang 1970 in Neuhausen im Wohnzimmer der Familie Hänssler nahm – von Gott in einer besonderen Weise benutzt wurde, um das Evangelium von Jesus Christus in unsere Gesellschaft hineinzutragen.

Die evangelistischen Taschenbücher erreichten hohe Auflagenzahlen. Allein von den verschiedenen Taschenbuchreihen bei TELOS wurden insgesamt etwa 50 Millionen Exemplare weiterverbreitet. Ein wirkliches Novum war seinerzeit die Erfindung der 1-Mark-Taschenbücher. Gott gab im Gesamten seine klare Bestätigung zur Teamarbeit. In mehreren Städten kam außerdem ein weiterer Impuls durch die *Euro 70* hinzu, die Großevangelisation durch Billy Graham.

Das Evangelium von Jesus Christus war plötzlich so öffentlich in der Gesellschaft wie nie zuvor, es war Tagesgespräch und wurde auch in der säkularen Welt mindestens registriert. Dieses Medienereignis hatte die besondere Wirkung, dass einige Buchhändler christliche Bücher nicht nur unterm Ladentisch lagerten. Der Bedarf stieg besonders bei evangelikalen Publikationen an.

In Folgejahren konnte der von dem begnadeten Verkündiger Wilhelm Busch stark geprägte Pfarrer und Evangelist Ulrich Parzany mit der Gründung von Pro Christ diese klare Verkündigung des Evangeliums von Jesus Christus weit ins Land hineintragen. Er war der berufene und gesegnete Nachfolger der bekannten und schon erwähnten Evangelisten. Zudem gab es noch einen ganz anderen verborgenen Untergrundmarkt, welcher von speziellen Gruppierungen unter ständiger Gefährdung bedient wurde. Die Rede ist von sehr umfangreichen geheimen Transporten mit christlicher Literatur, mit Bibeln und dem sehr begehrten blauen Liederbuch *Jesu Name nie verklinget.*

»Wir versuchten auf allerlei Weise, diese am eifrigsten gesuchte Publikation, das Liederbuch, über die Grenze zu bringen, wissend um den großen Bedarf an blauen Büchern«, berichtet Hänssler. »Ich selbst fuhr oftmals in die damalige DDR, solange es mir erlaubt war. Bei der Leipziger Messe stellten wir im Frühjahr und im Herbst unsere Produkte aus – Kompositionen von Bach, Händel, Schütz und anderen. Bei einer solchen Fahrt nach Leipzig hatten meine Frau und ich unseren Opel Kombi mit Druck-Erzeugnissen vollgeladen, darunter befand sich auch unerlaubte Literatur. Über diese Bücher legte ich dann die Notenausgaben eines Stuttgarter Musikprofessors mit dem genialen Namen Karl Marx. Wir hatten Blockflötenmusik dieses Komponisten verlegt. Als unser Wagen kontrolliert wurde und der Grenzpolizist jene Noten erblickte, meinte er in breitem sächsischem Dialekt, sichtlich überrascht: ›Was, gomboniert had der och noch!?‹«

Viele Nachfolger Jesu, die meisten davon aus dem Ausland, bemühten sich monatelang, manche jahrelang, in totaler Hingabe neue »Schleichwege« zu finden, recht gefahrvolle Wege, um die so dringend benötigte Literatur für die Gemeinden hinter den *Eisernen Vorhang* transportieren zu können.[17] *Licht im Osten* und das *Greater-Europe*-Team (GE), welches von Wien aus operierte, waren die Hauptakteure. Oftmals wurden Mitarbeiter vom Staatssicherheitsdienst aufgegriffen, bekannter unter dem Kurzwort Stasi, und teilweise sogar verhaftet. Da der Verlag einen Teil dieses Netzwerks ausmachte, rollten immer wieder die Vans von GE in den Hof des Verlags in Neuhausen, um anschließend mit Literatur vollgeladen zu werden und hernach auf schnellstem Wege die nahe Autobahn erreichen zu können. All das musste völlig unauffällig geschehen, nicht einmal die eigenen Verlagsmitarbeiter sollten davon Kenntnis haben.

Das Spitzelsystem der Staatssicherheit war durchaus effektiv. Dem weitverzweigten, personalstarken Überwachungs- und Repressionsapparat, dem sowohl hauptamtliche Mitarbeiter als auch inoffizielle Mitarbeiter (IM) angehörten, gelang es, einen Topspitzel, einen Ost-Theologen namens Gerd Bambowsky, in das bestehende Transportsystem einzuschleusen – mit gravierenden Folgen. Auch im Hänssler-Verlag erschien eines Tages der ominöse Mann, jedoch ohne durch das Gespräch mit Friedrich Hänssler an irgendwelche Informationen zu gelangen. Wie Hänssler später mitgeteilt wurde, beschrieb der Stasispitzel nach persönlicher Einschätzung Hänsslers Klassifizierung im DDR-Jargon: Hänssler sei ein Mann großbürgerlichen Zuschnittes mit engen Kontakten zu Regierungskreisen.

Im Zusammenhang mit den Literaturtransporten war Hänssler bei einer Grenzkontrolle auffällig geworden. Nachdem man beim Durchsuchen seines Fahrzeugs den doppelten Boden ausgehoben hatte, landete der Verleger dann zum Verhör mit einigen Stasi-Offizieren im Stasikeller in Leipzig. Das Ambiente dort wirkte wie in einem alten Krimi. In diesem Raum befand sich lediglich ein Tisch, bei dem nur allzu leicht zu erkennen war, dass ein Tonband während des Kreuzverhörs mitlief. Dabei fiel ihm auf, wie viel Wissen die Staatssicherheit über den Hänssler-Verlag hatte. Aber, wie so häufig in seinem Leben, erlebte er jetzt erneut, dass Gott auch in zweifelhaften Situationen seine Pläne ausführen kann und wird. In jenem Verhör erfuhr Hänssler viel über die Verbindungen, oder besser gesagt Nichtverbindungen zwischen der politischen und der wirtschaftlichen Stelle des allgegenwärtigen Staatsapparates und seinen Kontrollfunktionen. Mit jenen neuen Kenntnissen konnte der Verlag bestens weiterarbeiten, um noch weit größere Literaturmengen einzuschleusen.

Trotz dieser Begebenheiten und Erlebnisse verzichtete Friedrich Hänssler in den folgenden Jahren nach dem Mauerfall im November 1989 ganz bewusst darauf, der wohl eher unangenehmen Einladung des damaligen Chefs der sogenannten Gauck-Behörde, Joachim Gauck, nachzugehen, welcher ihn einmal dazu aufforderte, doch Einsicht in die persönliche Stasi-Akte zu nehmen. »Nein, das mache ich nicht!«, sagte Hänssler damals, und auf das folgende »Warum nicht?« des ehemaligen Bundespräsidenten antwortete der Verleger schließlich wahrheitsgemäß: »Weil ich nicht von noch mehr Menschen enttäuscht werden möchte!« Ja, diese Reaktion ist sehr gut nachvollziehbar. Verrat ist ein furchtbar schwerer Vertrauensbruch, vor dem sich wohl ein jeder Mensch völlig zu Recht gehörig fürchtet.

Aufgrund der Erfahrungen mit dem Staatsapparat der DDR berührten Friedrich Hänssler weitere heimliche Tonbandmitschnitte, wie sie zum Beispiel auch in Peking geschehen sind, nur wenig. In beiden hier genannten Fällen begegnete er den Auswirkungen eines totalitären Machtapparats und damit der Diktatur und ihren Folgen. Wohin ein solches Jahrzehnte währendes Unrecht am Volke führen kann und in Deutschland, das ist bitte ganz und gar wörtlich zu nehmen – durch Gottes Hilfe! –, im positivsten Sinne geführt hat, wissen wir heute, im dreißigsten Jahr nach dem Mauerfall, alle nur zu gut: Die Vereinigung, die Einheit der Menschen in jener unberechenbaren, höchst bedrohlichen Lage, die Verbundenheit im Glauben an Gott, an das Evangelium Jesu Christi, die Wirkung der montäglichen Friedensgebete und die gewonnene Kraft des ostdeutschen Volks aus dem einzigartigen Zusammenhalt, man könnte dazu auch sagen: aus der brüderlichen Verschmelzung untereinander sowohl bei den Montagsgebeten als auch bei den wöchentlich stattfindenden Kundgebungen und Demonstrationen unter der Hauptlosung in vier Worten: »Wir sind das Volk!« Montag für Montag – all das brachte die Mauer schlussendlich zu Fall und erweckte am 9. November des Jahres 1989 die vor Jahrzehnten zu Grabe getragene Demokratie im Osten des Landes zu völlig neuem Leben. Die friedliche Revolution – sie ist ein Wunder Gottes!

Der im Jahr 2014 verstorbene evangelisch-lutherische Pfarrer (ab 1980 an der Nikolaikirche zu Leipzig) Christian Führer schrieb später über jenes unfassbare, einmalige Ereignis in der deutschen Geschichte:

Ich habe es immer auch positiv gesehen, dass die zahlreichen Stasileute Montag für Montag die Seligpreisungen der Bergpredigt hörten. Wo sollten sie diese sonst hören können? Und so hörten diese Menschen alle, unter ihnen die SED-Genossen, das Evangelium von Jesus, den sie nicht kannten, in einer Kirche, mit der sie nichts anfangen konnten. Sie hörten von Jesus, der sagte: »Selig die Armen!« Und nicht: »Wer Geld hat, ist glücklich.« Der sagte: »Liebe deine Feinde!« Und nicht: »Nieder mit dem Gegner.« Der sagte: »Erste werden Letzte sein!« Und nicht: »Es bleibt alles beim Alten.« Der sagte: »Wer sein Leben einsetzt und verliert, der wird es gewinnen!« Und nicht: »Seid schön vorsichtig!« Der sagte: »Ihr seid das Salz!« Und nicht: »Ihr seid die Creme.« (…)

Und als wir, mehr als 2 000 Menschen, aus unserer Kirche kamen – den Anblick werde ich nie vergessen –, warteten Zehntausende draußen auf dem Platz. (*Anmerkung d. V.: Beschrieben wird hier der frühe Abend des 9. Oktober 1989: In Leipzig findet die größte Protestdemonstration der DDR statt, an der sich 70 000 Menschen beteiligten und mit größter Besonnenheit durch die Innenstadt ziehend in Bewegung setzten.*) Sie hatten Kerzen in den Händen. Und wenn man eine Kerze trägt, braucht man beide Hände. Man muss das Licht behüten, vor dem Auslöschen schützen. Da kann man nicht gleichzeitig noch einen Stein oder Knüppel in der Hand halten. Und das Wunder geschah! Der Geist Jesu, der Geist der Gewaltlosigkeit, erfasste die Massen. (…)

Armee, Kampfgruppen und Polizei wurden einbezogen, in Gespräche verwickelt und zogen sich zurück. Es war ein Abend im Geist unseres Herrn Jesus, denn es gab keine Sieger und Besiegten, es triumphierte niemand über den anderen, keiner verlor das Gesicht. Es gab nur das ungeheure Gefühl der Erleichterung.

Nur wenige Wochen dauerte die gewaltlose Bewegung und brachte doch die Partei- und Weltanschauungsdiktatur zum Einsturz. Er stürzt die Gewaltigen vom Thron und erhebt die Niedrigen: »Es soll nicht durch Heer oder Kraft, sondern durch meinen Geist geschehen, spricht der Herr« (Sacharja 4,6). Das haben wir miterlebt. Tausende in den Kirchen, Hunderttausende auf der Straße um das Stadtzentrum. Nicht eine zerstörte Schaufensterscheibe. Die unglaubliche Erfahrung mit der Macht der Gewaltlosigkeit. Sindermann, der dem Zentralkomitee der SED angehörte, sagte vor seinem Tod: »Wir hatten alles geplant. Wir waren auf alles vorbereitet. Nur nicht auf Kerzen und Gebete.«

Die Friedensgebete gehen weiter. Die Nikolaikirche bleibt, was sie war:

Ein Haus des Jesus Christus, ein Haus der Hoffnung, Refugium und Zelle des Aufbruchs.«[18]

Doch zurück zu jener unliebsamen Zeit *vor* dem Mauerfall: Die wenig übrig gebliebenen christlichen Buchhandlungen waren mutig und bestellten im Rahmen des Austauschvertrags recht beachtliche Mengen des blauen Liederbuchs *Jesu Name nie verklinget*, sodass der Verlag dieses als ganze Palette ausliefern konnte. Jene Paletten umschlossen die Verlagsmitarbeiter mit einem breiten Stahlband, um so eine Inhaltskontrolle fast unmöglich zu machen. »Man sah zwar die blauen Bücher, aber außer der Bestellbestätigung der Wirtschaftsabteilung, denen sehr daran gelegen war, ein gutes Geschäft zu machen und ihre Austauschverträge zu erfüllen, entdeckte niemand den Inhalt der Bücher selbst«, beschreibt Friedrich Hänssler jene Situation.

»Einmal kam der Bestellbuchführer zu mir und sagte: ›Senden Sie mir doch wieder eine Palette von diesen blauen Büchern.‹ Ich betrachtete aufmerksam sein Parteiabzeichen, setzte mein dümmstes Gesicht auf, das mir zur Verfügung stand, und fragte zurück, was er damit meine. ›Nun, das blaue Buch‹, betonte er. Ich tat noch immer so, als ob ich wirklich nicht kapiert hätte, was er mir sagen wollte und fragte: ›Welches blaue Buch meinen Sie denn?‹ Insgeheim aber dachte ich mir: ›Diesen Titel soll er ruhig selbst aussprechen.‹ Etwas erstaunt über meine scheinbare Unwissenheit gab er mir daraufhin zur Antwort, worauf ich die ganze Zeit schon gewartet hatte: ›Nun, ich meine das Buch *Jesu Name nie verklinget*.‹ Jetzt reagierte ich unmittelbar und antwortete ihm: ›Ja, das stimmt. Jesu Name nie verklinget!‹«

Jedenfalls funktionierte diese Verpackungsmethode für eine längere Zeit recht ordentlich, bis die bei manchen Christen aufgetauchten blauen Liederbücher eines Tages publik wurden. Viele jugendliche Besucher der Bad Blankenburger Konferenz sangen diese Lieder. Wegen des großen Zulaufs zur Konferenz wurden die Behörden darauf aufmerksam. Etwas später wurde der Vertrieb von *Jesu Name nie verklinget* gestoppt, u. a. auch deshalb, weil in einem Lied die Gefangenen von Sibirien Erwähnung fanden.«

Die für den Verlag unausweichliche Folge wurde von der Geheimpolizei rigoros umgesetzt. Die Bestellung des blauen Buches, und damit alle anderen regulären Bestellungen der DDR, wurden eingestellt. Auch die kulturellen Ausgaben durften nicht mehr ausgeliefert werden. Der Austauschvertrag wurde auf der Stelle außer Kraft gesetzt, die letzten noch nicht ausgelieferten zwei Paletten verbrannt, wie Hänssler von einem glaubwürdigen Augenzeugen schriftlich erfahren musste, und er selbst mutierte unversehens zu einer unerwünschten Person und durfte deshalb jahrelang, mit Ausnahme von Jugoslawien, in kein Ostblockland mehr einreisen.

Die Ernsthaftigkeit der Maßnahmen der DDR-Behörden konnte der Verleger auch daran erkennen, dass die DDR noch ein Austausch-Guthaben beim Hänssler-Verlag hatte, welches sie allerdings nie mehr in Anspruch nahm. Das erweckliche Liedgut bekämpfte man gnadenlos. Die Kirche als Museum war noch akzeptiert, aber wehe, wenn sie wirklich zur Botschafterin wurde! Die Situation betreffend sagte Friedrich Hänssler über sich selbst:

»Langweilig ist mir deshalb sicher nicht geworden, denn neben der Verlagsarbeit gab es da noch die bedeutsamen Aufgaben und Verpflichtungen in Familie und Mission. Die Gegenwart des Bösen in dieser Welt, die Ablehnung der Guten Botschaft vom Kreuz, ist das nicht zu übersehende Merkmal unserer Zeit. Einstmals schrieb der württembergische evangelische Theologe, Pfarrer und Kirchenlieddichter Christoph Blumhardt:

Ehe das Ende kommt, ist mit dieser Welt nichts anzufangen. Sie kann nicht anders sein. Darum schimpfe man nicht auf sie. Wir können aber Licht in dieser Welt sein, damit sie ein wenig leuchtet. Und wir können der Welt das Evangelium predigen: Jesus ist euer Heiland.

Oder mit den Worten von Hermann Bezzel, ehemaliger Rektor der Diakonissenanstalt Neuendettelsau:

Gott wird die Christentums feindliche Epoche heraufkommen lassen. Wir aber wollen in der Sturmflut an die Dämme gehen und das halten, was allein uns halten kann. Sagen wir es einer siechenden, leidenden Welt: Jesus lebt, Jesus siegt, Jesus triumphiert.

Heute kann ich dankbar auf alle Erlebnisse zurückschauen, dankbar auch für das große Wunder der Wiedervereinigung und die dadurch gewonnene Freiheit, auch die Freiheit zur Verbreitung des Evangeliums. Der lebendige Gott hat alles im Griff und die Rechte des Herrn behält den Sieg (Psalm 118,15). Jesus hat es uns gesagt: ›In der Welt habt ihr Angst; aber seid getrost, ich habe die Welt überwunden‹ (Johannes 16,33).«

Die Familie

>> **M**eine Frau Ursula und ich durften Psalm 127,3: ›Kinder sind eine Gabe des Herrn‹ ganz persönlich erfahren. Martin Luther sprach aus guter Erfahrung, wenn er sagte: ›Kinder sind das lieblichste Pfand in der Ehe; sie binden und erhalten das Band der Liebe.‹ Und der Dichter Peter Rosegger äußerte sich anders, doch keineswegs weniger fundiert: ›Ein Kind ist ein Buch, aus dem wir lesen und in das wir schreiben sollen.‹ Jedes unserer Kinder sehen wir beide, auch mit allen besonderen Gaben und Aufgaben, als ein großes, einmaliges Geschenk an und sind sehr dankbar für Angelika, Frieder, Günter, Susanne, Markus und unseren Jürgen, den Jüngsten und Letztgeborenen, der mit Downsyndrom zur Welt kam und für unsere Familie ein Segen und Sonnenschein ist.

Mit drei quicklebendigen Buben und zwei nicht minder lebhaften Mädchen, denen man allen manchmal gerne eine eingebaute Handbremse gewünscht hätte, wurde uns noch ein sechstes Kind geschenkt, welches zunächst, auch nach längerem Krankenhausaufenthalt, nur wenig Lebensäußerungen von sich gab. Vor allem die Nahrungsaufnahme war problematisch und oftmals eine regelrechte Prozedur.

Laufen lernte Jürgen erst nach dem dritten Lebensjahr. Mit Jürgens Geburt begann für die gesamte Familie ein Umdenk- und Umlernprozess, hauptsächlich natürlich für Mutter Ursula, die damit durchaus einer Sonderbelastung ausgesetzt war. Der deutliche und zugleich fragwürdige Hinweis des Arztes: ›Sie kümmern sich von jetzt an nur noch um dieses Kind, die anderen fünf werden alleine groß!‹, half ihr in dieser Situation nicht wirklich weiter. Neben der Essblockade durchlebte unser Jürgen zeitweise auch aggressive

Phasen. Blitzschnell zog er dann zum Beispiel in einem Ruck am Tischtuch des voll eingedeckten Tisches, worauf natürlich das ganze Geschirr zu Boden fiel. Dies geschah nicht nur einmal.

Nach jenen frühen, für uns oftmals kräftezehrenden Kindheitsjahren setzte eines Tages dann eine unerwartete positive Entwicklung ein. Jürgens Seele fand Heimat im Herrn Jesus. Er reagierte auf das Evangelium – ob gehört oder gesungen – von Anfang an unwahrscheinlich zustimmend, war jederzeit empfänglich für alles, was mit dem Evangelium zu tun hatte, und stets ansprechbar auf das Wort Gottes. Auch lernte er aus biblischen Geschichten und liebte und liebt bis auf den heutigen Tag unglaublich viele Choräle und Evangeliumslieder. Häufig wünscht er sich beim gemeinsamen Singen mit der Familie Lieder, die bei uns schon jahrelang nicht mehr im Gebrauch sind. Er ist sehr musikalisch, hat ein großartiges Musikgedächtnis und kann Melodien jahrzehntelang behalten und erkennen.

Einmal, während einer Autofahrt von Stuttgart nach München, hörte er eine weithin unbekannte Komposition von César Franck. Wir waren auf dem Weg zu seinem Facharzt Professor Dr. Wunderlich, der selbst zwei Kinder mit geistiger Behinderung hatte und sich in der Behandlung von geistig behinderten Kindern bestens auskannte. In regelmäßigen Abständen fuhren wir zu ihm. Einige Jahre später hörte Jürgen dieselbe Musik dann zum zweiten Mal und kommentierte sofort: ›Das haben wir auf der Fahrt zu Dr. Wunderlich gehört.‹ Besonders berührend ist es, zu erleben, wie überaus wichtig ihm das Gebet ist, hauptsächlich das gemeinsame Beten. Obwohl er sonst recht wenig redet, meldet er sich dabei ausführlich zu Wort.

In unserem Haus hatten wir immer viele Gäste aus aller Herren Länder, und so kam es hin und wieder vor, dass meine Frau erst geraume Zeit später, nachdem Jürgen zu Bett gegangen war, zu ihm ins Zimmer trat. Während ihrer Abwesenheit begann Jürgen meist schon mit seinem Abendgebet, wissend, dass die Mama gleich nachkommen würde. Wenn meine Frau dann nach Jürgen sah, saß er noch immer in seinem Bett und betete vorformulierte Liedverse, hernach aber betete er zum Teil für Menschen, die irgendwann einmal in unserem Haus gewesen waren. Er nannte vor Gott viele Namen von Personen, die seit Jahren aus unserem Gesichtskreis und damit freilich manchmal auch aus unserem Gedächtnis verschwunden sind.

Jürgen arbeitet seit Langem in einer Beschützenden Werkstätte. Hier schätzt man vor allem seine Pünktlichkeit und seine gewissenhafte Arbeitsweise. Das freut uns als Eltern natürlich sehr. Es ist Verlass auf ihn. Auch zu Hause hilft er im Rahmen seiner Möglichkeiten, zum Beispiel im Haushalt, etwa beim Geschirrabtrocknen, oder aber er füllt und leert den Geschirrspüler, deckt den Tisch, bringt den Müll raus; Jürgen geht uns zur Hand, wann und wo er kann, auch macht er selbst sein Bett, und wie! Ganz akkurat.

Behinderte jeder Art sind Individuen, über deren Leben auch steht: Du bist einmalig. Sie wollen von uns so angenommen werden, wie sie sind. Manche Erwachsene wirken – und sind es oftmals auch – Behinderten gegenüber recht sprachlos. Eine Begegnung mit Behinderten löst in ihnen nicht selten eine große Befangenheit aus. Und auch wenn diese Menschen offensichtlich anders sind als wir selbst, so sind sie in Gottes Augen ganz und gar wertvoll und geliebt, genauso sehr wie Sie und ich. Geistig Behinderte sind insoweit auch Bevorrechtigte, als sie nicht von einem berechnenden Verstand diktiert werden und sich daher ihre Seele offen auf dem Gesicht spiegelt. Welche Wohltat der Einfalt gibt es da zu entdecken!

Einfalt und Behinderung – beides können wir als Eltern eines behinderten Jungen regelmäßig beobachten – sind sicher ein Geheimnis, für das es keine schnellen Erklärungen geben kann. Die Einfalt sieht die Welt mit Kinderaugen, der Behinderte auch, und diesen Kinderblick sollten wir uns nicht austreiben lassen, sondern, ganz im Gegenteil, unbedingt bewahren. Werden wie die Kinder, sagt Jesus. Der Dichter Angelus Silesius nimmt diesen Gedanken auf:

> Mensch, wirst du nicht ein Kind, so gehst du nimmer ein,
> wo Gottes Kinder sind, die Tür ist gar zu klein.
>
> *Angelus Silesius*

Oft gibt es Grund zum Schmunzeln und auch zum Staunen über die Schlagfertigkeit dieser Menschen. Bei einem Konzert eines Behindertenchores, verstärkt durch allerlei Instrumente, lobte ein Zuhörer einem Behinderten gegenüber die gute Qualität der Darbietung und das Engagement der Beteiligten und äußerte dann: ›Da würde man am liebsten selbst mitmachen.‹ Der Behinderte bemerkte dann ganz souverän: ›Wärst halt auch behindert.‹

Von einer Fachkraft in der Behindertenarbeit erfuhr ich folgende Begebenheit: Eine Kommission von Fachpsychologen besuchte eine bekannte Einrichtung mit vielen behinderten Menschen. Als sie einen Raum mit mehr als sechs Behinderten inspizierten, diskutierten die Fachleute unter sich, dass das doch wohl unmöglich sei, so viele Behinderte, alle mit Downsyndrom (damals war noch der Begriff mongoloid gebräuchlich), in einem Raum zu betreuen. Eine dieser mit Trisomie 21 Beeinträchtigten trat dann aus der Situation heraus vor den Kommissionsleiter und stellte ihm spontan die anderen ihrer Gruppe vor, indem sie auf die entsprechenden Behinderten zeigte: Margret Mongo, Ute Mongo, Ruth Mongo ... Und sie nannte alle weiteren Namen der Downsyndrom-Betroffenen, drehte sich um und deutete auf den Kommissionsleiter: ›Du nicht Mongo, selbst schuld.‹

Ich erinnere mich gerne an ein besonderes, längst zurückliegendes Erlebnis ganz anderer Art: An den Sonntagen hatte ich häufig Predigtdienste, nicht selten in Begleitung der ganzen Familie. Ein siebensitziger Peugeot machte es möglich. So fuhren wir eines Tages gemeinsam zu einer Bibelstunde auf der Schwäbischen Alb, die um 14 Uhr beginnen sollte. Uns blieb noch Zeit für ein Mittagessen, und wir entschieden uns deshalb zu einem der eher seltenen Besuche in einem Landgasthof. Mit unserem Eintritt in die sehr große ländliche und gut gefüllte Gaststube waren wir froh, als bereits nach kurzer Zeit ein Tisch frei wurde.

Bald darauf wurde auch schon unsere einfache Mahlzeit serviert. Wir Eltern und die schulpflichtigen Kinder neigten nun den Kopf zum stillen Gebet, um Gott – möglichst dezent – für das Essen zu danken. Zu dieser Zeit kannte ich Bärbel Wildes Ausspruch: ›Wer von Gott spricht, braucht nicht zu flüstern‹ und auch die Gepflogenheiten meiner vielen amerikanischen Freunde noch nicht, die sich in keiner Weise schämten, mitten auf dem Gehweg einen Kreis zu bilden, um laut miteinander zu beten. Jürgen jedenfalls schien offensichtlich mit unserer zurückhaltenden Gebetsweise unzufrieden zu sein und fragte mich in der vollen Gaststube lautstark protestierend: ›Warum beten wir heute nicht?‹

›Wir haben doch gebetet‹, antwortete ich, ›nur eben still, weil so viele Leute im Raum sind.‹ Jürgen gab sich nicht zufrieden: ›Wir haben heute nicht gebetet!‹

›Doch, Jürgen, wir haben gebetet, nur anders!‹

Nun wurde er stimmgewaltiger und erregte in dem vollen Haus ungeteilte Aufmerksamkeit: ›Wir müssen jetzt noch beten!‹

Mir und dem Rest der Familie wurde augenblicklich und unzweifelhaft klar, dass an einem akustisch hörbaren Gebet kein Weg mehr vorbeiführte, und so fügte ich mich, einen weiteren Eklat vermeidend, ins Unabwendbare. Halb mutig betete ich, wie von Jürgen erwünscht, im ganzen Raum hörbar. Letztendlich stand einem geordneten Mittagessen nichts mehr im Wege und es gab eine fröhliche Runde. Darüber nachdenkend, fragte ich mich im Nachhinein, weshalb das, was in unserer Familie ganz natürlich und selbstverständlich war, im Restaurant unnatürlich und unnormal sein sollte.

Und so kam ich zu der Überzeugung, dass in den Augen Gottes unser behinderter Jürgen ganz sicher der Normale war.

Auch begann ich über die Worte Jesu aus Matthäus 11,25 nachzudenken:

Ich preise dich, Vater, Herr des Himmels und der Erde,
weil du dies den Weisen und Klugen verborgen hast
und hast es den Unmündigen offenbart.

In unserem Jürgen, im Weltlichen als schwach benannt, entdeckten wir etwas Besonderes. Paulus proklamiert das sehr deutlich: ›Was schwach ist in der Welt ... was überhaupt nichts ist, hat Gott sich erwählt‹ (1. Korinther 1, 27-28). Es scheint Gottes Programm zu sein, sich auf die Seite der Kleinen und Schwachen zu stellen. Könnte man nicht sagen: ›Im Schwächsten ist Gott am größten?‹

Übrigens, das mit dem lauten Beten, das haben wir seitdem beibehalten – bis heute.«

Meine Mutter – Ein Nachruf

» Unsere fast alle sehr lebhaften Kinder sind in den Jahren 1956 bis 1969 geboren. Während dieser Jahre wurde meine Mutter Friederike am 22. Mai 1960 ganz plötzlich von Gott abgerufen. Wie sehr sie sich doch über die Geburt unserer ersten drei Kinder freute, fast so, als ob es ihre eigenen wären. Ja, es schien tatsächlich, als wolle sie alle Liebe, die sie ihren eigenen drei Kindern zugedacht hatte und die bereits gestorben waren, auf die Enkel konzentrieren.

Immer wieder musste meine Mutter schwere Krankheitszeiten überwinden. Einmal, als sie dem Tode wieder sehr nahe war, besuchte sie der Gemeinschaftsinspektor des Gemeinschaftsverbands und fragte sie liebevoll: ›Rikele (schwäbische Form von Friederike), wie geht es dir?‹ Darauf antwortete die Schwerkranke biblisch: ›Friede wie ein Wasserstrom‹ und zitierte damit aus Jesaja 48,18 im Alten Testament. Die Bibel war ihr lieb und wichtig, so auch das tägliche Gebet, das ihr Leben bestimmte. Meistens betete sie kniend. Dabei hatte sie die ganze Welt im Blick. Ihre Mitarbeit im Deutschen Frauen-Missions-Gebetsbund war ihr nicht Pflicht, sondern Freude. Viele Menschen brachte sie vor Gott, viele bei ihrem Namen nennend, und natürlich betete sie auch sehr intensiv und anhaltend für mich, sie wollte mich Gott ganz weihen.

Obwohl sie sehr krank war, kaufte sie die Zeit aus, weil die Ewigkeit drängte. Sie lebte nicht an den Aufgaben vorbei, die das Leben ihr stellte; oftmals musste ich sie regelrecht bremsen, wenn sie mit letzter Kraft arbeitete und dann beinahe alles verschenkte. Um die Menschen im Dorf kümmerte sie sich manchmal bis an den Rand ihrer körperlichen Möglichkeiten.

Für Urlaub oder für sich selbst nahm Friederike sich kaum jemals

Zeit. Zum einen hatte das, den Urlaub betreffend, finanzielle Gründe, aber mehr noch sah sie ihre Aufgabe an und bei den Menschen, spürte die heimatliche Bodenhaftung und die Verantwortlichkeit für ihr Umfeld. All das ließ sie einfach nicht gerne an Urlaub denken. Nach Jahren war es schließlich trotzdem einmal gelungen, sie zu einem Urlaub in einem Freizeitheim zu bewegen. Als sie dann zum Bahnhof gebracht wurde, blieb sie noch auf den Stufen zum Bahngleis stehen, drehte sich zu den Abschiedswinkenden um und sagte hörbar und voller Sehnsucht: ›Heim, ach, nur heim.‹

Ihre Liebe zu mir zeigte sich in ganz vielfältiger Weise, etwa im regelmäßigen Schreiben von Briefen, als ich während des Kriegs Soldat war, oder dass sie mich, trotz ihrer schweren Asthmaerkrankung und dem insgesamt großen Kraftaufwand, in meiner Universitätsstadt besuchte. Nachts klammerte sich Mutter oft sehr lange an die geöffneten Fenster im Schlafzimmer, nach Luft ringend, aber dankbar, wieder einmal einen Asthmaanfall überstanden zu haben. Bis heute bewegt es mich, dass sie als leidende Frau den Gottesdienst fast nie versäumte und danach immer noch irgendwelche Gottesdienstbesucher zum Mittagessen oder im Anschluss an die Nachmittagsversammlungen zum Kaffee einlud. Bis zuletzt war sie ein aufopfernder Mensch geblieben. Weil sie sich selbst von Gott gehalten wusste, konnte sie in all den Schwierigkeiten durchhalten.

Noch kurz vor ihrem frühen Tod verspürte sie den Wunsch, mir eine Armbanduhr zu kaufen, und suchte deshalb gemeinsam mit meiner Frau Ursula im Uhrengeschäft eine gute Uhr aus. Auf meine kritische und vor allem nichts ahnende Frage hin, ob denn das unbedingt nötig sei, antwortete sie schlicht und prophetisch zugleich: ›Es könnte mein letztes Geschenk sein.‹ Und genau so traf es dann auch ein. Nur wenige Wochen später beendete für uns alle ganz unerwartet ein Aneurysma ihr irdisches Leben.

Als ich in jener schweren und so tieftraurigen Nacht, nach einem unverzüglichen Anruf meines Vaters, innerhalb weniger Minuten am Bett meiner von mir innig geliebten Mutter stand, war sie bereits tot. An ihrem Bett kniend, dankte ich für dieses Leben der Hingabe und Liebe. Sie wünschte mir als jüngstes Kind, dass ich Verkündiger des Evangeliums werden sollte, ich dagegen brauchte ihr jetzt nichts mehr zu wünschen, weil ich sie nun in unseres Heilands Armen geborgen wusste. Jetzt, in der Ewigkeit angekommen, war sie frei von allen irdischen Leiden, jetzt, in der himmlischen Heimat, hatte sie alles, was sie brauchte. Als ich wieder zu Hause eintraf, setzte ich mich im Stockdunkeln an den Flügel und spielte mit allen verständlichen Emotionen:

> Wenn nach der Erde Leid, Arbeit und Pein
> Ich in die goldenen Gassen zieh ein,
> wird nur das Schaun meines Heilands allein
> Grund meiner Freude und Anbetung sein.
> Das wird allein Herrlichkeit sein,
> wenn frei von Weh
> ich sein Angesicht seh![19]

Während ich im Finstern der Nacht dieses Lied sang, ließ ich meinen Tränen freien Lauf. Wie unendlich dankbar bin ich bis heute für diese wunderbare, mir bedeutsame und durchaus prägende Mutter! Der Sieg Gottes wirkt sich im Leben der Glaubenden durch die Befreiung von der Furcht des Todes und in ihrem Sterben durch die Gewissheit des Heimgehens aus.

Jesus spricht: ›Ich bin die Auferstehung und das Leben. Wer an mich glaubt, der wird leben, ob er gleich stürbe; und wer da lebt und glaubt an mich, der wird nimmermehr sterben‹ (Johannes 11,25-26). Paulus nennt das Ziel unseres Lebens ›bei dem Herrn sein allezeit‹ (1. Thessalonicher 4,17). Die Auferstehung von Jesus Christus ist keine Einbildung, sondern Ereignis.«

»Dennoch bleibe ich stets an dir«

>> **D**ie Freizeitarbeit des Württembergischen Christusbunds war eine große zeitliche Herausforderung für uns, ein Fixpunkt für die Vorbereitung und Freizeitdurchführung im Jahreslauf. Die ganze Familie wurde mit integriert und das hatte durchaus auch sehr beifällige Auswirkungen, vor allem dann, als die Kinder nach Erreichen des Mindestalters bei den Freizeiten teilnehmen durften, die fast immer innerhalb der Schulferien stattfanden, und dabei in den jeweils vierzehntägigen Freizeiten ganz herrliche Plätze in Europa und darüber hinaus kennenlernen konnten. Sie waren, um einige Beispiele zu nennen, in Zermatt am Matterhorn, Arosa, am Genfer See, am Luganer See, am bayrischen Forggensee, am österreichischen Millstätter See, auf der Nordseeinsel Pellworm, der jugoslawischen (heute kroatischen) Insel Krk und, anlässlich von zwei Mittelmeer-Schiffsreisen, in Israel, Ägypten, Griechenland und in der Türkei.

Wir Eltern sind sehr dankbar dafür, dass unseren Kindern so großartige Erlebnisse zuteilwurden, viel wichtiger aber waren die geistlichen Impulse, die sie aufgrund der täglichen und guten Bibelarbeiten, aber auch durch die vielen Evangeliumslieder, welche sie dort sangen und auswendig lernten, erhalten haben. Die fröhliche Gemeinschaft mit gleichaltrigen Jugendlichen wirkte sich ebenfalls sehr positiv auf die geistliche Entwicklung unserer Kinder aus. Das alles zusammen war der Anstoß für ihre persönliche Glaubensentscheidung und führte in den folgenden Jahren in ihnen zu der Bereitschaft, bei den vielen Freizeiten ihre Schulferienzeit als Mitarbeiter zur Verfügung zu stellen, um ganz praktisch dabei mitzuhelfen, das Evangelium unter die Leute zu bringen und dadurch das Heil Gottes zuzusagen. Für unsere ganze Familie war dies ein besonderer Segen. Wir durften hautnah erleben, dass Gottes Segenszusage ein Handeln ist.

Während ein Teil unserer Familie bei zwei aufeinanderfolgenden Sommerfreizeiten die Verantwortung innehatte, erkrankte mein Vater so schwer, dass wir ihn ins Krankenhaus bringen mussten. Bald sollte sich herausstellen, dass es medizinisch gesehen keine Hoffnung mehr gab. Wir als Familie durften kein Fragezeichen setzen – dort, wo Gott einen Punkt setzt. Auch mein Vater wusste um den nahen Abschied. Und so versammelten wir unsere Familie, um ihn gemeinsam in der Klinik zu besuchen. Dort segnete er jedes der Kinder einzeln mit Handauflegung. Für die letzten Lebenstage holten wir ihn dann noch nach Hause.

Wenn ein geliebter Mensch plötzlich nicht mehr da, nicht mehr greifbar ist, bleiben nur noch die Erinnerungen an diesen Menschen und an die gemeinsamen Lebensjahre mit ihm. Und freilich hält man sich dann an all diesen Erinnerungen fest, die einem dankbarerweise niemand mehr nehmen kann. Erinnerungen bleiben lebendig. Und eben aus diesen Erinnerungen schöpfend, denke ich durchaus hin und wieder an die ganz besonders innigen Momente mit meinem Vater, die selten waren, aber die es gab, denke im Gegenzug auch an die äußerlich zurückhaltend wirkende Liebe meines Vaters zu uns Kindern, der mit seinen Liebesbeweisen eher sparsam umging. Und doch wussten wir uns von ihm geliebt. Nie hatte ich den Eindruck oder den Gedanken, dass er mich nicht gern gehabt hätte.

Der beste Beweis dafür schien sein großes Vertrauen zu sein, welches er in mich hineinlegte, als er mir schon sehr früh den gesamten Verlag anvertraute und sein vollkommenes Einverständnis dafür gab, dass der Betrieb zu einer Kommanditgesellschaft aufgebaut und ich Komplementär wurde, und das zu einer Zeit, als er selbst noch im Betrieb mitwirkte.

Mein Vater war kein offener Mensch, er war vielmehr jemand, der wenig redete, aber was er tat, das tat er mit ganzer Hingabe und Konsequenz. Es gab keine Arbeit, die er selbst nicht verrichtet hätte. Er stellte sich auch auf den Acker, um dort für unseren Lebensunterhalt zu arbeiten. Die gesamte Familie war ja letztlich von den Naturalien abhängig. Besonders wichtig war für mich, dass ich bei ihm immer wieder gesehen habe, wie er sich in allen Schwierigkeiten des Lebens, zum Beispiel auch in der Konfrontation mit dem Tod, in dieses *Dennoch* des Glaubens flüchtete. Bei seinem täglichen Spaziergang musste er stets über ein kleines Brücklein, über einen kleinen Bach gehen, und jedes Mal, wenn er über dieses Brücklein lief, sagte er: ›Das ist mein Dennoch-Brücklein‹, und dann zitierte er den Bibelvers aus Psalm 73,23: ›Dennoch bleibe ich stets an dir; denn du hältst mich bei meiner rechten Hand.‹

Über diesen Text komponierte mein Vater einst eine oft gesungene Chormotette. Als meine liebe Mutter 1960 von Gott abgerufen wurde, bewegte ihn sehr stark die Frage: Warum hat der Herr über Leben und Tod mir jetzt, wo ich auf sie angewiesen bin, meine treue Gehilfin weggenommen? Diesen Verlust konnte er nur durch das Dennoch des Glaubens überwinden. So verarbeitete er all das Schwere seines Lebens mit sich selbst, allein, im Stillen, nicht nach außen hin. Mich hat das alles unwahrscheinlich beeindruckt, mehr als viele, viele Worte.

Eine Eigenart war es von ihm, bei fast allen Veranstaltungen als Erster zu gehen. Das verwunderte mich oftmals, vielleicht verärgerte es mich manchmal auch, aber genau das war eben sein Denken: Nur nichts Überflüssiges oder Unnötiges tun! Er war ganz und gar auf seine Arbeit, auf seine Mission konzentriert: die Lieder zur Ehre Gottes zu publizieren und hineinzutragen in Tausende von Chören und Gruppierungen, die sie dann benutzt haben. Wegen seiner Kontinuität, seiner klaren Linie, die er durchgehalten hat, war mein Vater ein viel geschätzter Mann. Stets vertrat er mutig seine Meinung, auch seine biblische Meinung, ungeachtet jedweder Konsequenzen. Persönliche Kontakte hatte er besonders mit der bekannten Eva von Tiele-Winckler, von der er auch Texte veröffentlichte, und auch mit Christa von Viebahn, die ihm einmal sogar ein Buch widmete, hatte er einen persönlichen Kontakt. Als Beilage zu seinem Testament verfasste er einen kurzen Lebensabriss für seine Kinder, Enkel und Verlagsmitarbeiter und wählte dafür als Überschrift den Liedrefrain *Nichts hab ich zu bringen, alles, Herr, bist du.*

Sein Konfirmationsspruch, der so sehr auf seine persönliche Situation passte, stammte aus Jesus Sirach 11,20-22: ›Bleibe in Gottes Wort, und übe dich darin, und beharre in deinem Beruf und vertraue Gott; (...) denn es ist dem Herrn leicht, einen Armen reich zu machen.‹ Seine Geradlinigkeit, Einfachheit und Bescheidenheit haben mich unwahrscheinlich zu ihm aufblicken lassen, sehr beeindruckt und ganz gewiss auch im Wesentlichen geprägt.

Die letzten Worte meines Vaters, die er auf dem Bettrand sitzend, in meinen Armen sterbend, gemeinsam mit mir sprach, waren: ›Gott aber sei Dank, der uns den Sieg gegeben hat durch unsern Herrn Jesus Christus!‹ (1. Korinther 15,57).«

»Weiter so!«

D urch die umfangreiche Buchproduktion, die breite An-
gebotspalette und das Wachstum der *Laudate*-Versand-
buchhandlung, die ausschließlich für Musikveröffentlich-
ungen und deren Vertrieb gedacht war, entwickelte sich der Verlag
weiterhin sehr positiv und recht bald zu einer stattlichen christlichen Versandbuchhandlung. Zunehmend wurden Publikationen
von anderen christlichen Verlagen mit angeboten, eben alles, was
Friedrich Hänssler für den großen Privatkundenstamm wichtig
schien. Diese Art von Selektion rief bei manchen der Kollegen er-
hebliches Unbehagen hervor; sie konnten nicht akzeptieren, dass
der Hänssler-Verlag theologische, auch geistliche Verantwortung
für sämtliche Veröffentlichungen, die sie anderen empfahlen, tragen wollte.

Für den Buchhandel, genauer gesagt für den evangelischen
Buchhandel, gab es eine zentrale Auslieferungsmöglichkeit, eine
Erleichterung für den stationären Buchhandel, um nicht diverse
Einzelbestellungen bei vielen Verlagen tätigen zu müssen. Diese
Zentralstelle, das Verbandsortiment Evangelischer Buchhändler,
welche die christlichen Veröffentlichungen von 180 Verlagen ausliefern konnte, musste wegen wirtschaftlicher Schwierigkeiten liqui-
diert werden, und das gerade in der Vorweihnachtszeit, in welcher
der evangelische Buchhandel jene Zentralstelle am dringendsten
benötigte. Innerhalb weniger Tage traten nun eine ganze Anzahl
Buchhändler an den Hänssler-Verlag mit der Bitte heran, ob der Verlag mit seinem breiten Lagerbestand in dieser Notlage nicht aushel-
fen könnte. Und so kam es, dass der Hänssler-Verlag sich wunsch-
gemäß an die Arbeit machte, zunächst nur um weiterzuhelfen. Nach

einem zufriedenstellenden Ergebnis kam dann von den Händlern das unüberhörbare Echo: *Weiter so!*

Wieder schob Gott Friedrich Hänssler mit seinem Verlag in eine neue Aufgabe hinein. Fortan war er ab 1973 mit dem Ausbau dieses sogenannten Barsortiments beschäftigt. Das war freilich kein leichtes Unterfangen, der Verlag mit dem bewusst ausgesuchten bibeltreuen Programm und andererseits die riesigen säkularen Barsortimente, die wirklich alles verkauften, was es gab, und auch in erstaunlicher Schnelligkeit auslieferten. Hier drängte sich unwillkürlich der Vergleich David gegen Goliath auf.

Im Jahre 1974 fand der ereignisreiche, große und kräftige Impulse aussendende Weltkongress für Evangelisation in Lausanne statt. Auch Friedrich Hänssler hatte dazu eine Einladung bekommen. Der Initiator war Billy Graham, welcher damals seine Zielsetzung für den Kongress klar definierte: »Die evangelistische Ernte ist immer dringend ... Gott wird uns dafür verantwortlich machen, wie gut wir unsere Verantwortung gegenüber unserer Generation erfüllt und inwieweit wir insgesamt unsere Möglichkeiten ausgenützt haben.«[20]

Dieser Kongress war ein Treffen der großen Evangelisten aus der ganzen Welt und vielen von Jesus Christus berufenen Bevollmächtigten, die alle die sogenannte *Lausanner Verpflichtung* verbindlich unterschrieben. So auch Friedrich Hänssler. Es war eine besondere Gottesstunde mit Signalwirkung in die ganze Welt hinaus. Neben der persönlichen Festlegung auf einen evangelistischen Lebensstil hatte dieser Kongress noch weitreichendere Folgen im positiven Sinne durch lebenslange Freundschaften und jahrelange Zusammenarbeit zwischen Autorinnen oder Autoren und Verlegern. Da wären zum Beispiel zu nennen: Irmhild Bärend, Johanna Dobschiner, Corrie ten Boom, Billy Graham, Bischof Festo Kivengere, Erzbischof Janani Luwum, Francis Schaeffer, John Stott, alles Autorinnen und Autoren, deren Titel im Hänssler-Verlag verlegt worden sind. Friedrich Hänssler bekam zudem den Auftrag, die sehr umfangreichen Dokumente des Kongresses zu veröffentlichen. Für den Verlag bedeutete das eine programmatische Festlegung einerseits und andererseits einen entscheidenden Schritt voran.

Die ersten Schallplatten erschienen dann 1975, zunächst eigentlich als klingende Beispiele der im Verlag gedruckt vorliegenden Notenausgaben gedacht. Der Anfang war vorerst eher verhalten. Das lag zum Teil auch darin begründet, dass es durch den Verlegerkollegen Hermann Schulte die bereits schon an anderer Stelle erwähnte christliche Schallplattenreihe »Frohe Botschaft im Lied« gab. In dieser Reihe erschienen auch viele Lieder aus dem Bestand des Hänssler-Verlags. Die Kollegen vereinbarten dann, dass die Notenausgaben zur Schallplattenserie bei Hänssler, die Platten bei Schulte erscheinen sollen.

Im selben Jahr kaufte der Hänssler-Verlag das große *American Institute of Musicology*, eines der größten musikwissenschaftlichen Institute der Welt, mit vielen Hundert voluminösen Notenbandausgaben, die auf Subskription verkauft wurden. Durch diesen gewaltigen Schritt war der Hänssler-Verlag ab sofort in allen großen Musikbibliotheken der ganzen Welt vertreten.

Das Genesis-Projekt

E s war im Jahre 1976, als die Deutsche Evangelische Allianz (DEA) die Anfrage an den Hänssler-Verlag richtete, ob dieser bereit sei, die Filmproduktion der DEA beziehungsweise den Filmdienst *Christus Für Alle* (CFA) zu übernehmen. Steuerliche Probleme waren der Grund für die notwendig gewordene Abgabe des Filmdienstes, welcher im ganzen Land mit seinen Filmrollen, unter anderem von den Filmen des *Moody Bible Institutes*, in den Gemeinden Vorführungen machte. Friedrich Hänssler war überzeugt, dass der Film als solcher die Möglichkeit bietet, das Evangelium unter die Menschen zu tragen, und sagte der DEA zu. Allerdings waren diese Filme schon älter und es zeigte sich trotz der Qualität dieser Filme, dass sie alle noch in Schwarz-Weiß gedreht worden waren. Man brauchte unbedingt neue Filme in Farbe, um den Filmdienst aufrechterhalten zu können. Unerwartet ergab sich für Friedrich Hänssler ein Kontakt zu dem in den USA produzierten *Genesis Projekt* und eine persönliche Verbindung zu dem Produzenten John Heyman, der die Hänsslers dann mehrfach in Deutschland, auch in ihrem Privathaus besuchte. Man traf sich zum intensiveren Austausch auch einmal am Forggensee.

Was aber ist eigentlich das Genesis-Projekt? John Heyman, ein in Leipzig geborener Jude, immigrierte während der Nazizeit über die Schweiz nach England und kam auf diesem Wege letztendlich nach Hollywood. Bei einer seiner früheren Begegnungen mit Friedrich Hänssler erzählte der im Juni 2017 verstorbene Heyman:

»Wir waren drei jüdische Filmproduzenten die sich bei Gelegenheit im Café zum lockeren Austausch trafen, um sich über berufliche Dinge auszusprechen, zu informieren, zu tratschen. Dabei hat sich einer über die mehr als genug scheinende Anzahl von Liebesfilmen ausgelassen, die er schon produziert habe: ›Mir steht's bis da oben‹, sagte er, und machte mit seiner Handkante eine entsprechende Bewegung zum Hals. Der Zweite meinte daraufhin: ›Du hast recht! Wir sollten doch einmal im Leben etwas Vernünftiges tun.‹ Nach einer kurzen Denkpause sagte der Dritte: ›Wenn wir wirklich etwas Vernünftiges tun wollen, dann müssen wir zur Bibel gehen.‹«

Dieser letzte Satz war dann die Initialzündung dafür, dass die Bibel als Filmstoff in das Blickfeld jener Filmleute geriet. Und einer von ihnen begann auch bald damit, diese Anregung in die Tat umzusetzen. Das Genesis-Projekt wurde mit der Maßgabe gestartet, so nahe wie möglich an dem historischen Umfeld, an den in der Bibel genannten historischen Stätten Israels, an den Gepflogenheiten der Zeit. Das Wichtigste, so nahe wie möglich am Bibeltext zu bleiben, löste man wie folgt: Die Szenen der Geschichten wurden filmisch originalgetreu und authentisch aufgenommen, der Bibeltext dazu nur gesprochen, fast vorgelesen. So entstand zunächst das komplette 1. Buch Mose (Genesis) – geplant war die Verfilmung des Alten Testaments.

Eines Tages trat dann eine überraschende Veränderung ein. Durch das Glaubenszeugnis des US-amerikanischen Evangelisten Bill Bright, einstmals Gründer und fünf Jahrzehnte lang Präsident des weltweit größten Missionswerks *Campus Crusade for Christ International*, das heute in 191 Ländern der Erde arbeitet und in Deutschland unter *Campus für Christus* existiert, erkannte John Heyman schließlich selbst Jesus als den Messias und kam dadurch zum wahren und lebendigen Glauben an Jesus Christus. Dieses unvorhersehbare Ereignis gestaltete das Leben des Filmproduzenten ganz und gar um und veränderte es damit vollständig. Jetzt war das Neue Testament auch Heymans Thema und so nahm er das gesamte Evangelium nach Lukas auf; das war der Grundstock für den Jesus-Film. Der Hänssler-Verlag brachte dann ergänzend den deutschen Bibeltext.

Bright hatte bereits 1950 den Plan gefasst, einen Film über das Leben Jesu zu drehen, um die Menschen auf der ganzen Welt mit der christlichen Botschaft zu erreichen. Als sich ein Finanzier aus dem Umfeld von Campus für Christus International gefunden hatte, machten sich gemeinsam mit dem Produzenten Heyman unter anderem 45 Hauptdarsteller und 5 000 Statisten ans Werk. 1979 kam der Film in über 2 000 amerikanische Kinos. Für die Filmvorführungen des Genesis-Projekts in den Gemeinden hatte der Hänssler-Verlag 16-mm-Filmrollen im Angebot und für die Privatbenutzung gab es damals noch 8-mm-Kopien, welche der Hänssler-Verlag zum Verkauf anbieten konnte.

Dass seitens der kirchlichen Medienhäuser eine derart heftige Ablehnung dieser qualitativ so wertvollen Bibelfilme erfolgen würde, ahnte der Verleger mitnichten. Neben einer mehr grundsätzlichen Missbilligung: »Es ist doch nicht möglich, das biblische Wort im Film zu präsentieren«, richteten auch Journalisten in Radio-Interviews Fragen an Friedrich Hänssler, die für den Verleger nicht nur total inakzeptabel waren, sondern eben auch ein Zeugnis für die absolute Unkenntnis hinsichtlich filmischer Vorgänge. (»Ein solches Argument wird heute nicht mehr bemüht, da hat die Kirche inzwischen dazugelernt«, sagt Hänssler versöhnlich.)

Eine dieser unbedarften Fragen, welche man Friedrich Hänssler zur Beantwortung stellte, lautete: »Wie haben Sie die Ergebnisse der historisch-kritischen Methode in Ihre Filme eingearbeitet?«

»Unsere Aufgabe war es«, so der Verleger, »den überlieferten Bibeltext filmisch darzustellen, und diese Aufgabe führte Heyman so gut aus, dass der Jesus-Film heute zu den weltweit weitverbreitetsten Filmen gehört, wenn er nicht überhaupt *der* weitverbreitetste Film ist. In jedem Falle aber gilt ›Jesus‹, welcher in mehr als 1 500 Sprachen synchronisiert wurde, als der meistübersetzte Film der Filmgeschichte. Ob im Busch beziehungsweise in den Savannen Afrikas, auf den Hochplateaus der Anden oder Nepals – weltweit wird dieser Film millionenfach vorgeführt oder als DVD weitergereicht und ist aus der missionarischen evangelistischen Arbeit unter unerreichten Völkern nicht mehr wegzudenken. Auch diese überwältigende Möglichkeit, das Evangelium von Jesus Christus an die letzten Winkel unserer Erde zu bringen, insbesondere auch für Analphabeten zugänglich zu machen, begann ursprünglich bei *einer* Begegnung.«

Born again in Jesus Christ

B ücher sind eine wertvolle Möglichkeit, um einander zu begegnen, zufällig oder gewollt, ja sie selbst erzählen uns Menschen von Begegnungen ganz unterschiedlicher Art, von Begegnungen, wie sie sich tatsächlich ereignet oder aber, wie sie sich ihre Autoren für ihre Romane nur ausgedacht haben. Bücher können ganze Bewegungen in Gang setzen. Darüber gibt es in der Geschichte viele, geradezu unzählige Beispiele. Und so wird auch in der nun folgenden wahren Geschichte ein einzelnes Buch zum Initialzünder für eine maßgebliche Begegnung zwischen Autor und Verleger, aus welcher viele weitere hochbedeutende Begegnungen mit ungeahnten Weiterungen und Folgen im positivsten Sinne entstanden sind.

Es war das Jahr 1974, als in den USA durch den sogenannten *Watergate-Skandal* sich eine tief greifende Erschütterung über das ganze Land legte. Getrieben von ihrem eigenen Machtanspruch wurden die führenden Politiker in jener Zeit Opfer ihrer eigenen menschlichen Schwächen, so auch Präsident Nixon, der im Zuge der Ermittlungen gegen ihn gezwungen wurde, vom Präsidentenamt zurückzutreten.

Eine Hauptfigur im Watergate-Skandal war ein Mann namens Charles W. Colson. Er, der jahrelang an der Seite des Präsidenten der Vereinigten Staaten im ovalen Amtszimmer gesessen und für ihn als Sonderberater gearbeitet hatte, und drei weitere Spitzenpolitiker – Haldeman, Ehrlichman und Mitchell – wurden am Ende wegen Komplizenschaft zu Gefängnisstrafen verurteilt. Erst im Nachhinein erfuhr Colson, dass er gewissermaßen selbst ein Opfer war und von seinem ehemaligen Chef Nixon während der gemeinsamen Amtszeit betrogen und angelogen worden ist.

Durch Zerbruch kann Gott Neues schaffen! Im Leben von Charles W. Colson tat Gott genau das: Er schaffte Neues und benutzte als entscheidenden Anstoß dafür Colsons Freund Tom Philipps, Präsident der *Raytheon Company*, dem größten Arbeitgeber Neuenglands, ein Nachfolger Jesu Christi, dem Colson inmitten des Durcheinanders begegnet war, in jener Phase der Ermittlungen, in welcher Colson seinen Namen täglich auf der Titelseite der Zeitungen lesen konnte – wie man sich gut vorstellen kann, war das eine verhängnisvolle Zeit für ihn und seine Familie. Auch der erfolgreiche Manager Philipps, kaum 40 Jahre alt und sich in Spitzenpositionen befindend, litt einst, so wie sein Freund Colson, unter Leere, Arroganz und innerer Unzufriedenheit, bis er die völlige Veränderung seines eigenen Lebens durch Jesus Christus erfahren durfte.

Noch vor seiner Verurteilung übergab Colson – der alles besaß, was sich ein Spitzenmanager nur wünschen konnte, von Freunden geschätzt und von Feinden gefürchtet wurde, finanziell vollkommen unabhängig, aber dennoch nicht glücklich war, und das obwohl eine noch brillantere Zukunft vor ihm lag – aufgrund des Wiedersehens mit Tom Philipps sein Leben Jesus Christus. Alles Hab und Gut, aller Schein und alles Sein vermochten dem von Egoismus und nicht selten von Selbstmitleid geprägten Menschen nicht zu geben, wonach sich Seele und Herz in Wirklichkeit sehnen: inneren Frieden. Dazu gehört auch völlige Freiheit von sich selbst und seiner Umgebung.

Colson, einstmals als »Henker des Weißen Hauses« bezeichnet, u. a. auch als Staranwalt in Washington, D. C. tätig, als rücksichtsloser Politiker verschrien, und einer von denen, die für Watergate verantwortlich waren, schrieb nun als bekehrter Mann und unter Gottes Führung, im Gefängnis von Alabama sitzend, seine Geschichte und damit irgendwie auch die Geschichte eines ganzen Volkes auf.

Unter dem Titel *Born Again* ist dann ein bewegendes Buch, ein Bestseller entstanden, in welchem Colson sich anfänglich vordergründig mit der Frage auseinandersetzte, ob hinter all dem, was er durchlitten hatte, ein tieferer Sinn liegen konnte? Auf eben diese Frage fand er die erhoffte Antwort:

> Und dann sah ich es. Die Nation befand sich unter einer dunklen Wolke. Zorn, Bitterkeit und Enttäuschung hatten sich im Lande verbreitet. Während ich noch über große Reformen nachsann, schien mir Gott zu sagen, dass die geistliche Erneuerung eines Volkes mit *jedem einzelnen Menschen* beginnen muss – mit der *Umwandlung des Einzelnen*. »Wenn du wirklich etwas tun willst, dann übereigne dich Mir und Ich will dich führen.«[21]

Die Worte dieses letzten Satzes, welchen, nach eigenen Angaben, Gott selbst in Colsons Herz hineingesprochen hatte, setzten sich in seinem Denken fest, und weiter schrieb er:

> Übereigne dich selbst! Unsere Vorväter hatten auf diesem Prinzip, dass der fehlbare Mensch unter Absehung von Gott nichts ist, eine Nation aufgebaut. Als die Puritaner zu diesem Kontinent kamen, bildete sich eine echte Gemeinschaft der Gläubigen. Irgendwo auf hoher See, an Bord der *Arbella*, fasste John Winthrop seine Sicht der Dinge in folgende Worte: »Der Gott Israels ist bei uns … Wir werden eine Stadt auf dem Berge sein.« Sie hatten ihr Ziel vor Augen. Nicht als politische Eroberer, sondern als Jünger Jesu Christi. »Im festen Vertrauen auf den Schutz der göttlichen Vorsehung …« sind die ersten Worte der Unabhängigkeitserklärung. Und unser Präsident, Abraham Lincoln, gab demütig zu: »Ohne Gott muss ich versagen.«[22]

Während des Schreibprozesses wurde Charles Colson vor allem klar, »dass *Watergate*, richtig verstanden, eine gesunde und reinigende

Wirkung für das ganze Volk haben könnte«. Außerdem warf er die berechtigte Frage auf, ob Richard Nixon und seine Leute schlechter als ihre Vorgänger waren. Ist es nicht so, dass sie, die Verantwortlichen von *Watergate*, lediglich »Teil einer noch weitaus tiefer greifenden Wahrheit sind: Nämlich dass alle Menschen die Fähigkeit haben, Gutes oder Böses zu tun, und dass die dunkle Seite im Menschen immer die Oberhand gewinnen kann.« Colson analysiert dann weiter:

Wenn aber die Menschen glauben, dass die schlechten und negativen Zeiten endgültig vorbei seien, weil einige Gauner aus ihrem Amt entfernt wurden, dann ist die eigentliche Lektion dieser schlimmen Zeit nicht begriffen worden – und diese Täuschung könnte die allergrößte Tragödie sein. *Watergate* hat viele Fragen aufgeworfen. *Kann der Humanismus jemals die Antwort für unsere Gesellschaft sein?* Es gibt die fast unantastbare Vorstellung, dass ein Mensch nahezu alles erreichen kann, wenn er nur seinen Willen darauf konzentriert. Das war auch einmal mein Glaubensbekenntnis. Watergate hat mir gezeigt, wie verwundbar der Mensch sein kann, und seitdem glaube ich nicht mehr daran, dass ich der Architekt meines Schicksals bin. *Ich brauche Gott.* Ich brauche Freunde, mit denen ich mich aufrichtig über mein Versagen und meine Gefühle der Unzulänglichkeit austauschen kann. Auf diesem Hintergrund schrieb ich dieses Buch – ein unerfahrener Autor und ein Baby im Blick auf meinen christlichen Glauben. Aber ich habe mich dem Allmächtigen unterstellt und dafür gebetet, dass andere durch meine Erfahrungen Hoffnung und Ermutigung finden würden.

Wenn Sie nun mit mir durch die Seiten dieses Buches reisen, dann ist meine Hoffnung, *dass Sie um die Hand Gottes in Ihrem Leben bitten werden.* Und in dieser Zeit des Gerichtes ist es mein aufrichtiges und demütiges Gebet, dass der er-

mattete Geist meines Volkes erweckt wird zu neuem Leben.
Dahin führt nur ein Weg: *Wir müssen uns vor dem*
Allmächtigen beugen und uns von ihm aus der Dunkelheit in
das Licht führen lassen.[23]

Spricht Charles W. Colson hier tatsächlich nur für »sein« Land? Gilt das nicht vielmehr für alle Völker und Nationen? Gilt das nicht zuletzt auch für Deutschland?

Die Präambel des Grundgesetzes für die Bundesrepublik Deutschland ist der Vorspruch des deutschen Grundgesetzes und beginnt mit den Worten: »Im Bewusstsein seiner Verantwortung *vor Gott* und den Menschen …«. Doch gegen diesen konkreten Gottesbezug gab und gibt es bis heute immer wieder Einwände aus verschiedenen Richtungen und Gruppierungen, auch seitens mancher Abgeordneter aus dem Bundestag. Jener Colson vor Watergate war jedenfalls nach Watergate nicht mehr derselbe, sondern ein neuer, klar wiedergeborener Mensch in Jesus Christus, welcher zeugnishaft die Kraft des Evangeliums, die Liebe Gottes, seine Barmherzigkeit und Gnade zu uns Menschen anhand seiner Lebensgeschichte all denen vor Augen führen konnte, die ihm begegnet sind.

Und so ist es kaum verwunderlich, dass Friedrich Hänssler irgendwann, nachdem er von diesem Buch erfahren hatte, es in Deutsch zunächst unter dem Titel *Watergate wie es noch keiner sah* – bei späteren Auflagen dann unter *Der Berater* – veröffentlichte. Vor allem für politische Kreise war diese Publikation interessant, und diese Tatsache führte Charles Colson eines Tages nach Deutschland. In Bonn gab es eigens dafür eine Pressekonferenz, außerdem lud man ihn bei verschiedenen Veranstaltungen, Jugendtreffen usw. als Hauptredner ein, er sprach auch im großen Zelt der Deutschen Zeltmission, und so wurde natürlich seine Biografie immer mehr bekannt. Seine Vorträge vor vielen Tausenden, meist jungen Menschen erlebten die Zuhörenden als sehr authentisch.

Ein Jahr später, im Jahre 1976, besuchte Colson zusammen mit seiner Frau Patty die Hänsslers in Neuhausen. Beide verweilten dann etwa zehn Tage im Privathaus des Verlegers; die vielen und tiefen Gespräche über Glaubensfragen und Lebensführung mündeten schließlich in eine Gegeneinladung. Chuck, wie Friedrich und Ursula Hänssler ihn nannten, lud die beiden dann zur Teilnahme am Nationalen Gebetsfrühstück in Washington, D. C. ein:

»Ich hatte noch nie zuvor davon gehört und insofern keine Ahnung, was da eventuell auf mich und meine Frau Ursula zukommen würde«, weiß sich Friedrich Hänssler zu erinnern. »Wesentlich klarer und verständlicher war mir da die Erklärung von Chuck: ›Du musst unbedingt diese Freunde kennenlernen, die mich durch die schwersten Zeiten meines Lebens getragen haben!‹ Die Entscheidung war gefallen. Kurz nach der mündlich ausgesprochenen Einladung durch Charles Colson erhielten wir per Post zwei Flugtickets, die wir sehr dankbar annahmen. Im Februar 1977 waren wir dann erstmalig Teilnehmer beim Nationalen Gebetsfrühstück in Washington. Für uns bedeutete das zunächst ein unglaubliches Erleben.

Chuck hatte radikale politische Gegner, die die Kehrtwendung seines Lebens weder akzeptieren noch verstehen konnten. Einer dieser Gegner, Senator Harold Hughes, wurde einer meiner späteren amerikanischen Freunde. Auch er fühlte eines Tages mehr und mehr die Leere in seinem Herzen und damit in seinem Leben, ähnlich wie Chuck. Der muskulöse und schwarzhaarige Harold, dem man seine indianischen Wurzeln sehr wohl ansehen konnte, liebte zu jener Zeit den Alkohol so sehr, dass er davon abhängig geworden war. Von großer und starker Statur, prügelte er sich von einer Bar zur anderen, blieb immer wieder tagelang seiner jungen Familie fern, landete letztlich irgendwann im Gefängnis und dachte am Ende sogar an Selbstmord. In all seiner Verzweiflung schrie Harold eines

Abends, an welchem er – wie schon so oft – betrunken war, zu Gott um Hilfe. Als er am nächsten Morgen aus seinem Whiskynebel erwachte, hatte sich sein Leben schlagartig verändert. Nie mehr trank Hughes einen Tropfen Alkohol.

Nur wenige Jahre vergingen, da kam der eigenwillige Harold zur Demokratischen Partei, bewarb sich dort später um den Posten des Gouverneurs und wurde dann auch tatsächlich gewählt, sogar noch zwei weitere Male wiedergewählt. Seine Partei entsandte ihn schließlich als Senator nach Washington, wo er, entgegen allen politischen Gepflogenheiten, unmittelbar für eine unverzügliche Beendigung des Vietnamkriegs eintrat.

Mehr und mehr geriet er jedoch in einen inneren Konflikt zwischen seinem politischen Leben mit all seinen Anforderungen und seinem persönlichen Engagement als Nachfolger Jesu. Und so kam es, dass Hughes bereits eineinhalb Jahre vor der nächsten Wahl seine Entscheidung bekannt gab, am Ende der Legislaturperiode als Senator zurückzutreten. Erklärend fügte er hinzu, dass er den Eindruck habe, außerhalb des politischen Lebens mehr für seine Mitmenschen tun zu können, wenn er einzig und allein dem Herrn Jesus Christus diene.

So erzählte mir Charles Colson über Harold Hughes. Die beiden früheren Kontrahenten fanden eines Tages auf Initiative von Douglas Coe zueinander, dem Leiter der *Fellowship*-Arbeit in Washington, welcher die persönliche Begegnung der beiden Männer im Hause eines anderen Freundes, namens Al Quie, organisiert hatte. Auch der damalige Kongressabgeordnete Graham Purcell war anwesend.

Chuck, der ungeduldig darauf wartete, in das Wesen der *Fellowship* eingeführt zu werden, und Harold glichen zwei Boxern, die unruhig in den entgegengesetzten Ecken des Ringes verharrten, im Warten auf den Gong, auf die Konfrontation, die unabwendbar kommen musste. Und dann war es so weit.

Harold forderte Chuck plötzlich heraus: ›Chuck, mir wurde gesagt, Sie seien Jesus Christus begegnet. Würden Sie uns davon erzählen?‹ In keiner Weise war Chuck darauf vorbereitet, inmitten von all den ihm unbekannten Menschen von Christus zu reden, und hätte deshalb in diesem Augenblick sicherlich am liebsten gekniffen. Doch plötzlich bekam er von innen heraus eine solche Festigkeit, dass er, seine ganze Unzulänglichkeit fühlend, und unter dem offenen Blick von Harold, trotzdem zu erzählen begann. Man spürte ihm ab, dass er nicht recht wusste, wie er seine innersten Erlebnisse und Erfahrungen in Worte fassen sollte. Chuck war ein brillanter Redner, keine Frage, doch das Reden über die persönliche Begegnung mit Gott war für ihn etwas völlig Neues. Und so berichtete er uns, wie in jener Nacht im Zusammensein mit Tom Philipps für ihn eine Barriere zusammengebrochen war, die er sein ganzes Leben lang gehütet hatte: ›Ich erkannte, wer Jesus ist und dass ich ihn brauche – und da konnte ich ihm mein Leben ausliefern.‹

Hughes schlug beide Hände hart auf seine Knie und durchbrach mit jener Geste die eingetretene Stille: ›Mehr brauche ich nicht zu wissen, Chuck. Sie haben Jesus angenommen, und er hat Ihren vergeben. Genau das mache ich jetzt auch. Ich liebe Sie von nun an als meinen Bruder in Christus. Ich werde zu Ihnen stehen, Sie überall verteidigen und Ihnen vertrauen mit allem, was ich bin und habe.‹

Chuck, der nur ein schwaches ›Dankeschön‹ hervorbrachte, war tief bewegt. Ausgerechnet jener Mann, der ihn jahrelang wirklich verabscheute und den er seit kaum zwei Stunden persönlich kannte, begegnete ihm jetzt so herzlich. Dann knieten sie alle miteinander nieder und beteten laut. Als Chuck wieder auf den Füßen war, kam Harold lächelnd auf ihn zu und umarmte ihn. Nun wusste Chuck, was *Fellowship* ist, er hatte es selbst erfahren.

Graham Purcell, der vor seiner Wahl als Kongressmitglied Richter in Texas war, sagte zu ihm: ›Politiker hüten sich vor jedem, der auf eine Anklage zugeht, aber Nachfolger von Jesus stehen zusammen.‹ ›Das stimmt‹, bestätigte Al Quie, ›wir werden zu Ihnen stehen, Chuck, halten Sie den Kopf hoch!‹

Dass es wirkliche Freunde waren, habe ich spätestens dann begriffen, als Chuck, durch eine Selbstanzeige bedingt, verurteilt wurde und im Gefängnis landete. Somit konnte er seinem Sohn, der während dieser vaterlosen Zeit in ein Drogendelikt verwickelt war, nicht beistehen. Einer der schon genannten Freunde, ein langjähriger Kongressabgeordneter der Republikaner für den Staat Minnesota, beantragte beim Justizministerium, dass er anstelle von Chuck ins Gefängnis gehen und seine Strafe absitzen würde. Es war Al Quie. Das ist echte Freundschaft, praktische Bruderschaft, *Fellowship* eben.

All die genannten Freunde, und darüber hinaus noch weit mehr, haben meine Frau und ich in den letzten 40 Jahren kennen- und schätzen gelernt. Als wir an einem Abend einer Einladung von Chuck und seiner Frau Patty folgten, konnten wir nur staunen, wie unkompliziert natürlich sich die Anwesenden verhielten, die meisten unter ihnen waren hochgestellte Politiker. In der Wohnung der Colsons befanden sich etwa 14 Stühle, aber mindestens doppelt so viele Gäste. Ganz unbekümmert nahmen US-Senatoren und andere hochkarätige Persönlichkeiten auf dem Fußboden Platz. Was eine schwäbische Hausfrau in die totale Verzweiflung gestürzt hätte, ertrug Patty mit amerikanischer Gelassenheit, hier herrschte einfache Normalität. Die bekannte Schriftstellerin Catherine Marshall und ihr Mann sahen darin ebenso eine pure Selbstverständlichkeit wie auch zwei bedeutende Filmregisseure aus Hollywood. War dieses Verhalten nicht geradezu vorbildlich, eine lebendige, ja wirkliche Demonstration des Dichterwortes: Mensch werde wesentlich!?

Nun stellte Chuck meine Frau und mich vor. Bei mir angekommen sagte er: ›Das ist mein lieber Freund Friedrich‹, ließ dann noch einige weitere liebenswerte Bemerkungen fallen und fuhr fort: ›His English is poor, but his spirit is well.‹ – ›Sein Englisch ist armselig, aber sein Geist ist in Ordnung.‹ – (Für mich war das ein wirklicher Anstoß mein Englisch zu verbessern.)

Da gäbe es noch vieles Weitere von dem zu berichten, was die innige Freundschaft unter uns allen einmal mehr skizzieren könnte: Gemeinsame Erlebnisse und Erfahrungen, Fröhliches und auch Trauriges, Bezeichnendes, Tiefgründiges, verbindende Brüderlichkeit eben, ausgerichtet auf dasselbe Ziel, dem *einen* Herrn dienend.

Ich habe meinen Freunden viel zu danken: für die Horizonterweiterung und besonders für die praktizierte und gelebte Einheit von Bekenntnis und Leben. Bei Gott passen Wort und Tat immer zusammen. Im Hinblick auf unser menschliches Tun sagt uns das Wort Gottes: ›Lasset uns nicht lieben mit Worten noch mit der Zunge, sondern mit der Tat und mit der Wahrheit‹ (1. Johannes 3,18).

Harold Hughes besaß ein fröhliches Herz, folgte Jesus konsequent nach und hatte einen klaren Blick für die kleinen und großen Nöte unserer Welt, mit großem Mut, Hilfe zu leisten bei den Problemen der Regierenden oder in den Armutsvierteln und dies alles im kindlichen Vertrauen auf Jesus. Er war so echt, dass er in dem großen Hollywood-Spielfilm über das Leben von Charles Colson und die Verwicklung in den Watergate-Skandal seine eigene Rolle darin auch selbst spielen wollte. Dafür bekam er die beste Kritik der Fachleute. Über Hughes spannendes Leben konnte ich vor Jahren eine Biografie veröffentlichen, auch dafür bin ich sehr dankbar.[24]

Es braucht mehr denn je authentische Lebenszeugnisse von Menschen, die ursprünglich ein Leben ohne Gott führten, und dann, nach der durch Gott gewirkten Umkehr, nach ihrer Bekehrung, ein neues, von Gott umgestaltetes Leben erhalten haben. Ein solches Geschehen, eine Wiedergeburt, schenkt dem Menschen einen absoluten Neuanfang. So, als wäre das Vergangene nie gewesen, wird das Alte – fast möchte ich sagen – ausgelöscht, abgeschnitten, abgesondert, und tatsächlich fühlt es sich so an, als könne man die Lebensuhr noch einmal ganz neu stellen.

In jedem Leben, wo eine solch klare Bruchstelle durch Gott her-beigeführt wurde, wird der innere Mensch neu; die Veränderung des Betroffenen ist dann unzweifelhaft, unübersehbar und eindeu-tig, erkennbar für jedermann. Darum:

> Ist jemand in Christus, so ist er eine neue Kreatur;
> das Alte ist vergangen, siehe, Neues ist geworden.
>
> *2. Korinther 5,17*

Im Jahre 1996 wurde Harold Everett Hughes von Gott abgerufen. Für mich gehörte er zu jenen Menschen, die man später, in der eigenen Lebensgeschichte, als unentbehrlich einordnen würde. Auch Charles Colson traf, nachdem er zum lebendigen Glauben an Christus gekommen war, die Entscheidung, nicht mehr in die Politik zurückzugehen und darüber hinaus ebenso seinem Anwalts-beruf den Rücken zu kehren. Stattdessen wollte er, so wie Harold Hughes, gänzlich für den Bau des Reiches Gottes zur Verfügung stehen. Ich konnte in seinem Leben etwas von der Kraft und der Freude der Guten Nachricht von Jesus Christus spüren. Zudem sind mir eine ganze Reihe von Menschen bekannt geworden, die durch sein Buch zum Glauben an Jesus Christus gefunden haben.

Charles Colson starb im April 2012. Ein Journalist der weltbe-kannten *Washington Post* schrieb anlässlich seines Todes:

> Colson ... wurde einer der einflussreichsten Sozialreformer des
> 20. Jahrhunderts und war durch seine Bekehrung die gründ-
> lichst veränderte Person, die ich kennenlernte. Seine plötzliche
> Reise vom Weißen Haus in eine Gefängniszelle beendete sein
> Leben der Hochleistung, um nun ein Leben von Bedeutung
> zu beginnen ... Die Zerstörung der Karriere Colsons machte
> ihn frei für eine Berufung, die er selbst nie gewählt hätte. Das
> Werk, das er gründete, Prison Fellowship, ist weltweit das größ-

te Hilfswerk für Gefangene und ihre Familien, mit Aktivitäten in über 100 Ländern, auch Deutschland inbegriffen. Colson leitete eine Bewegung von Volontären, die es wagten, Menschen mit der Liebe Jesu zu begegnen, die am wenigsten liebenswert zu sein schienen. Diese Umkehr der sozialen Prioritäten ist der beste Beweis, dass der Glaube mehr ist als eine Krücke, Opium oder Selbsthilfeprogramm.[25]

Ich füge noch hinzu: Es ist ein eigenartiges Gefühl, einen Freund wie Chuck zu verlieren und zu erleben, welch unerwartete Auswirkungen Begegnungen in seinem Leben, mit seinem Leben und durch sein Leben hatten. Der Liedermacher Manfred Siebald formulierte in seinem Lied *Ins Wasser fällt ein Stein* in einer seiner Liedstrophen:

Ins Wasser fällt ein Stein,
ganz heimlich, still und leise;
und ist er noch so klein,
er zieht doch weite Kreise.
Wo Gottes große Liebe in einen Menschen fällt,
da wirkt sie fort in Tat und Wort
hinaus in uns're Welt.[26]

Fellowship

>> **D**ouglas Coe, der Leiter der *Fellowship*-Arbeit, brachte meine Frau Ursula und mich bei unserer ersten Begegnung in Washington, D. C. in vielfacher Hinsicht zum Staunen. Zunächst sagte er uns, dass Deutschland, von dieser Arbeit aus betrachtet, für sie ein weißer Fleck auf der Landkarte sei. Er legte uns ans Herz, deutsche Politiker einzuladen und gemeinsam mit ihnen nach Washington zu kommen, um diese Initiative – das *National Prayer Breakfast* – und viele Freunde persönlich kennenzulernen.

›Wir beten regelmäßig für Deutschland‹, sagte Coe. ›Dazu legen wir eine Landkarte auf den Zimmerboden, knien uns hin und dann beten wir für die einzelnen großen Städte in Deutschland.‹ Das verwunderte mich sehr. Offen gesagt, kam ich noch nie zuvor auf die Idee, für amerikanische Städte zu beten. Diese Begegnung hatte ungeahnte und weitreichende Folgen und hinterließ sowohl bei meiner Frau Ursula als auch bei mir einen starken und bleibenden Eindruck, deshalb folgten wir dem Rat von Douglas Coe und versuchten tatsächlich, für das kommende Jahr einige Politiker zum alljährlich stattfindenden *National Prayer Breakfast* nach Washington, D. C. einzuladen. Kein leichtes Unterfangen, zumal ich damals noch keinen Kontakt zu Verantwortungsträgern in der Politik hatte oder haben wollte. Und wirklich: Es gelang uns, einige Bundestagsabgeordnete in die USA mitzunehmen, unter anderem auch unseren baden-württembergischen Minister Professor Wilhelm Hahn, Sohn des bekannten baltischen Märtyrers Pfarrer Traugott Hahn.

Veranstaltet wird dieses Gebetsfrühstückstreffen von Mitgliedern des Senats und des Repräsentantenhauses des US-Kongresses. Unter den etwa 3 000 Gästen sieht man auch den Präsidenten und seine Frau, des Weiteren den Vizepräsidenten und seine Frau, die

Mitglieder der Regierung, die Gouverneure der Bundesstaaten sowie die Spitzen von Wirtschaft, Justiz, Militär, Diplomatie und viele ausländische Gäste aus etwa 100 Ländern. Die *Vision* hinter diesem Geschehen ist nicht eine Institution oder Organisation, sondern eine wahrhaft geistliche Mobilisation im Sinne dessen, was Christus tun kann in einem Menschenleben, in einer Stadt, in einem Staat und im Leben der Völker und Nationen.

Um ein Volk, eine Nation als Ganze beeinflussen zu können, braucht es eine *Botschaft*, die, wenn sie überbracht wird, jeden Einzelnen der Gesellschaft ansprechen kann. Diese Nachricht muss sowohl aktuell, als auch zeitlos sein. Sie muss gleichzeitig rassische, geografische oder kulturelle Grenzen überschreiten. Diese Botschaft ist gefunden in der einzigartigen Person Jesu Christi. Die Einmaligkeit dieser Botschaft besteht darin, dass sie keine Theorie oder Lehrsystem ist, sondern eine Beziehung zu einer Person hat. Jesus, der Christus, ist es, der Hoffnung und Trost, Stärke und Hilfe für jeden Menschen und auch für jede Nation bringen kann.

Als *Zweck* des eher im Verborgenen agierenden Freundeskreises wurde einmal zusammenfassend formuliert:

Eine formlose Vereinigung von Laien in Verantwortung zu entwickeln und zu erhalten, um durch Christus einen besseren Weg für das tägliche Leben zu finden; eine Führungsschicht unter Gottes Leitung für Heim, Familie, Gemeinschaft, Nation, und um jede soziale Schicht zu fördern. Wir wollen zusammenarbeiten, um in der ganzen Welt ein geistliches Erwachen – durch Gebet und Gemeinschaft – zu entfachen. Wir wollen weltweit Menschen ermutigen zu einer wirksamen Führung in ihrem eigenen Lebensbereich. Das vollzieht sich bei Frühstück und allgemeinen Tischgesprächen in kleiner Runde, wenn Menschen eine gegenseitige Stärke und Verantwortung in der Gemeinschaft entdecken. ›Das *Ziel* ist es, Menschen eder

Gesellschaftsschicht zu fördern, zu ermutigen und zu einem gottgeweihten Leben zu inspirieren, sodass sie sich dem Willen Gottes, *seinem* Plan und *seiner* Person unterordnen, damit sie von *seinem* Geist geführt und ermächtigt werden.‹ Jene Menschen, die Christus und seinem Reich angehören, haben den Wunsch, Gott durch Christus kennenzulernen. Sie wollen ›Gott lieben, von ganzem Herzen, von ganzer Seele und mit aller ihrer Kraft, und ihren Nächsten wie sich selbst.‹

Matthäus 22,37 [27]

Dieses erstmalige Erleben des Nationalen Gebetsfrühstücks – später folgten noch viele weitere – war für Ursula und mich wie ein Eintauchen in eine neue Welt. Das nahm schon mit den schriftlichen Bemerkungen auf der Einladung von Präsident Jimmy Carter seinen Anfang: ›Es ist eine natürliche Folge dieser Gebetstreffen in vielen Städten … dass durch die Kraft Jesu Christi eine geistliche Verbundenheit und Freundschaft entsteht, die helfen wird, wahre Gemeinschaft in der Völkerfamilie zu bauen.‹ Der anwesende Billy Graham, sagte vor den Spitzen von Politik, Militär und Wirtschaft, die sich mit Schriftlesungen, Gebeten, biblischen Grußworten, persönlichen Zeugnissen beteiligten: ›In den USA gab es immer wieder Präsidenten, die vom Gebet sprachen. Jetzt haben wir einen, der selbst betet.‹

Mich berührte die familiäre Atmosphäre unwahrscheinlich, ebenso die gemeinsamen Gebete und Lieder. Dort hörte und sang ich zum ersten Mal das weltbekannte Lied *Trachtet zuerst nach Gottes Reich und seiner Gerechtigkeit*, dessen Originaltitel *Seek Ye First* lautet, geschrieben von Karen Lafferty, einer US-amerikanischen Sängerin, Musiklehrerin und bekennenden Christin, die ursprünglich eine Karriere als Pop-Sängerin begonnen hatte, später aber, nach Rückschlägen und Krisen, den Glauben zum Mittelpunkt ihres Lebens machte. Unmittelbar danach konnte ich dann das Lied in deutscher Sprache veröffentlichen. Und so wie Präsident Carter uns das – auf eigenen Erfahrungen basierend – durch seine Einladung bereits angekündigt hatte, erlebten wir nun selbst die Echtheit und Nachhaltigkeit dieser neu entstandenen Freundschaften mit Jesus im Zentrum.

Bei der mehrtägigen Zusammenkunft gab es Augenblicke der Begegnungen mit Menschen, welche man später, in der eigenen Biografie, unbedingt in der schon einmal genannten Weise einordnen würde: als unentbehrlich. Dazu gehörte der Leiter der als *Fellowship* bezeichneten Arbeit in Washington Dr. Douglas Coe. Sich selbst hätte dieser Mann nie als Leiter betitelt, auch mit der Benennung *Fellowship* war er absolut nicht glücklich. Coe scheute irgendwelche Gruppierungsnamen, er dachte immer nur an einen Freundeskreis um Jesus.

Im dritten Jahr unserer Teilnahme, 1979, wurde Manfred Wörner, der damalige Bundestagsabgeordnete, eingeladen. Später war er Verteidigungsminister und dann Generalsekretär der NATO. Im selben Jahr folgte auch Rudolf Decker, Landtagsabgeordneter in Baden-Württemberg, unserer Einladung. Er war der richtige Mann für diese Arbeit, die auch in Deutschland beginnen sollte. Decker, selbst Politiker, verfügte zweifellos über das notwendige Insiderwissen und hatte als langjähriger Abgeordneter außerdem viele Kontakte. Von noch größerer Bedeutung aber war eine geistliche Berufung, und die erfolgte in Washington durch Douglas Coe. So gelang es bereits schon 1979, mit Parlamentsabgeordneten in Stuttgart ein Gebetsfrühstück zu beginnen, an welchem ich als Nichtpolitiker viele Jahre lang teilnehmen konnte. 1981 startete dann ein Gebetsfrühstück im Bundestag in Bonn, später mit den Abgeordneten des Bundestags in Berlin.

In der Zwischenzeit haben sich in acht Landesparlamenten solche regelmäßigen Treffen herausgebildet. Die Bewegung weitete sich auch auf andere Initiativen aus: Treffen mit Botschaftern, mit höheren Beamten der verschiedenen Ministerien, im Jugendforum, mit Impulsen für ähnliche Veranstaltungen in einer ganzen Reihe von anderen Ländern. Das sind sichtbare Nebenwirkungen von Begegnungen.

Als Leitspruch hat sich bewährt, was in der Präambel des Grundgesetzes der Bundesrepublik Deutschland formuliert wurde: »In der Verantwortung vor Gott und den Menschen.« »Wenn Jesus unser Friede ist, wie Paulus im Brief an die Epheser schrieb, dann ist der Beruf der Nachfolger Jesu auch, Friedensstifter zu sein. Friede, der von innen nach außen wächst.« So ist über die Jahre hinweg ein weltweiter Freundeskreis entstanden, welcher Nachfolger Christi auch über Grenzen und Kontinente hinweg vereint, ermutigt und immer wieder auch in der Friedensvermittlung bei kriegerischen Auseinandersetzungen aktiv werden lässt.

Auch von Deutschland aus gingen manche wichtige und hilfreiche Impulse in die verschiedensten Länder unserer Erde hinaus; alle ursprünglich von einem Buch initiiert, das eine Einladung nach Washington zur Folge hatte, und dessen Autor – durch seine Lebensgeschichte, durch die persönliche Umkehr, durch sein Zeugnis als Nachfolger Christi – mit der Veröffentlichung desselben die große Vision und Hoffnung hatte, Menschen hinführen zu können zu Gott, durch seine Geschichte den Einzelnen zu bewegen, damit am Ende eine Vielzahl bewegt werden kann.

In dieser Hoffnung betete er zum Allmächtigen um eine Erweckung seines Volks zu neuem Leben. Richtungsweisend zeigt der Autor auf *den einen* Weg, welcher ausnahmslos jeden Menschen verändern wird, der diesen Weg konsequent geht:

Es ist meine Hoffnung, dass Sie um die Hand Gottes in Ihrem Leben bitten werden. Wir müssen uns vor dem Allmächtigen beugen und uns von ihm aus der Dunkelheit in das Licht führen lassen.[28]

Helmuth Rilling – ein weltweiter Botschafter Johann Sebastian Bachs

Führung und Leitung in meinem persönlichen als auch im geschäftlichen Leben, das ist eine lange Erfahrung, die mir von Gottes Fürsorge für mich erzählt. Wie schon berichtet, spielt besonders die Musik eine große Rolle in meinem Dasein. Immer war ich auf der Suche nach herausragenden Kompositionen, vor allem nach Vertonungen von Bibelworten. Da gab es in der Kirchenmusik früherer Jahrhunderte vieles zu entdecken, auch manches Unbekannte, Wertvolle, das oft Jahrhunderte in den Archiven schlummerte. Für mich war es stets die erfahrene Freude eines Entdeckers, wenn geistliche Musikwerke nun von den Chören des Landes gesungen werden konnten – Evangeliumsverkündigung durch Musik, Evangelisation in Tönen.

Im Zuge dieser Entdeckungsreise stieß ich auf herausragende Werke aus der großen und bedeutenden Bach-Familie, hauptsächlich der Vorfahren des berühmten Johann Sebastian, aber auch einige Kompositionen seiner Söhne. Zu diesen Werken existierte kein Aufführungsmaterial, und so ließen wir Partitur, Chorpartitur und Orchesterstimmen drucken. Auf jene Weise wurden diese recht unbekannten Werke langsam öffentlich eingeführt. Wir hätten uns das durchaus auch rascher vorstellen können. Um den Bekanntheitsgrad zu beschleunigen, kam mir die Idee, jene Kompositionen auf Schallplatten aufzunehmen. Als kompetenter Dirigent fiel mir Helmuth Rilling mit seinen Ensembles ein. Rilling gab eine Zusage und lieferte eine vortreffliche Aufnahme der zwölf geplanten Werke unter dem Titel *Geistliche Musik der Bach-Familie* ab.

Erstaunlicherweise verkauften sich diese zwölf Kompositionen der Vorfahren und Verwandten Johann Sebastian Bachs sowie sei-

221

ner Söhne, welche auf insgesamt drei Schallplatten erschienen sind, auffällig gut. Durch diese erfolgreiche Zusammenarbeit vertiefte sich die persönliche Beziehung zu Helmuth Rilling. Gemeinsam mit unseren Kindern machten wir früher als Hänssler-Familie hin und wieder Ferien auf dem Bauernhof und besuchten eine uns wohlbekannte Bauernfamilie in einer zentralen Gegend im Schwarzwald. Unsere Unterkunft war sehr einfach. Für uns und unsere Kinder war der Aufenthalt dort stets eine beglückende Angelegenheit.

Als wir eines Tages dann erneut an diesem Ort Ferien machten, meldete sich, sehr zu unserer Überraschung, Helmuth Rilling zu Besuch an. Im tiefen Schwarzwald nutzten die über die Spätfolgen dieser Unternehmung noch ahnungslosen Familien jetzt gemeinsam die Möglichkeit eines froh gestimmten und ausgedehnten Spaziergangs. Dazu muss ich allerdings etwas ausholen:

Die Kompetenz des immer bekannter werdenden Helmuth Rilling brachte den Claudius-Verlag in München auf die Idee, einige der Kantaten von Johann Sebastian Bach auf Schallplatte aufzunehmen. Von den bis heute noch erhaltenen 200 Kantaten waren nur wenige einer breiten Öffentlichkeit bekannt. Dafür gab es musiktechnische, aber auch finanzielle Gründe; die hauptsächliche Ursache jedoch lag ganz sicher an der Nichtverfügbarkeit des Aufführungsmaterials. Zunächst beabsichtigte man, ausschließlich nur unbekannte Kantaten von J. S. Bach aufzunehmen. Das war zweifellos sehr ehrenhaft gegenüber den enorm hohen Kosten der Plattenaufnahmen, aber wirtschaftlich nicht zu stemmen.

Die bayerische evangelische Landeskirche unterstützte zwar diese Aufnahmen nicht unerheblich, musste dann aber die Zuschüsse an den Claudius-Verlag einstellen, was gleichzeitig natürlich auch die Einstellung dieser bestbeurteilten, vortrefflichen Einspielungen bedeutete. Dies ereignete sich 1977 und damit noch vor unserem gemeinsamen und – wie wir im Nachhinein feststellen durften – sehr bedeutsamen Spaziergang. Dennoch – es wurde *das* Gesprächsthema. Und dies wiederum hatte weitreichende Konsequenzen: Der Hänssler-Verlag kaufte nicht nur die von Claudius begonnenen Aufnahmen, Helmuth Rilling stellte mir, aufgrund der guten Erfahrungen unserer gemeinsamen Zusammenarbeit die Bach-Familie betreffend, außerdem noch die entscheidende Frage, ob ich bereit sei, die begonnene Kantatenserie weiterzuführen.«

Als die beiden Familien sich an jenem Tag voneinander verabschiedeten, war die Entscheidung bereits im positiven Sinne gefallen. Auf Verleger und Dirigent wartete jetzt eine große künstlerische, logistische und finanzielle Herausforderung. Hauptsächlich der finanzielle Aspekt konnte bewältigt werden, indem ein Teil der Notenausgaben des Hänssler-Verlags, die sogenannten Reihenausgaben, an eine Interessentengruppe verkauft wurden welche dann jenen Anteil an den Carusverlag veräußerte. Rasch wuchs der Hänssler-Verlag zum Schallplattenverlag. Die Plattenaufnahmen und Produktionen von 200 Kantaten in die Wege zu leiten, bedeutete eine absolute Meisterleistung, besonders weil sich in den entsprechenden Jahren der revolutionäre Wechsel von der herkömmlichen Schallplatte zur CD vollzog.

Doch das fast unmöglich Scheinende wurde tatsächlich möglich: Zum 300. Geburtstag von J. S. Bach, im Jahre 1985, konnte das weltweit bestaunte, einzigartige Werk auf einhundert Langspielplatten vollendet und veröffentlicht werden. Einzigartig und wirklich einmalig auch in der Hinsicht, dass das Gesamtwerk von insgesamt 200 Kantaten von einem einzigen Dirigenten dirigiert wurde. Darüber hinaus war es Friedrich Hänssler ein großes Anliegen, das gesamte Bach'sche Werk auf CD wiederzugeben. In Zusammenarbeit mit der Bachakademie konnte dieses Mammutprojekt auf 172 CDs dann im Jahr 2000, in Bachs 250. Todesjahr, abgeschlossen werden.

Das »Jahrhundertwerk«, wie die Presse es nannte, unter der Leitung von Helmuth Rilling, war vollendet. Im selben Jahr 2000 verlieh die Internationale Musikmesse MIDEM dem Label hänssler CLASSIC den Titel *Best Label of the Year.*

Auch die Verleihung des internationalen *Grand Prix du Disque* ließ nicht auf sich warten, und die Fachpresse überschlug sich seinerzeit regelrecht mit ihrer Anerkennung. Nie zuvor in der Geschichte des Grand Prix wurde ein so umfangreiches Werk ausgezeichnet. Was aber bedeuten diese Kantateneinspielungen für Friedrich Hänssler persönlich? Nun, neben dem Fakt, dass jener Spaziergang der beiden Familien im Schwarzwald damit der teuerste in Friedrich Hänsslers Leben wurde, ist außerdem festzuhalten, dass Gott durch diese klare Programm-Ansage beide – Verleger und Dirigent – gemeinsam als Berufene zum Bau seines Reichs in den Dienst stellte. Und dies auf einem Gebiet, welches Hänssler bereits schon in der Jugendzeit zutiefst berührt hatte – man möge sich hier zurückerinnern an den erwähnten Kauf der etwa 30 Notenausgaben von J. S. Bach in der grünen Petersausgabe, wohlgemerkt als Dreizehnjähriger. Diese Ausrichtung wurde für Friedrichs, aber vor allem auch für Helmuth Rillings Leben zur höchsten Priorität. Die große Möglichkeit der Evangeliumsverkündigung durch Musik, durch weltweite Verbreitung, auch in sogenannten nicht christlichen Ländern, ist seither durch dieses grandiose Werk gegeben.

Über Rilling, der auch heute noch ein aktiver und weltweit gefragter Dirigent ist, sagt Friedrich Hänssler: »Helmuth Rilling ist für mich Botschafter des Wortes, ein Alleinstellungsmerkmal, seine Aufführungen sind Begegnung mit dem Wort. Eine tiefe, gründliche Beschäftigung mit dem Wort-Ton-Verhältnis, und das beileibe nicht nur beim Übervater Johann Sebastian Bach, sondern auch beispielhaft bei Heinrich Schütz oder Johann Nepomuk David. Man muss nur einmal in einer Rilling'schen Matthäuspassion-Aufführung dieses kompositorisch absolut kunstvolle *Wahrlich, dieser ist Gottes Sohn gewesen* gehört haben, um diese Begegnung mit dem Wort erleben zu können.

Und diese biblische Botschaft der Bach'schen Kantaten und Passionen trägt Helmuth Rilling hinein in manche nicht christlichen Länder dieser Welt. Dort wird er dann auch durchaus ernsthaft von Chorleitern gefragt: ›Muss man diese biblische Botschaft glauben, um diese Werke richtig aufführen zu können?‹ Und er schreibt einem etwas penetranten Chorleiter auf dessen Frage nach dem Wesentlichen in seiner erarbeiteten Bachpassion-Partitur, in die Partitur hinein: ›Es ist vollbracht.‹

Helmuth Rilling ist Hoffnungsbotschafter, ja weltweiter Hoffnungsträger. Es ist dabei symptomatisch, dass Helmuth Rilling die höchste musikalische Auszeichnung, die es überhaupt gibt, einen Classical Grammy Award, für die Aufnahme des *Credo* von Penderecki bekommen hat. Nicht weniger beachtenswert finde ich, dass Helmuth Rilling bei der Auswahl für eine Sonderausgabe seiner zwölf Lieblingsaufnahmen aus Hunderten seiner Plattenaufnahmen als Nummer 1 *Wachet auf, ruft uns die Stimme* (Kantate 140 von Johann Sebastian Bach) wählt und als Nummer 12 die großartige sinfonische Orchestereinleitung, die Ouvertüre zum Oratorium *Paulus* von Felix Mendelssohn-Bartholdy mit der so sehr eindrücklichen Choralmelodie *Wachet auf, ruft uns die Stimme*.

Als Hoffnungsbotschafter des gesungenen Bibelwortes hat Helmuth Rilling das Evangelium durch die Musik in unsere Gesellschaft, ja, in die weite Welt getragen – durch die Kantatentexte in einer Deutlichkeit, wie ich sie mir heute manchmal von manchen Kanzeln wünschen würde. Als Beispiel möchte ich das Duett, Arie Nr. 5, aus der Kantate 190 *Singet dem Herrn ein neues Lied!* nennen:

Jesus soll mein alles sein,
Jesus soll mein Anfang bleiben,
Jesus ist mein Freudenschein,
Jesus will ich mich verschreiben.

Jesus hilft mir durch sein Blut,
Jesus macht mein Ende gut.[29]

Für mich persönlich war Helmuth Rilling Hoffnungsträger, als er im Westen des US-Bundesstaats Oregon, genauer gesagt in Eugene, das Stabat Mater von Antonín Dvořák mit dem einmalig gewaltigen Amen-Schlusschor aufführte und auf Platte aufnahm, eine Hoffnungs-Vorahnung der himmlischen Musik, die kein Auge gesehen und kein Ohr gehört hat, die Gott bereitet hat denen, die ihn lieben.«

»Geh unter der Gnade«

Im Jahre 1975 arbeiteten bereits – durch das Wachstum des Verlages bedingt – 130 Mitarbeiter in der Firma. Auch der Autorenstamm erweiterte sich. Gott arrangierte Begegnungen mit einer Reihe von jüngeren, teilweise sich noch im Studentenalter befindlichen schriftstellerisch begabten und später wohlbekannten und erfolgreichen Autoren wie etwa Hans-Joachim Eckstein, Peter Hahne, Rolf und Winrich Scheffbuch, Gerhard Schnitter, Peter Strauch, Manfred Siebald. Ihre Texte, ihre Melodien haben tatsächlich Millionen Menschen erreicht und berührt.

Für Friedrich Hänssler persönlich waren drei Lieder – *Nun gehören unsre Herzen, Aber der Herr ist immer noch größer* und *Geh unter der Gnade* – sehr eindrücklich geworden, wohl auch durch die intensive Beschäftigung mit denselben.

Das 1938 entstandene Lied *Nun gehören unsre Herzen*[30] schrieb der damalige Leiter der Anstalt Bethel, Pastor Fritz von Bodelschwingh, der ein vollmächtiger Kämpfer für seine, damals als lebensunwert bezeichneten Kranken, ebenso auch ein Verkündiger der Botschaft vom Kreuz war. Die Melodie dazu verfasste der Westbund-Posaunenwart Richard Lörcher 1946, dem Friedrich Hänssler auch persönlich begegnen konnte. Das Lied entsprach inhaltlich genau jener Predigt, welche Pastor Fritz von Bodelschwingh am Karfreitag 1945 in der Zionskirche in Bethel gehalten hatte: »Christus hat unsere Sünden an seinem Leib hinaufgetragen auf das Holz. Wir sind aufgefordert zur Bejahung dieses auf Golgatha geschehenen Gottesgerichtes und in heilgem Stilleschweigen dieses Sieges zu gedenken.«

Gottes starke Hand bringt alles zurecht. In allen vier Versen erklingt der Ruf: Golgatha. Als Geheimnis des Gerichtes und Geheimnis der Gnade lässt sich Golgatha nie ausschöpfen …

1. Nun gehören unsre Herzen ganz dem Mann von Golgatha,
   der in bittern Todesschmerzen das Geheimnis Gottes sah,
   das Geheimnis des Gerichtes über aller Menschen Schuld,
   das Geheimnis neuen Lichtes aus des Vaters ewger Huld.

… sondern nur schweigend verehren:

2. Nun in heilgem Stilleschweigen stehen wir auf Golgatha.
   Tief und tiefer wir uns neigen vor dem Wunder, das geschah,
   als der Freie ward zum Knechte und der Größte ganz gering,
   als für Sünder der Gerechte in des Todes Rachen ging.

Das österliche Ja des Christus umschreibt Vers 3:

3. Doch ob tausend Todesnächte liegen über Golgatha,
   ob der Hölle Lügenmächte triumphieren fern und nah,
   dennoch dringt als Überwinder Christus durch des Sterbens Tor;
   und die sonst des Todes Kinder, führt zum Leben er empor.

Und die Gemeinde antwortet mit ihrem menschlichen Ja des Dankes und der Hoffnung in Vers 4:

4. Schweigen müssen nun die Feinde vor dem Sieg von Golgatha,
   die begnadigte Gemeinde sagt zu Christi Wegen: Ja!
   Ja, wir danken deinen Schmerzen; ja, wir preisen deine Treu,
   ja, wir dienen dir von Herzen. Ja, du machst einst alles neu!

In diesem Lied hat die Botschaft vom Kreuz Jesu ein neues Gewand gefunden, glaubhaft und ergreifend. Deshalb schlug Friedrich Hänssler vor, dieses sozusagen als Bekenntnislied mit allen Teilnehmern bei einer der in Württemberg gut bekannten Ludwig-Hofacker-Konferenzen (heute Christustag) zu singen. Das wurde so gut aufgenommen, dass es alle Besucher in der Folge viele Jahre lang bei dieser Konferenz sangen. Text und Melodie – gerade auch, wenn von Tausenden gesungen – bewegen tief. Das Wort der Passionspredigt dringt ein, und ruft dem *Du,* dem alle Ehre gebührt:

> Ja, wir danken deinen Schmerzen;
> Ja, wir preisen deine Treu;
> Ja, wir dienen dir von Herzen,
> Ja, du machst einst alles neu.

Von Elisabeth und Gerhard Schnitter stammen Text und Melodie des Lieds *Aber der Herr ist immer noch größer.* In Psalm 93 wird das Bild der Wasserströme, der brausenden und sich erhebenden Wellen gezeichnet. Große Wellen, die sich mit Macht bewegen und anscheinend alles bestimmen und auch alles zerstören können. Wahrscheinlich war der mit: »Der Herr ist König« beginnende Psalm die Grundlage für dieses Lied. Die wenigen Psalmverse weisen darauf hin, dass der Herr in der Höhe noch viel größer ist als alle ungestüme Gewalt des Meeres. Gott ist immer noch größer, das wusste schon Jetro, Moses Schwiegervater, nach dem Wunder des Auszugs der Kinder Israels aus Ägypten. Das erfuhr auch Hiskia bei der Belagerung Jerusalems, und das sagte Jesus im Tempel in Jerusalem: »Mein Vater, (…), ist größer als alles, (…)« (Johannes 10,29).

In dem Lied wird die Art der Wellen, die uns bedrohen und ängstigen wollen, beschrieben. Wellen, die uns allen gut bekannt sind, weil sie sehr real auf uns zukommen. Wellen der Angst, Angst vor dem Leben, vor der Einsamkeit. Wellen der Schuld, auch der Versäumnisschulden. Wellen des Leids, der Hoffnungslosigkeit. Wellen der Sorge, der Sorge ums Dasein, der Sorge um Glück und Geschick. Der letzte Vers zeigt den Ausweg, die Rettung vor den Wellenbergen:

Durch alle Wellen trägt er *(Jesus)* mich an Land.
Geborgen, voll Freude fass ich seine Hand.
Ist auch das Brausen übermächtig groß:
Er geht auf den Wellen, und er lässt nicht los.

Denn der Herr ist immer noch größer,
größer als ich denken kann.
Er hat das ganze Weltall erschaffen.
Alles ist ihm untertan.[31]

Jesus trägt mich geborgen ans Land, ja, er ist der, der auf den Wellen geht und mich nicht loslässt.

Besonders eindrücklich wurde für Friedrich Hänssler dieses Lied bei einem Gemeindetag unter dem Wort im Stuttgarter Neckarstadion. Hier durfte er *Aber der Herr ist immer noch größer* unter Chor- und Bläserbegleitung mit etwa 50 000 Besuchern einüben. Damit im großen Rund des Stadions Hänsslers Dirigierbewegungen auch sichtbar waren, trug er riesige weiße Pappmanschetten an den Armen. Mitten im Stadion, welches sonst hauptsächlich an Torschreie gewohnt war, wurde dieses Lied von den Wellen angestimmt. Dieses Ereignis ist Friedrich Hänssler unvergesslich in Erinnerung geblieben:

»Ich weiß, dass Jesus da ist, wo zwei oder drei in seinem Namen zusammen sind. Aber es ist auch großartig zu erleben, wenn Zehntausende laut und deutlich inmitten der Wellenberge und Täler des Lebens, mitten im Treiben unserer Gesellschaft singen und bekennen: Der Herr ist größer. Es hat sich bei mir tief, ja unvergesslich eingeprägt, was die Tausende auf die Wellenberge zu antworten hatten: *Aber der Herr ist immer noch größer, größer als ich denken kann. Er hat das ganze Weltall erschaffen. Alles ist ihm untertan.*

Mit dem Lied *Geh unter der Gnade* verbindet Friedrich Hänssler eine besondere Geschichte. Martin Luther formulierte einst:

Niemals empfindet man die Hand Gottes kräftiger über sich, als wenn man die Jahre seines vergangenen Lebens betrachtet.

Wie wahr! In der Rückschau sieht man den roten Faden Gottes in der eigenen Lebensgeschichte, Meilensteine *seines* Eingreifens und *seines* Wirkens. Ein solcher Meilenstein und eine besondere Aufforderung zum Rückblick ist auch ein runder Geburtstag:

»Bei meinem 60. Geburtstag waren eine Reihe guter Freunde versammelt, um Gott gemeinsam für seine Führung und Bewahrung und für seine unbegreifliche Treue zu danken. Natürlich wurden kurze Reden gehalten und eigentlich war mir das alles schon zu viel des Guten. Die Gäste brachten auch noch Geschenke mit, und viel Liebe wurde sichtbar.

Meine Kinder schenkten mir, zum Entsetzen meiner Frau, einen großen Bernhardinerhund, der vorsichtig in den festlich geschmückten Raum marschierte. Pfarrer Paul Deitenbeck, der mit seiner Frau ebenfalls unter den Gästen war, sagte fast beiläufig zu mir: ›Ich bin dabei zu beten, dass ich im Himmel einmal die Aufsicht über die Bernhardinerhunde habe.‹ Das war echt Paul Deitenbeck.

Und dann brachte Manfred Siebald sein Geschenk mit, es war dieses Lied *Geh unter der Gnade*, das er mir zum Geburtstag gedichtet und komponiert hat:

Alte Stunden, alte Tage
lässt du zögernd nur zurück.
Wohlvertraut wie alte Kleider
Sind sie dir durch Leid und Glück.

Neue Stunden, neue Tage –
zögernd nur steigst du hinein.
Wird die neue Zeit dir passen?
Ist sie dir zu groß, zu klein?

Gute Wünsche, gute Worte
wollen dir Begleiter sein.
Doch die besten Wünsche münden
alle in den einen ein:

Geh unter der Gnade,
geh mit Gottes Segen,
geh in seinem Frieden,
was auch immer du tust.

Geh unter der Gnade,
hör auf Gottes Worte,
bleib in seiner Nähe,
ob du wachst oder ruhst.[32]

Zusammen mit zwei amerikanischen Sängern, dem Ehepaar Cae und Eddy Gauntt, sang er es dann, im Kreise der Geburtstagsgäste, zum ersten Mal. Ein großes und vor allem ein nachhaltiges Geschenk. Niemand konnte ahnen, dass sich dieses Lied zu einem der bekanntesten und beliebtesten des begabten christlichen Liedermachers und Autors entwickeln würde. Schon gar nicht war daran zu denken, dass es Jahre später in einer ganzen Reihe von Kirchengesangbüchern erscheinen sollte.

Für mich war es und ist es bis heute ein besonderes Segenslied. Jedes Mal, wenn ich irgendwo in deutschen Landen zu Vorträgen und in Gottesdiensten unterwegs bin und dieses Lied wird gesun-

gen, dann lasse ich mir immer wieder neu diesen Segen Gottes zu-
sprechen: Geh unter der Gnade, geh mit Gottes Segen, geh in seinem
Frieden, was auch immer du tust. Geh unter der Gnade, hör auf
Gottes Worte, bleib in seiner Nähe, ob du wachst oder ruhst.«

Bleibende Kontakte

I m Jahr 1994 wurde das 75-jährige Jubiläum des Hänssler-Verlags festlich gefeiert. Ein wahrlich großes und denkwürdiges Ereignis, an welchem auch der im März 2017 verstorbene Landesbischof Theo Sorg – dessen damalige Amtszeit an genau diesem Tag endete – eine Dankesbotschaft für Friedrich Hänssler auf den Weg brachte:

»Wie es sich für einen evangelischen Bischof geziemt, will ich mein Grußwort für den heutigen Festtag mit einem Luther-Zitat beginnen. Wir wissen, dass Martin Luther große Stücke von der Musik gehalten und in allen Zeiten gerne gesungen und musiziert hat. Nicht nur in lichten Zeiten, sondern gerade und besonders in Phasen der Anfechtung und Traurigkeit hat ihn die Musik erfreut und erquickt. So grüße ich den Hänssler-Verlag mit all seinen Mitarbeiterinnen und Mitarbeitern, die Familie Hänssler und besonders Dich, lieber Friedrich Hänssler, mit einem Wort Martin Luthers: ›Ich wünsche gewiss von Herzen, dass jeder die göttliche und vortreffliche Gabe der Musik lobte und priese.‹

Fast überschwänglich klingt dieses Wort, und dennoch scheint es mir wie wenige andere geeignet, uns zu den Quellen musikalischen Schaffens zu führen. Musik war für Luther ein Geschenk Gottes an den Menschen, das dieser zu Lob und Dank gegenüber seinem Schöpfer und zu seiner eigenen Erhebung empfangen hat, zur Freude und zum Trost. Wie wenige vor und nach Luther hat später Johann Sebastian Bach diese Quelle der Musik neu erschlossen und zum Leuchten gebracht. Er hat bis heute Ungezählte dazu inspiriert, es ihm nachzutun.

Wir blicken heute mit Achtung und Respekt zurück auf 75 Jahre Bestehen des Hänssler-Verlags. Wenn Johann Sebastian Bach einst seine Kompositionen eingeschickt oder abgeschlossen hat mit den lateinischen Abkürzungen S. D. G. oder J. J., Soli Deo Gloria oder Jesu Juva, Jesus hilf, dann können wir diese Bach'sche Übung mit dem gleichen Recht auch über den Weg und das Werk des Hänssler-Verlags setzen. Mit J. J. fängt es an, mit der Bitte um die Hilfe des Herrn Christus und zu Gottes Ehre geht es fort, nun schon ein dreiviertel Jahrhundert hindurch. S. D. G. – das verbindet die beiden, Bach und Hänssler. Das macht zugleich deutlich, dass es das biblische Wort ist, das Zeugnis von Jesus Christus, das beide gleichermaßen unter den Menschen vertreten wollen. Und so liegt die kesse Überschrift einer der großen Tageszeitungen mit ihrem Bericht über das Hänssler-Jubiläum durchaus nicht daneben, wenn sie vor wenigen Tagen formuliert hat: ›Erfolg mit Bach und Bibel.‹

Das gedruckte Wort, die Bibel vor allem, aber auch die klingenden Töne geistlicher Musik sollen die Menschen bewegen. Das ist das Ziel Friedrich Hänsslers. Wort und Ton sollen sie zum Evangelium von Jesus Christus hin bewegen. Dem dienen die gedruckten Bibelausgaben, die Auslegungen, Bildbände, die Erzählungen und die Liederbücher. Dem dient ebenso das breite Schallplatten- und CD-Angebot geistlicher Musik des Hänssler-Verlags, besonders die Einspielung der 200 Kirchenkantaten J. S. Bachs durch Helmuth Rilling. So ist Friedrich Hänssler mit seinem Verlag einer der großen geistlichen Beweger unserer Zeit, weit über den Rahmen der Kirche hinaus.

Am Beispiel seiner Person wird deutlich: Wer fest in Gottes Wort gegründet ist, kann von da aus vieles in Bewegung setzen. Und noch eines zeigt sich hier, und gerade darauf hinzuweisen, scheint mir in unserer Zeit postmoderner synkretistischer Beliebigkeit nötig zu sein: Die Kultur Europas ist ohne die Bibel nicht zu denken. Zu tief hat die Bibel unsere Kultur, die Kunst, die Musik und die Wissenschaft geprägt, als dass wir sie als überholt und überflüssig auf die Seite legen dürften. So vermittelt die Arbeit des Hänssler-Verlags weit über die Verbreitung des biblischen Evangeliums hinaus ein Stück lebendige abendländische Kultur und hat insoweit eine enorme Bedeutung für die Gestaltung des neuen Europa.

Die Evangelische Landeskirche in Württemberg, stellvertretend für alle evangelischen Kirchen, dankt dem Hänssler-Verlag und besonders dem Verleger, Dir, lieber Friedrich, für sein unermüdliches Wirken im Dienst des Evangeliums in Wort und Ton. (...)«

Viele Verbindungen in die weite Welt waren inzwischen geknüpft worden, und so waren natürlich auch weitgereiste Persönlichkeiten anwesend, um gemeinsam mit Verlag und Verleger dieses bedeutende Fest zu feiern. Es gab auf internationalen Buchmessen zahlreiche Begegnungen mit Autoren und Autorinnen, mit Filmproduzenten und besonders mit bekannten internationalen Verkündigern. Fast immer ergaben sich in der Folge bleibende Kontakte und oft auch verantwortliche Mitarbeit.

Billy Graham war ein solch bleibender Kontakt. Die zahlreichen weltweiten Begegnungen mit ihm sind Friedrich Hänssler unvergessen in Erinnerung geblieben: »Wir kamen zusammen in Moskau, Washington, Paris, Essen, Stuttgart, Berlin, Neuhausen, Bernhausen, Amsterdam, Lausanne. Der bekannte Pfarrer, Prediger und Schriftsteller Wilhelm Busch urteilte einst über ihn: ›Billy Graham verkündigt uneingeschränkt die Macht der Gnade Jesu Christi. Evangelium, klares, biblisches, herrliches Evangelium, und Billy Graham sagt, *wie* man das Heil ergreift.‹ Ein Landtagsabgeordneter antwortete mir einmal auf meine Frage, warum er immer so fröhlich strahlen würde: ›Bei einer Stadion-Veranstaltung mit Billy Graham

bin ich nach vorne gegangen, um mein Leben Jesus Christus auszuliefern.‹

Es gibt wohl keinen, der so vielen Menschen das Evangelium
verkündigt hat wie der US-amerikanische Prediger Billy Graham.
Zu seiner größten Veranstaltung kamen 1,1 Millionen Besucher an
einem einzigen Abend. Graham führte in den Jahren von 1948 bis
2000 Großevangelisationen durch. Er bereiste 185 Länder und predigte vor 230 Millionen Menschen. Nach jeder Veranstaltung rief
er die Menschen dazu auf, ihr Leben Jesus Christus zu übergeben:

> Aber unter all dem liegen der Frieden und die Freude die
> nur Christus geben kann: Vergebung. Das Wissen, dass Sie
> im Himmel sein werden wenn Sie sterben, diese Gewissheit,
> wenn ich in diesem Moment sterbe, dann bin ich in der Gegen-
> wart Christi, die ist mit keinem Geld der Welt zu bezahlen.
> Sie können das heute Abend bekommen.[33]

Der große Mann Gottes, dessen persönliche Entscheidung für die
Lebensübergabe an Jesus Christus im jugendlichen Alter von 16 Jahren an einem Spätherbstabend des Jahres 1934 fiel, nachdem er eine
evangelistische Versammlung besucht hatte, auf welcher der Bap-
tistenprediger Mordecai Ham predigte, lud zeit seines Lebens weltweit die Menschen zu einem Leben mit Gott ein. An jenem Abend
hatte der junge Graham eine Begegnung mit der Wahrheit, eine Begegnung mit Jesus Christus. Gott gebrauchte den Prediger Mordecai
Ham und seine Botschaft vom Kreuz, von der Liebe und Vergebung
Jesu Christi, um im Herzen von Billy Graham einen Samen zu säen.
Es war der Aufbruch für eine lebenslange Reise mit Gott. Graham,
Sohn einfacher und sehr gottesfürchtiger Eltern, wusste freilich
nicht, was Gott für sein Leben plante. Er sagte einfach nur: »Herr,
ich bin dein.«

Wenn gleich die Stunde zu predigen für mich kommt, wird Gott mir Kraft geben. Ich sehe mich als Zuschauer, als Zeugen des Wirkens Gottes. Es geht über mich hinaus.[34]

Die Welt schreit nach Hoffnung! Gott schenkt Hoffnung! Er benutzt dafür hingegebene Menschen, um durch sie zu wirken. Wir alle sind von Menschen umgeben, haben einen gewissen Einfluss auf andere, denen wir im privaten und im beruflichen Bereich begegnen. Ab dem Moment, wo wir Ja zu Gott sagen, wird er uns für andere gebrauchen, dürfen wir zur Hoffnungs- und damit zur Segensquelle für andere werden und so unseren ganz persönlichen Beitrag für eine bessere Welt leisten.

Immer wieder können wir in der Geschichte, die Gott mit uns Menschen schreibt, erleben, dass eine einzelne Person einen solchen wesentlichen Einfluss haben kann, dass die Welt davon berührt wird. Wir müssen nur treu sein und Gott unser ganzes Herz geben. Billy Graham war so ein Mensch. Sein Sohn Franklin sagte über ihn:

Ich habe ihn (Billy Graham) niemals sagen hören: ›War das nicht großartig?‹ Und ich war mit ihm in einem Stadion, das proppenvoll war, und zwei Wochen später in einem anderen Stadion, das halb voll war. Ich glaube nicht, dass mein Vater sich jemals die Größenordnung der Veranstaltungen ansah. Ihm war nur bewusst, dass dort verlorene Menschen vor ihm saßen. Er predigte dieselbe Botschaft, ob nun eine große oder eine kleine Menge vor ihm saß, ob es regnete oder schneite. Er predigte das Evangelium. Die Welt misst Erfolg normalerweise ganz einfach an den Zahlen, an der Größe. Ist etwas groß, dann muss es doch wohl vom Herrn gesegnet sein. Fällt es aber klein aus, dann weiß man oft nicht recht, wie man es einordnen soll.

Gott sieht nicht, was vor Augen ist, Er schaut ins Herz. Manchmal tragen die kleinen Veranstaltungen geistlich die weitaus reichere Frucht und nach den größeren Ereignissen – obwohl sie großartig sind – erweist sich der geistliche Einfluss manchmal als kleiner. Es sind gewöhnlich die kleinen Dinge im Leben, die Gott als sein Barometer nutzt. Er sieht das Herz an. Gott lässt sich nicht beeindrucken von den Schlagzeilen der *New York Times* oder von dem, was in *USA Today* steht. Gott schaut in unsere Herzen. Sind wir *ihm* treu? Sind wir *ihm* gehorsam? Sind wir bereit, alles *ihm* auszuliefern, zu *seiner* Ehre? Er will 100 Prozent von uns, nicht nur 99,9 Prozent. Er will 100 Prozent, Punkt!

Es ist ein Privileg für Gott, uns zu gebrauchen, und für uns, von ihm gebraucht zu werden, mit unserem Leben Gott zu dienen. Großartig! Das ist spannend! Ich bekomme eine Gänsehaut, wenn ich darüber nachdenke. Es braucht unseren Gehorsam und die Bereitschaft, ihm zu folgen, wohin immer er uns führt. Als junger Mann gab mein Vater Christus sein Leben. Als er seine Berufung annahm, hatte er keine Ahnung, was vor ihm lag. Er wusste nicht, dass Gott ihn bis an die Enden der Erde gebrauchen würde. Er sagte nur Ja, das war alles. Das gilt auch für uns. Wenn wir Ja gesagt haben, müssen wir uns der Autorität Gottes unterstellen!

Ich wünsche mir, dass diese Bibliothek (Billy Graham Library in Charlotte) als Werkzeug dient. Wenn Familien sie besuchen, können sie hören und verstehen, dass Gott sie liebt, dass er Seinen Sohn Jesus Christus vom Himmel auf diese Erde gesandt hat, um für unsere Schuld zu bezahlen. Er vergoss Sein Blut am Kreuz. Er wurde begraben für unsere Verfehlungen. Er wurde zum Leben erweckt. Wenn wir ihn hereinbitten, wenn wir unsere Schuld bekennen und uns von ihr abwenden, wenn wir Christus in unser Herz und Leben einladen, wird Gott uns vergeben. Er wird uns reinigen und er hat einen Weg für uns, der unsere Vorstellungen weit übersteigt. Aber wir müssen Ihm alles überlassen!

Ich wünsche mir, dass Menschen kommen und sehen, was Gott durch Billy Graham gemacht hat. Gott, nicht Billy Graham. Was Gott durch Billy Graham tat. Diese Bibliothek zeigt die Botschaft von Jesus Christus, Gottes Evangelium, die gute Nachricht, dass Gott die Welt so sehr geliebt hat, dass er seinen einzigen Sohn gab, damit jeder, der an ihn glaubt, nicht verloren geht, sondern das ewige Leben hat.[35]

Im November 2017, während der Entstehung dieses Buchmanuskriptes, wurde Billy Graham 99 Jahre alt. Bald darauf, am 21. Februar 2018, verstarb der bedeutendste Prediger des 20. Jahrhunderts. Billy Graham war Berater von zwölf US-Präsidenten und erhielt als Evangelist einen Stern auf dem *Walk of Fame* in Hollywood.

»Ich lernte ihn als einen der freundlichsten, mitfühlendsten, wahrhaftesten und gehorsamsten Menschen kennen, die ich je getroffen habe. Ein beeindruckender, vor allem aber durch und durch gesegneter Mann, der gewaltige Spuren hinterlässt«, bekennt Friedrich Hänssler voller Dankbarkeit. »Der ihn ständig begleitende Sänger Beverly Shea sang live vor 230 Millionen Menschen. Das ist absoluter Weltrekord. Noch heute höre ich ihn im Neckarstadion in Stuttgart singen: *Gehe nicht vorbei, o Heiland, da du andern Gnad erzeigest, gehe nicht vorbei*«, so der Verleger.

Lassen wir uns doch noch einmal mitnehmen von den folgenden Worten Billy Grahams, öffnen wir unsere Herzen und lassen wir ihn noch einmal zu uns sprechen:

Ich würde das Geld der ganzen Welt nicht eintauschen für das Wissen: Stürbe ich in diesem Moment, wäre ich im nächsten Augenblick im Himmel bei Christus. Sie können sich heute Abend für Jesus entscheiden. Ich bitte Sie zu kommen und Ihn aufzunehmen.

Werk IV. ⊠ Originalkomposition.

Auf Adlersflügeln getragen.

⊠

Worte von A. v. Viebahn.
Für gemischten Chor komponiert

von

Fr. Hänßler.

Nachdruck und Abschrift verboten!
Preis 40 Pf. das Exemplar, in Partien entsprechend Rabatt.

Weil niemand sein Lied »Auf Adlersflügeln getragen« veröffentlichen
wollte, ergreift Friedrich Hänssler sen. selbst die Initiative
und gründet 1919 seinen Musikverlag in Plienigen.

Charles Colson (Mitte) mit Ehefrau Frau Patty,
Postminister Fred Rhodes (r.) mit Ehefrau Wyona
vor dem Privathaus der Hänsslers (1976)

Hoher Besuch in Neuhausen:
Billy Graham im Garten der Hänsslers

Vorstand von »Food for the Hungry«

Der »harte Kern« der Freizeitarbeit des Württ. Brüderbundes (heute Christusbund)

Familie Hänssler 1975 – oben, v. l.: Frieder, Angelika,
Vater Friedrich und Günter; unten: Markus, Mutter Ursula,
Jürgen, Susanne

Zweisamkeit

Friedrich Hänssler mit dem Gründer von Operation
Mobilisation (OM), George Verwer

»Der Mond allein genügt nicht« – bei einer Buchpräsentation
mit Astronaut James Irwin Anfang der 80er-Jahre.

Mit Prof. Dr. Manfred Siebald

Friedrich Hänssler, der israelische Botschafter Avi Primor,
Prof. Dr. h.c. mult. Helmuth Rilling

Im Gespräch mit dem Berliner Regierenden Bürgermeister
Eberhard Diepgen

Mit Prof. Dr. h.c. mult. Helmuth Rilling bei der Präsentation das
Gesamtwerks von Johann Sebastian Bach auf 172 CDs (2000).

Bei den »Sächsischen Israelfreunden«

Mit Dr. Hans-Jochen Vogel, Reg. Bürgermeister von Berlin (1981)

Bundespräsident Johannes Rau und Lothar Späth auf der Frankfurter Buchmesse am Ausstellungsstard des Hänss-ler-Verlags

Im Gespräch mit Bundespräsident Johannes Rau

Einweihung des Hänssler-Verlages in Holzgerlingen 1999; von links: Peter Hahne, Bürgermeister Wilfried Dölker, Ministerpräsident Erwin Teufel, Friedrich Hänssler, israelischer Botschafter Avi Primor (3. v. r.), Günter Hänssler (1. v. r.)

Das neue Büro wird in Augenschein genommen (v.l.): Erwin Teufel, IHK-Präsident Hans Peter Stihl, Hänssler, Bürgermeister Wilfried Dölker.

Der 70. Geburtstag
von Ursula Hänssler (1999)

Im Gespräch mit dem Bundestagsmitglied Johannes Selle. Im Hintergrund: Frieder Trommer, Geschäftsführer des Verlags von 2006 bis 2014

Von links: Friedrich Hänssler; Staatssekretär Dr. Horst Waffenschmidt; Hannelore Kohl mit ihrem Mann, Bundeskanzler Dr. Helmut Kohl; Ministerpräsident Baden-Württembergs Erwin Teufel; rechts dahinter Wolfgang Baake beim »Gemeindetag unter dem Wort«

Bei Verleihung des Bundesverdienstkreuzes 2001, hier mit Parlamentspräsident Erich Schneider; im Hintergrund: Wolfgang Baake (2001)

Von links: Landesbischof Theo Sorg, Ursula und Friedrich Hänssler, Ministerpräsident Dr. h.c. Erwin Teufel

Emanuel »Nono« Razinowsky und Ursula Hänssler auf dem
Dach des Reichstagsgebäudes in Berlin (2002)

Ehepaar Hänssler und Bundespräsident Joachim
Gauck (2012)

Im Austausch mit Bundespräsident Dr. Richard von Weizsäcker

Mit Bundespräsident Dr. Roman Herzog und
seiner Frau Christiane

Prälat Rolf Scheffbuch zu Gast im Verlag

Mit Landesbischof Dr. Gerhard Maier

Die Entfernung soll Sie nicht von Christus abhalten. Ich lade Sie ein, zu kommen! Kommen Sie von dort hinten, von überall! Stellen Sie sich hier hin, still und ehrfurchtsvoll! Der Chor wird leise singen, unsere Köpfe sind im Gebet geneigt, währenddessen können Sie von Ihrem Stuhl aufstehen und kommen. Durch Ihr Kommen sagen Sie: Ich gebe mein Leben Christus. Kommen Sie jetzt![36]

Über sich selbst sagte der Sohn eines Landwirts: »Eines Tages werden Sie hören, dass Billy Graham tot ist. Glauben Sie kein Wort davon. Ich werde lebendiger sein, als ich es jetzt bin, nur meine Adresse wird sich geändert haben. Ich werde in Gottes Gegenwart sein.«

Die christliche Zeitschrift *Entscheidung* unter der damaligen Leitung von Chefredakteurin Irmhild Bärend, die Glaubenszeugnisse, Bibelauslegungen und Reportagen enthielt, hatte ihren Ursprung in der internationalen Arbeit von Billy Graham. Einige wichtige Filme der *Billy Graham Assoziation*, eine ganze Anzahl von Büchern Billy Grahams, die im Hänssler-Verlag veröffentlicht wurden, so auch das damals weitverbreitete Liederbuch *Sing mit – Jugend für Christus*, all das sind Nachwirkungen aus dieser großartigen Begegnung mit dem bedeutenden Prediger und Freund. Für den Vertrieb der exzellenten Filme der *Billy Graham Assoziation* hatte der Hänssler-Verlag eigens ein Büro mit einigen Mitarbeitern aus dieser Organisation eingerichtet.

Ein weiterer bemerkenswerter Weggenosse ist auch der britische Evangelist und Autor W. Ian Thomas, dessen Bücher alle im Hänssler-Verlag erschienen sind, und die daraus entstandene jahrzehntelange freundschaftliche Verbindung mit der *Fackelträger-Bewegung*.

Schon als 12-Jähriger kam Ian zu einem persönlichen Glauben an Jesus Christus. Im Alter von 15 Jahren wusste er, dass er sein ganzes Leben in den Dienst des Heilands stellen sollte. Er begann in den

Straßen von Hampstead Heath zu predigen, Kindergottesdienst und Bibelstunden zu halten. Als Student leitete er die christliche Studentenvereinigung, gründete einen Klub im berüchtigten Eastend von London. Sein Leben bestand aus einer Fülle von überanstrengender Aktivität, sodass er im Alter von 19 Jahren geistlich total geschwächt und ausgebrannt war und nur noch aufhören wollte. Über diese Situation berichtete er später:

> Eines Nachts ging ich vor Gott auf die Knie und konnte in völliger Verzweiflung nur noch weinen. Ich sagte: ›O Gott, ich weiß, dass ich gerettet bin, ich liebe Jesus Christus, ich habe mein Äußerstes versucht, um dir zu dienen, aber ich bin ein hoffnungsloser Versager.‹
>
> In jener Nacht geschah einiges! Ich kann ehrlich sagen, dass ich noch nie aus dem Mund eines Menschen die Botschaft gehört hatte, die mich jetzt erreichte. Gott zeigte mir in dieser Nacht mit aller Deutlichkeit die Botschaft der Bibel über Christus, der unser Leben ist. Zwischen den Tränen meiner Bitterkeit machte der Herr mir klar: ›Versteh es doch! Du hast dich seit sieben Jahren mit aller Ernsthaftigkeit bemüht, an meiner Stelle das Leben für mich zu leben, das ich seit sieben Jahren durch dich leben wollte.‹
>
> In nur einer Stunde entdeckte ich, was das Geheimnis eines abenteuerlichen Lebens ist. Ich erwachte am nächsten Morgen zu einem völlig neuen christlichen Dasein. Aber ich möchte ausdrücklich betonen: Ich hatte nicht ein Jota mehr erhalten, als ich in den letzten sieben Jahren bereits besaß.[37]

Gott führte Ian in eine sechs Jahre andauernde, von ihm reich gesegnete evangelistische Arbeit unter jungen Menschen in ganz Großbritannien. Dann, im August 1943, war Ian in Nordafrika im Kriegseinsatz und schreibt von dort:

Mich verlangt so sehr danach, voll und ganz für den Herrn Jesus Christus zu leben. Ich habe klarer denn je gesehen, wie völlig leer das Leben ist, wenn es nicht um das Ziel geht, Menschen zu Christus zu führen.[38]

Wahrscheinlich hatte er schon damals eine Ahnung davon, was sich aus dieser Konsequenz entwickeln würde: Die Gründung von Bibelschulen und weltweit 26 Fackelträger-Freizeitzentren. Später wird Ian an die Front in Italien versetzt und ist im Mai 1944 mitten drin in der furchtbaren Schlacht von Monte Cassino. Gerade den Schrecken dieser Schlacht entronnen, schreibt er an seine Frau Joan: »Stärker als je zuvor ist mir damit aufs Herz gelegt, dass mein Leben, verbunden mit Deinem, ganz und gar Christus allein gehört und für die Errettung kostbarer Seelen gelebt werden soll.« Die Linien der späteren Lebensaufgabe waren deutlich vorgezeichnet.

1948 kam erstmalig eine Gruppe junger Deutscher auf Veranlassung des britischen Auswärtigen Amtes für einen Monat nach Capernwray Hall. Einige dieser Gruppe öffneten ihr Herz für den Herrn Jesus Christus, als ihnen das Evangelium klar und verständlich erklärt wurde. Sie waren die Ersten, die den Namen Fackelträger für sich verwendeten. In der Folge besuchte Ian wieder Deutschland und manche Familien von Teilnehmern der ersten deutschen Gruppe und sprach bei einigen spontan angekündigten Jugendtreffen. Gegen Ende des Besuchs schien Gott die Türen für eine größere Aufgabe unter der Jugend in Deutschland aufzutun.

Es kam zu einem Treffen der ersten Fackelträger. Hilfreich war, neben den Sommer-, Weihnachts- und Osterfreizeiten der Beginn der sechsmonatigen Capernwray-Bibelschule, um dem großen Verlangen nach biblischer Unterweisung gerecht zu werden. Das setzte sich schließlich in Deutschland durch die Gründung des Fackelträger-Zentrums in Obernhof, später noch in der Bibelschule Bodenseehof, fort.

Anfang der 1950er-Jahre lernte Friedrich Hänssler Ian Thomas als Hauptredner bei mehreren Pfingstjugendtreffen des Württembergischen Brüderbundes persönlich kennen:

»Nichts ahnend, welche Folgerungen das haben würde, hatte ich Ian dazu eingeladen. Für die junge Bewegung veröffentlichte ich 1954 das Fackelträger-Liederbuch mit den erstmals publizierten neuesten christlichen Hits aus dem anglo-amerikanischen Umfeld. Jahre später folgte dann die Publikation der vier Bücher, die Ian Thomas geschrieben hat, darunter das bereits schon an anderer Stelle erwähnte weitverbreitete, wegweisende *Christus in Euch – Dynamik des Lebens*. Zum damals noch nicht verfassten vierten Buch *Kraftvolles Christsein* hatte ich ihn sehr ermutigt. Die klare Botschaft der Errettung durch Jesus Christus und die Nachfolge, in der Jesus sein Leben durch unser Leben leben will, illustrierte Ian Thomas immer wieder mit eindrücklichen Beispielen, welche sich mir bis heute stark eingeprägt haben. Zwei davon, vor über sechs Jahrzehnten gehört, möchte ich noch erzählen.

Während des Zweiten Weltkrieges wurde Ian Thomas von einer deutschen Panzergranate verletzt und einer seiner Finger abgetrennt. Der Chirurg konnte aber ein Fingergelenk retten, sodass es ihm möglich war, einen Teil seines Fingers weiterhin zu benutzen. Diesen benutzte er als Illustration und erklärte: ›Ich könnte hier eine Gummiattrappe anstelle des fehlenden Fingers tragen. Sie würde wie ein echter Finger aussehen; es würde mir nicht einmal etwas ausmachen, wenn einer von Ihnen mit seinem Fuß darauftritt, ich würde keinerlei Schmerzen empfinden. So gibt es Menschen, die in der Kirche sitzen und wie Gläubige aussehen, aber wenn sie nie wirklich Leben in Christus empfangen haben, sind sie wie diese Gummiattrappe: geistlich tot und taub.‹

Ein anderes Mal legte Ian Thomas in der voll besetzten Stadthalle seine große Bibel auf das Rednerpult, in der Hand hielt er einen

Handschuh, dem er dann den Befehl gab, ihm die Bibel zu reichen. Er legte den Handschuh auf die Bibel und sagte: ›Auf geht's, ich sollte rasch meine Bibel haben.‹ Natürlich tat sich gar nichts, auch nach mehrfacher Aufforderung nicht. Dann steckte Ian Thomas seine Hand in den Handschuh und nahm mühelos die Bibel auf. Die Kraft in seiner Hand machte das möglich, was alle Befehle und Appelle an den toten Handschuh nicht vermochten. Die Kraft Gottes in einem geistlich toten Menschen macht lebendig, oder anders ausgedrückt: *Christus in euch – Dynamik des Lebens*. Das war die frohmachende Botschaft des Berufenen Ian Thomas. Die Begegnungen mit ihm, seine Bücher haben mein Leben stark beeinflusst.

Einige Zeit vor seinem Heimgang schrieb mir Ian Thomas aus den USA einen gänzlich unerwarteten Dankesbrief, weil wir Jahrzehnte seine Bücher im Angebot hatten, dabei lag die Dankesschuld eindeutig bei mir. Er war für mich ein äußerst lebendiger, frohmachender Zeuge Jesu Christi.«

Unbedingt sollte auch der Gründer und Leiter der weltweiten Missionsbewegung *Operation Mobilisation* (OM) George Verwer erwähnt werden, ebenso die Veröffentlichung einiger seiner Bücher und die verantwortliche Mitarbeit Friedrich Hänsslers in der Schiffsarbeit von OM. »George Verwer, der von Gott Berufene, der Bevollmächtigte des Christus, von dessen Leben, durch die Gründung von OM und daraufhin folgend manchen weltweiten missionarischen Bewegungen, ein großer Segen ausging. Durch die Arbeit in vielen Ländern der Welt, die Schiffsarbeit auch in den Häfen der Dritten Welt, wurden Millionen Menschen mit dem Evangelium erreicht. Für mein Leben war das Beispiel konsequenten Lebens für Gott und mit Gott, das mir bei OM begegnete, recht bedeutungsvoll und die nun schon über 50 Jahre während Freundschaft mit George ein Geschenk«, so Friedrich Hänssler in seiner Einschätzung.

Auch Bill Bright, Gründer und Leiter von *Campus für Christus*, pflegte über viele Jahre hinweg eine enge publizistische Zusammenarbeit mit dem Verlag.

Bei all den hier erwähnten Persönlichkeiten ging es ausschließlich um die Verkündigung des Evangeliums, getreu dem Leitwort von Friedrich Hänssler für die Verlagsveröffentlichungen: »Ich will, dass das Evangelium von Jesus Christus gelesen (Buch), gesungen (Lied), gehört (Tonträger) und gesehen (Film) werden kann.« Hänssler gibt wegweisende, ja, fast mahnende Worte aus dem Reichtum seiner Lebenserfahrungen mit auf den Lebensweg: »Wenn nun Menschen im Glauben die Gnade, Liebe und Güte des Heilandes Jesu Christi ergriffen haben, wächst ihnen eine neue Aufgabe zu, die Aufgabe, sich die aus dem Glauben ergebenden neuen Gesichtspunkte in das gesellschaftlich-politische Geschehen und Handeln einzubringen. Wir dürfen heute nicht nur für uns selbst sorgen, sonst verspielen wir mit der Zukunft anderer auch unsere eigene.«

Als Hilfestellung für die Beurteilung von geistigen und geistlichen Entwicklungen veröffentlichte der Hänssler-Verlag Bücher mit tagesaktuellen Themen, die oftmals schon vorausschauend und richtungsweisend waren, wie zum Beispiel das 1980 erschienene Buch von Immanuel Lück *Alarm um die Schule – Kritische Auseinandersetzung mit der gegenwärtigen Erziehungs-Situation* oder aber das zweibändige Werk *Alarm um die Abtreibung*, welches im selben Jahr von der Europäischen Ärzteaktion herausgegeben wurde.

Einen breiten Raum nahm in der Hänssler-Produktionspalette das Thema Israel ein, das jüdische Volk, von Gott vorherbestimmt für eine große Zukunft und Zeuge für die Wirklichkeit des lebendigen Gottes. In den Jahrzehnten nach dem Krieg erschienen viele Publikationen zu diesem Thema, auch viele Bildbände, außerdem Veröffentlichungen des israelischen Außenministeriums mit den jeweils neuesten Daten und Fakten über Israel, jüdische Bibelübersetzungen, die Interlinear-Bibelübersetzung Hebräisch-Deutsch, eine Koproduktion mit dem berühmten Israel Philharmonic Orchestra.

Der israelische Diplomat Shimon Stein, ehemaliger Botschafter des Staates Israel in Deutschland (2001–2007), schrieb anlässlich eines großen Jubiläums von Friedrich Hänssler im Jahr 2007:

Unter Ihrer Leitung hat der Hänssler-Verlag an die hundert Veröffentlichungen zum Thema Israel herausgebracht, darunter Bücher, Bildbände und CDs. Heute hat das Thema Israel bei Ihnen eine Gesamtauflage von fast einer Million erreicht. Unter den ersten Büchern waren der Lyrikband *Wächter über deinen Mauern, Jerusalem* von Elishewa Marwitz (1975) und der Bildband *Jerusalem, du Schöne* (1978) mit einem Vorwort von Teddy Kollek. Der Titel des Bildbandes *Die Juden – Gottes Volk* des Fotografen-Ehepaares Hilla und Max Moshe Jacoby (1983) war damals für manche in Deutschland eine Provokation, für andere ein Highlight. Sie haben sich nicht entmutigen lassen. Es folgten das *Jerusalemer Bibellexikon* (1989), *Nächstes Jahr in Jerusalem* anlässlich der 3 000-Jahr-Feier Jerusalems (1994) oder *Israel gestern und heute* (1997), um nur eine Auswahl zu nennen.

Immer ist es Ihnen um mehr gegangen, als nur eine Marktlücke zu füllen. Ihre Arbeit hat dazu beigetragen, dass mein Land und die Menschen, die darin wohnen, vielen Menschen in Deutschland näherkamen. Sie, Herr Hänssler, haben sich dabei immer wieder und unermüdlich für Israel eingesetzt. Für dieses Engagement und für Ihre Freundschaft möchte ich Ihnen an dieser Stelle herzlich danken.

Einige Journalisten benutzten zur inhaltlichen Identifikation der Hänssler-Produktion ein Schlagwort: »Bach – Bibel – Israel«. Friedrich Hänssler nimmt – um seiner Verbundenheit zum Volk Israel Ausdruck zu verleihen – ganz und gar Bezug auf die Heilige Schrift:

»Viel mehr noch als alle intensive Zusammenarbeit bedeutet mir das Wissen, dass das Land Israel die Erfüllung der biblischen Prophetie ist: ›Wenn ich Israel wieder sammle aus allen Völkern, sollen sie wieder in ihrem Lande wohnen … und sie werden in Sicherheit darin wohnen und Häuser bauen und Weinberge pflanzen‹ (Hesekiel 28,25-26). Täglich sind wir heute in Israel Zeugen der Erfüllung biblischer Prophetie.

Der aufgrund seines theologischen Gesamtwerks als Kirchenvater des 20. Jahrhunderts geltende evangelisch-reformierte Schweizer Theologe Karl Barth drückte das Wirken Gottes in der Geschichte wie folgt aus: ›Der Staat Israel ist ein Vorzeichen der Endzeit, ein eschatologisches Zeichen für die ganze Welt, das als Wunder genannt werden muss von allen, die Augen zu sehen haben.‹ David Ben Gurion, Staatsgründer und erster Ministerpräsident des Staates Israel, sagte bei der Staatsgründung am 14. Mai 1948 in Tel Aviv: ›2 000 Jahre haben wir auf diese Stunde gewartet und nun ist es geschehen. Wenn die Zeit erfüllt ist, kann Gott nichts widerstehen.‹

Seit 1948 ist Israel – trotz aller Bedrohungen von außen – als Schicksalsgemeinschaft zur einzigen funktionierenden Demokratie im Nahen Osten geworden. Immer wieder war ich als Verleger, geschäftlich oder aber als Referent, als Mitarbeiter und als Teilnehmer von christlichen Freizeitgruppen in Israel. Auch als ganze Familie besuchten wir das Heilige Land, in diesem Fall erstmals mit einem Kreuzfahrtschiff. Wie oft ich insgesamt das Land unseres Herrn besuchte, kann ich wirklich nicht mehr sagen, jedenfalls reiste ich viele Male. Stets gewann ich dabei tiefe Eindrücke, ob nun während der Reise durch das ganze Land, bei der Begegnung mit jüdischen Menschen, mit Kollegen, mit Freunden und Persönlichkeiten aus dem Regierungsumfeld.

Es gab durchaus auch ganz handfeste Erlebnisse. So erinnere ich mich, wie einmal unser Reisebus in Nablus von arabischen Jugendlichen mit Steinen beworfen wurde. Das ist jetzt über 40 Jahre her.

Wenig später, bei einer Fahrt durch das nördliche Jordantal, konnte der Fahrer der *Egged*-Buslinie seinen Bus nur noch mit einer Hand steuern, in der anderen Hand hielt er seine Kalaschnikow fest im Griff.

Ein anderes Mal übernachtete ich in der Hauptstadt von Israel anlässlich eines Vortrags, welchen ich in Jerusalem zu halten hatte. Plötzlich wurde ich durch eine gewaltige Detonation in meinem Bett durcheinandergeschüttelt. Man mag sich das vorstellen, schlafend und nichts ahnend liegt man im Bett eines Hotels – und von der einen auf die andere Sekunde weiß man nicht mehr genau, ob man das Geschehen überleben wird. Ein Bus-Attentat in der Straße des nahegelegenen Hotels war – wie sich im Nachhinein herausstellen sollte – für die bedrohlichen und angsteinflößenden Unruhen verantwortlich. Viele Israelis mussten tatsächlich dabei ihr Leben lassen. Als ich dann am nächsten Morgen planmäßig das Land verlassen wollte, wurde ich so scharf kontrolliert wie nie zuvor. Leider ist diese terroristische Gefahr israelische Realität.

Freilich gab es auch ganz andere Erlebnisse. In einem der vielen Urlaube in Israel zusammen mit meiner Frau Ursula sprach mich im Spa am Toten Meer ein Israeli auf Deutsch an. Ich wollte ihm eine Freude machen und sagte auf Hebräisch das *Schma Israel* (Höre, Israel!) auf. Da bekam ich von ihm einen schmatzenden Kuss auf die Wange.

Auf meine hochaktuelle Frage nach dem Land, wem es denn gehört, antwortete mir einmal ein israelischer Minister, der mich bei einer Ausstellung begleitete: ›Dieses Land gehört nicht uns. Es gehört Gott!‹ Die Gottesfrage begegnet einem überall in Israel. Durch einige größere Herstellungsaufträge für das israelische Außenministerium, vertiefte sich der Kontakt mit dem Staat Israel. Alle israelischen Botschafter in Deutschland statteten dem Verlag über Jahrzehnte hinweg einen offiziellen Besuch ab. Das führte zu einer besonderen Verbundenheit und Freundschaft, auch in persönlichen

Beziehungen, und ganz sicher führte es zu intensivem Gebet für ›Sein Volk‹ und zu einer besonderen Liebe.

Bei den zahlreichen Israel-Aufenthalten lernte ich das Land gut kennen, die Geschichtsschauplätze des Alten und Neuen Testaments, und natürlich Jerusalem, die ewige Hauptstadt Israels, die Stadt der jüdischen Könige und Propheten, die Stadt des Messias Jesus. Dorthin wird Er wiederkommen. In Jerusalem sah ich auch das religiöse und nationale Staatssymbol Israels, die riesige Menora, ein siebenarmiger Leuchter – eines der wichtigsten religiösen Symbole des Judentums – vor der Knesset, dem Einkammerparlament des Staates Israel. Eine solche Menora stand schon im Tempel Salomos.

Auf den Armen der von Olivenzweigen umgebenen gusseisernen Menora stehen die Worte aus Sacharja 4,6: ›Es soll nicht durch Heer oder Kraft, sondern durch meinen Geist geschehen, spricht der Herr Zebaoth.‹ Persönlich entdeckte ich im Großen und Ganzen, ja, ich fand Israel wie Trauben in der Wüste (Hosea 9,10) – Israel, ein fruchtbares, reiches und von Gott gesegnetes Land.«

»Wenn nicht geschehen wird, was wir wollen, so wird geschehen, was besser ist.« – Martin Luther

»**S**tetiges Wachstum im Verlag wurde vor allem darin sichtbar, dass wir eine ganze Reihe von nationalen und internationalen Publikationen veröffentlichten, darunter auch manche fremdsprachigen Bibelausgaben. Dazu gehörte unter anderem die erste russische Studienbibel. Das umfangreiche Werk in hohen Druckauflagen, teilweise von außerhalb, auch durch die USA, finanziell unterstützt, bedeutete für uns als Verlag in wirtschaftlicher Hinsicht ein nicht geringes Risiko, zumal diese Bibel fast ausschließlich kostenlos weitergegeben wurde. Eine große immaterielle Hilfe war die starke Ermutigung, die der bekannte russische Dichter Alexander Issajewitsch Solschenizyn Friedrich Hänssler zuteilwerden ließ. Zweifellos war dem Schriftsteller, Historiker und Literaturnobelpreisträger diese Bibel wichtig.

Mehrfach fanden in Moskau Gebetsfrühstücke mit Parlamentariern statt. Auf diesem Weg ergaben sich wunderbare Verbindungen und damit natürlich gute Möglichkeiten zur Weiterverbreitung der Heiligen Schrift, auch innerhalb der russisch-orthodoxen Kirche. In einem persönlichen Gespräch mit dem russisch-orthodoxen Metropoliten Pitirim musste ich feststellen, dass es ihm selbst nicht so wichtig zu sein schien, Bibeln zu verbreiten, im Gegensatz zu einzelnen ihm untergebenen Popen.

Die politische Situation in Russland war durch den West-Ost-Konflikt und durch die diktatorische Art der orthodoxen Kirche insgesamt schwierig. Mein Freund Vitali, ein Abgeordneter der Duma, verantwortlich für das Gebetsfrühstück in Moskau, wurde eines Tages durch einen schweren Verkehrsunfall einfach beiseitegeräumt.

Auch in Deutschland, genauer gesagt in Neuhausen, gab es Schwierigkeiten, wenn auch ganz anderer Art. Die Betroffenen waren wir selbst oder anders ausgedrückt, der Hänssler-Verlag und seine Mitarbeiter. Bedingt durch das kräftige Anwachsen des Verlags, wurde eine Erweiterung des Verlagsgebäudes dringend notwendig. Zudem hatten die ankommenden und abfahrenden Lastwagen manchmal ihre großen Nöte beim Be- und Entladen, weil die Zufahrt zum tiefer gelegenen Parkplatz nicht optimal gelöst war. Es gab genügend Gründe, die für einen Umbau sprachen, und genügend Platz, um die erforderliche Erweiterung angehen zu können, und so waren wir zunächst guter Dinge, denn das Gute lag ja scheinbar so nah.

Doch es kam anders. Unser Bauantrag wurde vom Gemeinderat Neuhausen schlicht und ergreifend abgelehnt und ein Ausweich-Bauplatz aus unerfindlichen Gründen abschlägig beschieden. Aus Andeutungen, auch aus einzelnen Presseartikeln, mussten wir zwangsläufig den Eindruck gewinnen, dass man diesen ›frommen‹ Verlag im Dorf nicht mehr haben wollte. Auch der evangelische Kirchengemeinderat stand damals dem Verlag insgesamt ablehnend gegenüber.

Schon immer war mir klar, um es im Bild auszudrücken, dass man Gegenwind braucht, um fliegen zu können. Unsere Not mussten wir mit Gott, unserem Herrn, besprechen, und dabei durften wir wie schon so oft erfahren, dass Gebet die Dinge ändert. Beten ist häufig ein Wandern zum Vater und seinen besseren Gaben. Wenn Gott Gebet nicht erhört, für uns Menschen meist ganz unverständlich, dann hat er für uns etwas Besseres vorausgedacht und geplant. So war es auch in unserem Fall.

Nach langen Überlegungen über eine Verlegung des Betriebsstandortes und zähen, fruchtlosen Verhandlungen hielt Gott am Ende eine wunderbare Lösung für den Verlag, für uns als Verlagsfamilie samt den Mitarbeitern bereit. Mit der von *ihm* verordneten Wartezeit, die sich in Form der kaum zu bewältigenden Probleme ausdrückte – selbst beim Verkauf des über ein Hektar großen Grundstücks bereitete die Gemeindeverwaltung uns und dem Käufer noch erhebliche Schwierigkeiten –, beschenkte er uns mit einer weitaus besseren Möglichkeit, um endlich umsetzen zu können, was unausweichlich war.

Der neue Standort hieß: Holzgerlingen. Die kleine Stadt in Baden-Württemberg, mit etwa 14000 Einwohnern, gehört zum Landkreis Böblingen und ist uns von Anfang an mit großem Wohlwollen begegnet. Irgendwie konnte die hiesige Bevölkerung die Bedeutung des nicht gerade kleinen Verlages besser einordnen. Mehr noch, nicht wenige erkannten die geistlich strategische Wichtigkeit des Verlags, und, noch ehe wir in Holzgerlingen eingezogen sind, signalisierten uns ganz unbekannte Menschen durch Brief und Wort ihre Begeisterung: ›Wir freuen uns, dass der Hänssler – so knapp in der Umgangssprache formuliert – nach Holzgerlingen kommt!‹

Bald durften wir auch erfahren, dass für uns und unsere Verlagsaufgabe gebetet wurde. Nachdem nun auf dem schönen Gelände der beachtliche Verlagsneubau mit effizienter Bauweise erstellt werden konnte, stellten sich bei den meisten Arbeitsabläufen sofortige Erleichterungen ein. In einer schlichten Feier weihten wir schließlich das Verlagsgebäude, ebenso uns als Familie sowie unsere Mitarbeiter unserem Herrn ganz neu zum Dienst. Fröhlich und gern arbeiteten wir mit all den neuen und ganz sicher auch besseren Optionen. Mit anderen Worten: Wir fühlten uns bald daheim, und das ist bis heute so geblieben.

Ursprünglich wollten wir den Standort nicht wechseln, sind aber – auch durch Tipps von Freunden – dort gelandet, wo Gott uns zweifellos haben wollte.«

Der Glaube wird geprüft – Die Insolvenz und wie es danach weiterging

Folgt nach dem Höhepunkt, nach dem Maximum im Leben unumstößlich der Tiefpunkt? Und wenn ja, gilt das dann für alle Lebensbereiche? Muss der Erfolg sich beinahe schematisch unweigerlich in Misserfolg verwandeln? Ist das so?

Mit dem, was Friedrich Hänssler im März des Jahres 2002 widerfuhr, war er nicht allein. Genau genommen reihte er sich ein in die nicht unerhebliche Schlange der von Insolvenz Betroffenen. »Alle 15 Minuten meldet in Deutschland eine Firma Insolvenz an«, weiß die Presse in jenem Jahr zu berichten. Auch andere große Namen gerieten diesbezüglich in die Schlagzeilen, darunter u. a. eine Schweizer Fluggesellschaft und ein Münchner Medienmogul. Der christliche Verleger war durchaus nicht allein, aber es fühlte sich ganz sicher so an, als sei er es. Eines ist gewiss: In solch einer tragischen Entwicklung gibt es nicht *den* einen Grund, meist ist es eine Mischung aus vielerlei, eine Massierung widriger Umstände, die dem Ganzen vorausgeht. Nichts, absolut nichts ist sicher auf Erden, auch nicht der Erfolg.

Das ist überhaupt der größte Irrtum: alle Dinge, Eventualitäten und Wege aufgrund des Bedürfnisses nach Sicherheit kalkulieren, vorausplanen und berechnen zu wollen. Und auch wenn jeder Mensch mit einer Niederlage anders umgeht, früher oder später muss eine persönliche, grundehrliche Inventur im Leben des Gescheiterten erfolgen. Dies ist unerlässlich, wenn man aus einer solchen Erfahrung gesund herausgehen und sich der Verantwortung für die eigenen Fehler und damit dem Leben stellen möchte. Für die meisten Menschen aber – in frommen wie in nicht frommen Kreisen – ist das Thema Scheitern ein Tabuthema, und genau das sollte es nicht sein.

Doch was sagt der christliche Glaube zu alledem? Da ist nur eines entscheidend: Ob der Mensch mit Gott in Jesus Christus verbunden lebt oder nicht. Der Fromme weiß, dass er sich zu jeder Zeit und in jeder Not in die rettenden und bergenden Arme Gottes flüchten kann. Dort ist er im wahrsten Sinne des Wortes aufgehoben, denn Gott ist immer da! Derjenige, welcher mit Gott lebt, kann niemals tiefer als in die Hände seines Schöpfers fallen. Was für ein gewaltiger Unterschied besteht doch darin, ob der Fallende auf weichen, tragenden Untergrund fällt oder auf nicht gepolsterten, steinharten Boden, ob er aufgefangen wird durch seinen Glauben oder eben nicht, durch seinen Unglauben.

Diese Tatsache wird über jenen Blickwinkel entscheiden, aus welchem der Betroffene auf sein Unglück – welcher Art auch immer – schaut und darüber, wie er in der Folge damit fertig wird.

Die Identität des Christenmenschen kommt in erster Linie aus der Beziehung, aus der Verbundenheit mit Gott, der in mir und durch mich wirkt. Wenn ich nach menschlichen Maßstäben scheitere, werde ich nicht zerstört.[39]

Ein Mensch der in Jesus Christus sein Fundament und seine Mitte gefunden hat, der sich in Gott vollkommen geborgen weiß, alles, das Gute und das weniger Gute an Gott, auf seine Führung vertrauend abgibt, wird spätestens am Ende – im Diesseits oder im Jenseits – erfahren dürfen, »dass denen, die Gott lieben, alle Dinge zum Besten dienen, denen, die nach seinem Ratschluss berufen sind« (Römer 8,28).

Wie man sich gut vorstellen kann, erlebte Friedrich Hänssler die wohl schwierigste Zeit seines insgesamt 65-jährigen Berufslebens und sammelte dabei Erfahrungen, die er sich freilich gerne erspart hätte. Das Wachstum des Verlags war beeindruckend. Die Verbreitung des Evangeliums durch Bücher, CDs, Lieder und Filme war das von ihm formulierte Hauptziel der Verlagsarbeit. Damit standen die wesentlichen Säulen der Produktpalette des Verlags fest. Die Möglichkeiten der Umsetzung waren wirklich gut und groß.

»Die 80 Jahre alte, christlich motivierte Familienfirma, hatte nicht ausschließlich gewinnorientiert gearbeitet«, resümiert Friedrich Hänssler. »Heute, im Rückblick, muss ich das als Fehler erkennen. Wir waren in jeder Richtung eindeutig missionarisch unterwegs, auch die ständig wachsende Mitarbeiterschaft unterstützte uns dahingehend, stand hundertprozentig hinter uns und zu unserer Überzeugung. Neben der klassischen Musik wurden auch zeitgenössische Werke von noch lebenden Komponisten aufgenommen. Für das 1998er *Credo* von Krzysztof Penderecki, erhielt unser Exklusiv-Künstler Helmuth Rilling einen Grammy. Eigentlich müsste man sagen: Das war der Höhepunkt. Außerdem wurden uns für andere Einspielungen eine Vielzahl Echo-Klassik-Preise überreicht.

Wir hatten überdies eine sehr große Buchproduktion mit zahlreichen geistlich-theologischen Titeln pro Jahr, verbunden mit einer aufwendigen Auslieferung auch einer ganzen Reihe anderer christlichen Verlage. Die Anzahl der Verlagsmitarbeiter lag inzwischen bei 140 Beschäftigten. Wir waren erfolgsverwöhnt, keiner dachte zu jener Zeit an die Möglichkeit eines kommenden Misserfolgs ...«

Friedrich Hänssler ist sich der Verantwortung seiner Worte, der Gewichtigkeit derselben und dem, was er ausdrücken möchte, in vollem Umfang bewusst. Bei aller Schwere, die jenes hochbrisante Thema beinhaltet, ist am Ende eines sehr deutlich zu spüren: Da ist seitens des Verlegers wirklich alles aufgearbeitet. Dieser Mann stand und steht für Klarheit, und eben in dieser Klarheit will er sich unangefochten bewegen und dem Hörenden begegnen können. Der schwere Kelch von einst, der weder an ihm noch an seiner Familie oder an all den anderen unmittelbar davon Betroffenen vorüber-gegangen war, hat ihm – geistlich betrachtet – Wachstum, (Selbst-) Erkenntnis und Erfahrung gebracht, hat ihn reifen lassen und ihm bestätigt, was er, der im Leid Geprüfte, längst wusste: Nichts Menschliches, Irdisches ist für ewig.

Der gottgefällige Mensch weiß, dass er kein Anrecht, keinen Anspruch hat auf irgendetwas im Leben. Alles ist Geschenk. Doch zwischen dem theoretischen Wissen und dem praktischen Handeln und Erleben liegen oft weite Wege. Die Verknüpfung von beidem ge-schieht nicht automatisch. Solange die Praxis nicht durchlaufen und damit real, erfahrbar geworden ist, bleibt es eben bloße Theorie, und diese ist bekanntlich schmerzfrei.

Doch folgen wir weiter den Erinnerungen des evangelischen Verlegers: »Es war freilich nicht leicht, der Wahrheit ins Auge zu sehen, aber es war notwendig, denn die Frage nach dem *Warum* ließ keine Sekunde auf sich warten. Erst sehr viel später setzte ich mich schonungslos damit auseinander, machte eine Bestandsaufnahme sämtlicher Gründe, die ich inzwischen gefunden hatte.

Da kam einiges zusammen. Alles begann eben damit, dass uns am alten Standort in Neuhausen – wie schon erwähnt – die so not-wendige Erweiterung des Verlagskomplexes nicht genehmigt wur-de. Folglich waren wir gezwungen, nicht nur über einen Neubau nachzudenken, sondern auch tätig zu werden. Wir entschieden uns für einen Neubau in Holzgerlingen mit einem hochmodernen Logistikzentrum, welches ursprünglich zur Kostenreduzierung bei-tragen sollte. Doch leider funktionierte diese gut gedachte tech-nische Innovation viele Monate zu spät, das hatte katastrophale Auswirkungen. Infolgedessen entstanden Lieferschwierigkeiten im Saisongeschäft, als wir bereits im Echtbetrieb waren, dies betraf viele weitere Verlage. Es gab Zahlungsverzögerungen unserer Kun-den, die unsere eigene Zahlungsmodalität gravierend beeinflusste. Die starke Behinderung des Verkaufs des großen, alten Firmengeländes in Neuhausen durch Kommunalpolitiker führte erheblich zu weiteren Liquiditätsproblemen.

Das unterentwickelte Controlling bei einem viel zu schnellen Wachstum des Betriebs war einer der gravierenden, verlagsinternen Fehler, welcher sich ansatzweise in den zunehmenden Zahlungsschwierigkeiten zeigte, durch die unsererseits längere Zahlungsziele in Anspruch genommen werden mussten, als manchen der Lieferanten lieb war.

Doch damit nicht genug. Immense Verluste bekamen wir durch den Zusammenbruch eines großen amerikanischen Unternehmens, eines sogenannten Top-Kunden in den USA, genauer gesagt, einer amerikanischen Schallplattenkette, die bestückt war mit unserer Ware, jedoch diese uns noch nicht bezahlt hatte. Darüber hinaus ließ ein weiteres amerikanisches Unternehmen einen bestehenden Vertrag einfach platzen und beging somit einen offenkundigen Vertragsbruch. Der Verkauf eines musikalisch wichtigen Programmteils in den USA, welchen wir durch eine Vorauszahlung bereits unter Dach und Fach glaubten, hätte die Finanzlage unseres Unternehmens wesentlich entspannt.

Diese Vorfälle waren wohl Folgeauswirkungen vom Terroranschlag des 11. Septembers 2001, welcher eine extreme Unsicherheit in der amerikanischen Wirtschaft bewirkte. Der Auslandsmarkt für Klassik-CDs war total zusammengebrochen. Ein wahres Desaster! Wir besaßen keinerlei finanzielle Polster, waren mitnichten gerüstet für besondere äußere Einflüsse oder Marktveränderungen. Nichtsdestotrotz kamen wir an großen Investitionen, wie dem Neubau in Holzgerlingen, nicht vorbei. Andererseits stand da unsere Intention, unsere Philosophie und Herzensprägung: gute Qualität, Musik mit Weltniveau, aber günstige Preise.

Auf dem Buchgebiet sah es kaum anders aus: Von einer evangelistischen Taschenbuchreihe, die wir pro Taschenbuch zu 1 DM verkauften, konnten wir über 15 Millionen Exemplare unter die Leute bringen. Viele andere Bücher, welche für einige missionarische Bewegungen Standardliteratur waren, wurden zur weiteren Verbreitung günstig angeboten. An dieser Stelle möchte ich die lange Aneinanderreihung der faktischen Gründe gerne beenden.

Dem entgegenzusetzen wäre jedoch die Liste der ungefragten Be- und Verurteilungen, die ohne jede Sachkenntnis an mich, an uns herangetragen wurden und worauf jeder scheiternde Unternehmer, überhaupt jeder Mensch, gut und gerne verzichten könnte. Je nach Standpunkt hörte ich Sätze wie: ›Das hat man kommen sehen.‹, ›Der wollte auch immer hoch hinaus.‹, ›Warum hat er auch so billige Verkaufspreise gemacht.‹, ›Er wollte die Buchhändler kaputt machen‹, ›Er hätte nicht so viel verschenken sollen!‹ usw. Am bezeichnendsten war für mich der Satz: ›Das wäre mir nie passiert!‹

Ich selbst wollte eine Insolvenz unbedingt und zu jeder Zeit vermeiden! Sie war auch keineswegs im Sinne der Familie, die intensiv nach einer strategisch-partnerschaftlichen Lösung suchte. Obwohl Investoren bereitstanden, kam es aus verschiedenen Gründen zu keiner Übernahme. Ausgerechnet an meinem 75. Geburtstag meldete der zwischenzeitlich seitens des gefundenen Investors eingesetzte Geschäftsführer Insolvenz an. Die Presse stürzte sich wie erwartet auf das Geschehen.

Teilweise wurden falsche Zahlen mit der Formulierung veröffentlicht: ›Man spricht von so und so viel Euro.‹ Wir sind zu keiner Zeit dagegen vorgegangen. Die Gerüchteküche brodelte, das ließ selbst einige der Verlagsmitarbeiter nicht unberührt, die nun um ihren Arbeitsplatz bangen mussten. Einige wenige vermuteten sogar aufgrund der falschen Publikationen seitens der Presse, dass wir uns persönlich Gelder aus dem Firmenvermögen abgezogen hätten. Was für ein großer, schmerzlicher Irrtum. Diese Art von Unterstellung fühlte sich wie ein gezielter Messerstich an.

Tatsächlich gaben wir für den Betrieb unseren gesamten Besitz als Bürgschaft hin. Mein persönlicher Zustand schwankte immer noch zwischen Hoffen und Bangen. Insolvenz bedeutet ja nicht zwangsläufig das Ende eines jeden Betriebs, sondern in erster Linie Zahlungsunfähigkeit. Ein Insolvenzverfahren soll zunächst einmal dazu dienen, eine Firma aus der Zahlungsunfähigkeit herauszuholen, damit diese wirtschaftlich gesund weitergeführt werden kann.

Ich fragte mich also, wie schlimm es wohl insgesamt noch kommen würde. Sowieso gab es mehr Fragen als Antworten. Schlaf war Mangelware. Irgendwie musste ich mit mir zurechtkommen. Unzählige Besprechungen mit Banken, Investoren, Juristen und Betriebswirtschaftlern waren vorzubereiten und Vorschläge zu prüfen. Das alles brauchte Kraft, und die fehlte mir. Leib und Seele signalisierten mir inzwischen deutlich, dass sie gehörig unter der Gesamtsituation litten. Ich wurde richtiggehend krank und konnte deshalb nicht an einer wichtigen, entscheidenden Betriebsversammlung teilnehmen, bei welcher ich einige offene Fragen hätte beantworten können. Stattdessen lag ich handlungsunfähig im Bett. Der Druck war zu groß geworden und die Warum-Frage stand übermächtig im Raum. Eines aber war gewiss: der Verlag gehörte nun nicht mehr der Hänssler-Familie, trotz des übergroßen Einsatzes unserer Kinder, die unermüdlich und äußerst hingabevoll im Betrieb arbeiteten.

Viele weitere Fragen kamen hinzu: Wann hätte ich den abwärtsfahrenden Zug noch stoppen können? Warum habe ich diese oder jene Entscheidung getroffen? Hätte ich nicht generell vorsichtiger agieren, Risiken und unvorhersehbare Entwicklungen des Marktes in sämtliche Entscheidungen mit einkalkulieren müssen? Und: Waren da nicht noch manche Entscheidungen, die ganz andere Leute getroffen haben, weil sie im Sinne der weiteren positiven Betriebsentwicklung Notwendigkeiten sahen? Dann natürlich immer wieder die Schuldfrage. Es tauchte die dringende Frage auf: Wie ist es möglich, dass wir – bei jahrelang steigenden Umsätzen und positiven Jahresbilanzen – so schnell derartige Liquiditätsprobleme bekamen?

Zu den bedrängenden Fragen, die wirtschaftliche Seite betreffend, gesellten sich außerdem ganz tief gehende Fragen persönlicher Art, existenzielle Fragen, Fragen, die an die menschliche Substanz gehen. Gott hatte zur richtigen Zeit dieses ungeheure Wachstum des Verlags geschenkt, zur richtigen Zeit auch die guten Autoren und Autorinnen, die weltbekannten Interpreten und Komponisten. Gott arrangierte unerwartete Begegnungen mit Persönlichkeiten und vielen christlichen Werken; an einer Reihe dieser Werke durfte ich verantwortlich mitarbeiten. All das benutzte Gott zum Bau seines Reiches und gestaltete es so, dass viele Millionen Publikationen von uns aus unter die Menschen kamen, eine weitreichende Saat des Evangeliums mit bleibenden Auswirkungen, wie wir immer wieder erfahren haben. Und mit dem sollte jetzt Schluss sein?

Bei allem Durcheinander der Gedanken fiel mir auf, dass – insgesamt gesehen – der Verlust des Verlags, des kompletten Familienvermögens, mich nicht so sehr umgeworfen und gepackt hatten wie Vorkommnisse anderer Art. Das lag wohl darin begründet, dass ich in den guten Zeiten schon seit Jahren immer wieder im Gebet zu Jesus sagte: ›Herr, dieser Verlag gehört nicht mir. Er gehört allein Dir. Bitte benütze ihn als Werkzeug in Deiner Hand.‹ Hatte Gott mein Gebet in einer Art und Weise ernst genommen, an die ich sicher so nicht dachte und ganz bestimmt auch nicht hätte denken wollen?

Durch die jahrelange Verlagsarbeit und die damit im Zusammenhang stehenden Erfolgsfrüchte, aber auch durch die Verantwortung in nicht wenigen christlichen Werken war ich keine unbekannte Person mehr. Bei vielen Begegnungen spürte ich die Anerkennung und Wertschätzung meines Gegenübers.

In einer Kiste befanden sich eine gute Anzahl hoher in- und ausländischer Orden, mit denen ich nichts anfangen konnte. Außer am Tage der Ordensverleihung trug ich bisher keinen einzigen davon. In der Beurteilung von Menschen aber, so mein persönlicher Eindruck, scheint das für manche Leute doch eine große Rolle zu spielen. Schade eigentlich! Als Verlag haben wir wichtige, weltweit beachtete Auszeichnungen bekommen. Auch wurde ich zum Beispiel als Referent und Mentor bei Seminaren für junge Verleger in mehrere europäische Länder gerufen. An Anerkennung mangelte es nicht. Selbstverständlich wurde ich nicht ausnahmslos von allen Menschen gemocht, doch mit dem konnte ich leben. Nun aber die Insolvenz?

Schwerer noch als der Verlust des gesamten Vermögens, der Unsicherheit, wie man überhaupt weiterleben und funktionieren kann (schließlich steckten auch die Lebens- und sonstigen Versicherungen in der Firma, darüber hinaus hatte die Familie, finanziell die am meisten Geschädigte, auch das private Wohnhaus verloren, welches nur durch externe Hilfe der verbliebenen Freunde durch Darlehen erneut refinanziert werden konnte), war das Schweigen der Kollegen und Bekannten zu ertragen. Einzelne streuten noch Salz in die offene Wunde. Sogar alte, jahrelange Freunde waren absolut sprachlos geworden und blieben auf Distanz. Ein fest gebuchter Fachvortrag wurde aus Gründen der Insolvenz abgesagt. Die sonst üblichen vielen Anfragen zu Verkündigungsdiensten blieben aus. Im Weiteren wäre hier noch anzumerken, dass nicht alle sogenannten Mitbewerber das Geschehen mit dem Verlag bedauerten, wäre doch ein großer Konkurrent aus dem Weg geräumt.

Ich, der ich von vielen ob meiner konsequenten Jesusnachfolge geschätzt wurde, war plötzlich nicht mehr vorzeigbar. Musste ich mir nicht als Verlierer vorkommen? Doch das alles betraf in gleicher Weise ja auch meine Frau Ursula und die Kinder. Wir, die ganze Familie, nahmen den Kelch aus Gottes Hand. Es gab so manche Enttäuschung zu überwinden. Selbst kleinste Liebesbeweise habe ich dankbar angenommen. Ich erinnere mich noch heute an einen Briefgruß eines nicht begüterten Mannes, dem er einfach einen 20-Euro-Schein fürs Nötigste beigelegt hatte. Eine durchaus zeichenhafte Wohltat.

Der Kampf mit den Selbstbeschuldigungen, mit dem Gedanken, Verlierer zu sein, war seinerzeit eine schwer zu tragende Last. Hinzu kam die Beschäftigung mit der veränderten Beurteilung meiner Person, meines Ansehens, das ich spürbar ruiniert hatte, und in so mancher dunklen Stunde brach gewiss auch ein Stück Selbstmitleid durch. An drängenden Gedanken mangelte es wahrlich nicht: Müsste ich als Nachfolger Jesu nicht permanent erfolgreich sein? Meine Motivation stimmte doch, auch wenn manche sie falsch einordneten, und andere haben durchaus kräftig an meinem Misserfolg mitgearbeitet. Ich bin beileibe nicht allein schuldig!

Dabei war ich mir im Innersten meiner Schuld, darüber, dass Menschen Geld verloren haben, bewusst. Durch die seitens der Interimsgeschäftsleitung eingeleitete Insolvenz sind Autoren, Lieferanten, Gläubiger zu Schaden gekommen – das tut mir und der ganzen Familie ausgesprochen leid, bis zum heutigen Tag.

Dringend brauchte ich Kraft, Weisung und Hilfe, um aus diesem gefährlichen Gedankenkarussell irgendwie herauszufinden. Es wurde zusammen mit meiner Frau viel gebetet, auch täglich mit einigen Mitarbeitern in der Mittagspause. Gebet und das bleibende Wort des lebendigen Gottes waren das einzig Stabile im schwankenden Lebensschiff. Allein die Bibel hatte für mich die entscheidende Antwort. Auch Nachfolger Jesu fehlen und sind auf seine Gnade und Vergebung angewiesen (Jakobus 3,2). Und was das Ansehen anbelangt, hat Jesus ganz andere Beurteilungskriterien:

… und das Geringe vor der Welt und das Verachtete hat Gott erwählt, das, was nichts ist, damit er zunichte mache, was etwas ist, damit sich kein Mensch vor Gott rühme.

1. Korinther 1,28-29

Ich musste also erkennen lernen, dass mein Selbstwert nicht von dem abhängt, was ich meine, selbst geleistet zu haben. Nein, ich musste schmerzlich buchstabieren: Ansehen habe ich nur deshalb, weil Jesus mich angesehen hat. Das war eine für mich wesentliche, bleibende und tief gehende geistliche Erkenntnis.

Nachdem monatelange Besprechungen mit Banken, mit Beteiligungsinteressenten, die alle Ablehnung fanden bzw. sich selbst zurückzogen, die Insolvenz als Möglichkeit, den Verlag zu erhalten, durch Behörden und Gläubiger genehmigt wurde, blieb die Option, den Hänssler-Verlag mit der Logistik und dem Endkundengeschäft in die Stiftung Christliche Medien, kurz SCM, als Ganzes zu integrieren. Der Betrieb konnte dadurch nahtlos weiterarbeiten, ein äußerst wichtiger Aspekt die Auslieferung betreffend, von der – wie schon erwähnt – viele andere Verlage abhängig waren. Dem Stifter der SCM, Friedhelm Loh, war es schon vorher ein Anliegen, dass der Hänssler-Verlag erhalten bleiben sollte, dies machte eine Investition in die Firma deutlich.

Nicht nur in der Geschäftsführung gab es Veränderungen, hauptsächlich auch in meinem persönlichen Berufsleben. Wirtschaftliche und strategische Entscheidungen hatte ich im Gegensatz zu früher ab sofort nicht mehr zu treffen, das konnte ich anfangs nur sehr schlecht aushalten. Jetzt musste ich als externer Berater zusehen, wie die neue Geschäftsführung handeln würde. Nach bestem Wissen versuchte ich mich einzubringen, und freilich wurde längst nicht jeder Rat beherzigt. Erkannte Fehler der neuen Geschäftsführung trafen mich schmerzlicher als erwartet. Es begann für mich ein Lernprozess des Loslassens, des Aufschauens zu Jesus, der in jeder Situation so verlässlich ist.

Meine Frau schrieb mir damals auf ein Blatt Papier: ›Nicht aufgeben! Abgeben!‹ Dieser so hilfreiche, wirklich wertvolle Hinweis lag viele Wochen lang in direkter Sichtweite auf meinem Schreibtisch vor mir. Wie stärkend doch drei Worte sein können!

Nachdem die Insolvenz durchlaufen war, bekam ich, sehr zu meinem Erstaunen, weit mehr Anfragen für Vorträge und Wortverkündigungen als je zuvor. Ist das nicht bezeichnend für das Wirken Gottes? Dazu fallen mir die Worte des Paulus ein, nachzulesen in 2. Korinther 12,9: ›Und er (Jesus Christus) hat zu mir gesagt: Lass dir an meiner Gnade genügen; denn meine Kraft ist in den Schwachen mächtig.‹ Wie oft habe ich selbst diese Verheißung erleben dürfen!

Besonders hat mir der Umstand geholfen, dass ich mich aufgrund meiner Hingabe zu Jesus von Anbeginn an – den Verlag betreffend – als ›Verwalter‹ und nicht als ›Eigentümer‹ sah. Der Verlag war und ist Gottes Eigentum. In diesen bitteren Zeiten konnte ich immer wieder dankbar dafür sein, dass Gott mir diese Tatsache bereits in den Anfängen meiner Unternehmerschaft aufs Herz gelegt hatte. Dadurch fiel das Loslassen-müssen wesentlich leichter, als es ohne diese Gesinnung der Fall gewesen wäre.

Zweifelsohne befand ich mich nun in einer neuen Klasse der Lebensschule. In dieser Schule gewann ich die Erkenntnis, dass das Gebet ein Asyl für ausnahmslos jeden Kummer ist, dass Gebet die Dinge ändert, nicht nur mich selbst und meinen Blickwinkel, sondern ebenso mein Verhältnis zu schwierigen Mitmenschen, zu Menschen, die mir und dem Verlag gegenüber schuldig geworden sind, ob durch gravierende Fehlentscheidungen oder aber durch gezielte Weitergabe von eindeutigen Unwahrheiten, um uns zu schaden.

Und auch wenn Gott mir nicht alle Fragen in meinem Leben und zum Thema Insolvenz beantwortet hat, so weiß ich mich – mehr noch als je zuvor – tief geborgen in dem vollkommenen Frieden Gottes. Im Rückblick kann ich sagen: Es ist mir ergangen, wie es uns der Text der zweiten Liedstrophe aus ›Jesu, geh voran‹ von Nikolaus Ludwig Graf von Zinzendorf mit auf den Weg gibt:

Soll's uns hart ergehn,
lass uns feste stehn

und auch in den schwersten Tagen
niemals über Lasten klagen;
denn durch Trübsal hier
geht der Weg zu dir.[40]

In dieser Schule lernte ich vor allem eines: Dass das Gebet ein Türöffner vom Denken zum Danken ist, und dass Segen mehr ist als jeder Erfolg!«

Friedrich Hänsslers Verabschiedung vom Verlag

N icht nur der Unternehmer und Vorsitzende der Stiftung Christliche Medien Friedhelm Loh hält am 22. Juni des Jahres 2016 im gut gefüllten Konferenzsaal des Hänssler-Verlags Rückschau. Folgende Männer wenden sich im Laufe dieser Feierlichkeit an Friedrich Hänssler, um ihn mit einer offiziellen Ansprache zu ehren: der Geschäftsführer der Stiftung Christliche Medien Ulrich Eggers, der Geschäftsführer des IC Medienhauses in Holzgerlingen Marco Abrahms, Altlandesbischof, Autor, Wegbegleiter und Freund Prof. Dr. Gerhard Maier, Theologe, Neutestamentler, Autor, Liedermacher und Schwiegersohn Prof. Dr. Hans-Joachim Eckstein, der Journalist und Leiter der Evangelischen Nachrichtenagentur *idea* Helmut Matthies, Verleger, Autor und Bibel-TV-Gründer Norman Rentrop sowie Theologe, Journalist und Geschäftsführer der KEP Wolfgang Baake.

Auch die eigenen Kinder sind vertreten, die gemeinsam im Verlagshaus als letzte Laudatoren am Rednerpult stehen, um ihrem Vater persönlich und öffentlich danken und ihn damit ehren zu können. Alle nehmen die besondere Gelegenheit wahr, um nicht nur stellvertretend für alle anwesenden Gäste, sondern auch für eine Millionenschar hörender, singender, lesender und sehender Kunden Rückschau zu halten, noch bevor der einstige Verlagschef selbst nach vorne tritt, um zu denen zu sprechen, die an jenem Tag Worte der Ehrung und Würdigung für ein ganzes Lebenswerk vorbereitet und mitgebracht haben.

Sie alle waren gekommen, um ihren langjährigen Chef, Mitarbeiter, Freund bzw. Vater und Ehemann gebührend aus dem Verlagsleben zu verabschieden. Dieser heiße Tag im Juni – ein wahrlich signifikantes und für nicht wenige der Anwesenden ganz gewiss auch emotionales Ereignis, in erster Linie freilich für Friedrich Hänssler selbst.

»Das, was wir heute erleben, ist für mich keine Verabschiedung«, beginnt Friedhelm Loh seine Abschiedsrede, »sondern ein fröhliches: ›Fortsetzung folgt‹, denn der Auftrag bleibt und Sie wechseln in ein anderes Spiel des gleichen Trainers. Der beste Radiergummi der Welt kann die Spuren, die Sie hinterlassen haben, nicht ausradieren, auch unsere Vergesslichkeit nicht, denn Sie haben Spuren hinterlassen mit Ewigkeitswert, die im *Buch des Lebens* dokumentiert sind. Ja, es stimmt: Der Mensch sät und Gott erntet. Und wir erleben ganz praktisch, dass der Kreislauf von Säen, Ernten und Segen eine Realität ist, die unseren Auftrag zum Dauerauftrag macht. Das CJD (Christliches Jugenddorfwerk Deutschland) hat das Motto: Keiner darf verloren gehen! So haben Sie Ihren Auftrag gelebt, in vielfältigen Produkten umgesetzt. Diese Aufgabe haben Sie mit Autoren und Mitarbeitern geteilt – Sie, Bruder Hänssler, 65 Jahre lang.

Ich nehme an, das ist Weltrekord in der Verlegerbranche. Seit 1950 haben Sie im Verlag Ihres Vaters mitgearbeitet und ab 1958 die Verantwortung für den Hänssler-Verlag übernommen. Sie haben den größten evangelikalen Verlag in Deutschland aufgebaut und mit Weisheit und Hingabe geführt. Die Gaben, die Gott Ihnen gegeben hat, und Ihre Liebe zu Ihrem Erlöser waren für Sie der Motor, der, wie ich meine, immer auf Hochtouren lief – im Verlag, im Dienst in anderen Werken und bei Ihren häufigen Verkündigungsdiensten. Sie sind ein Mutmacher, denn Sie haben nicht lockergelassen, selbst dann nicht, wenn in der Realität oder gefühlt alles gegen Ihren Weg sprach.

Auf Ihrem Schreibtisch lag jedes Mal, wenn ich bei Ihnen war, die Bibel. Wohlgemerkt aufgeschlagen! Das war für jeden, der Sie besuchte, ein klares Signal für die Grundlage, auf der Sie standen und arbeiteten. Ihr Fundament ist Gottes Wort, verbunden mit dem

Gebet und der Verkündigung. Danke, für das Zeugnis, danke, für Ihren unternehmerischen Mut, danke für Ihr Vorbild. Sie waren und sind ein Licht auf dem Berg und das Salz in der Suppe, das nicht immer jedem geschmeckt hat. Die Bibel ist der unverrückbare Ausgangspunkt, der Mittelpunkt und die Orientierung unseres Glaubens und unseres Handelns. Das ist Ihr Beispiel und Vermächtnis an die nächsten Generationen.

Liebe Schwester Hänssler, was ich jetzt sage, ist nicht eine Pflicht der Höflichkeit – nicht der obligatorische Blumenstrauß. Es ist meine Hochachtung Ihnen gegenüber. Ich habe mich über jede Begegnung mit Ihnen sehr gefreut. Sie waren und sind für mich eine Frau, die mir begegnet ist – in guten und in schweren Tagen – als eine Schwester, die tief im Glauben verwurzelt ist und das trägt und erträgt, was Gott Ihnen in Ihr Leben gegeben hat – als Sprungbrett und als Hindernis. Sie haben in Stille, aber – wie ich es empfunden habe – in großer Hingabe und mit viel Gebet die Arbeit und das Leben Ihres Mannes unterstützt. Ihnen haben wir als Mitarbeiter und Gestalter der Verlagsarbeit viel zu verdanken.

Wir sehen uns beauftragt, christlichen Verlagen und deren Autoren mit ihren Botschaften in unserem Land eine Zukunft zu geben. Nicht zum Selbstzweck, sondern zum Wohl der Menschen für ein zielorientiertes Leben, zum Bau der Gemeinde Jesu und zu seiner Ehre.

Die säkulare Welt braucht die rettende und lebensbefähigende Botschaft vom Kreuz, und weil das so ist, tragen wir gemeinsam eine große Verantwortung. Das treibt uns und stellt uns vor neue Aufgaben, denen wir uns gemeinsam stellen müssen. Dabei ist eins der wichtigen Ziele, die große Vielfalt der einzelnen Verlage zu erhalten und weiterzuentwickeln. Eine Aufgabe mit Ewigkeitswert! Es gibt nichts Besseres! Sie waren, sind und bleiben mit uns Bauarbeiter an der Baustelle Gottes – dem Projekt mit der größten und vor allem ewigen Nachhaltigkeit.«

Wenngleich es im eigentlichen Abschiedsworte waren, die Hans-Joachim Eckstein an jenem Tag im späteren Verlauf der Feierlichkeit an den Verleger Friedrich Hänssler und die geladenen Gäste richtete, so sind es doch vor allem auch zukunftsgerichtete Worte, Worte der Stärkung, welche Prof. Dr. Eckstein seinem Abschied nehmenden Schwiegervater und darüber hinaus allen anderen Anwesenden mit auf den Weg gab: »Gott sei mit dir! Er behüte dein Leben! Wie seinen Augapfel schütze er dich! Er trage dich wie ein Adler auf Flügeln, er leite dich ewiglich.«

Dieses Lied dichtete und komponierte Hans-Joachim Eckstein für seinen Schwiegervater Friedrich Hänssler. Aufzusteigen wie ein Adler war bereits die Grundlage für die Gründung des Hänssler-Verlags durch Vater Friedrich Hänssler sen., welcher damals – wie bereits im Buch erzählt – für die Veröffentlichung seines Liedes *Auf Adlers Flügeln getragen*, aus heutiger Sicht beurteilt, im wahrsten Sinne des Wortes – Gott sei Dank! – keinen Verlag fand, denn andernfalls hätte es nie einen Hänssler-Verlag gegeben.

Schon damals galt: zu vertrauen, loszulassen und getragen zu werden, dies war und ist das Fundament und die biblische Umschreibung des befreienden Glaubens, den Vater und Sohn Friedrich Hänssler erlebten und der sie durch ihr ganzes Leben trug.

Gott sei mit dir – Auf den Flügeln des Adlers

Refr.

Gott sei mit dir! Er behüte dein Leben!
Wie seinen Augapfel schütze er dich!
Er trage dich wie ein Adler auf Flügeln,
er leite dich ewiglich.

1. Er führe dich über Höhen und Tiefen;
   in seinem Schatten sei bewacht

Er, der stets hörte und sah, die ihn riefen,
gibt auch auf dich täglich acht!

2. Unter den Flügeln des Höchsten geborgen,
kannst du nun zuversichtlich sein.
All deine Schrecken und all deine Sorgen
werden an seiner Hand klein.

3. Flieg wie ein Adler, lass los und vertraue!
Er will dir Kraft und Stärke sein.
Auf ihn, der liebevoll bei dir ist, schaue!
Er lässt dich niemals allein.[41]

Als Hans-Joachim Eckstein und Manfred Siebald am Tage des Abschieds gemeinsam im Holzgerlinger Wasserschlösschen dieses Lied singen, schließt sich an jenem Tag für den Hänssler-Verlag und damit natürlich für die gesamte Hänssler-Familie ein Kreis vom *Auf Adlers Flügeln getragen* hin zu *Gott sei mit dir – Auf den Flügeln des Adlers*; dementsprechend schließt sich, daran anknüpfend, folglich auch der Kreis hier in diesem Buch – ein Gedanke, der uns alle wieder zurückverweist auf den Anfang dieser Biografie.

Die in dem Lied verankerte und von Hans-Joachim Eckstein aufgegriffene Thematik, welche in einem großen Maße von der Liebe Gottes zu uns Menschen erzählt, ist zugleich auch Inhalt seiner eindrücklichen Festtags-Abschiedsrede:
»Wie ein Adler – was für ein faszinierender und geheimnisvoller Vergleich! Doch woher kommt dieses inspirierende Bild? Was ist sein Ursprung? Es stammt aus der alten Überlieferung der Errettung Israels aus Ägypten und der Bewahrung und Führung des Volkes in der Wüste durch Gott selbst (2. Mose 19,4; 5. Mose 32,10-13). Gott umfing sie, hatte acht auf sie und behütete sie wie seinen Augap-

fel. Wie ein Adler ausführt seine Jungen und über ihnen schwebt, breitete er seine Fittiche aus und nahm ihn und trug ihn auf seinen Flügeln (5. Mose 32,11).

Welch ein spannungsvoller Kontrast! Das Volk Israel hat die Unterdrückung in Ägypten und den von Gefahren begleiteten Auszug hinter sich. Es steht vor dem Abschluss der mühseligen Wanderung durch die Wüste. Das ist die vordergründige Erfahrung und die wahrgenommene Wirklichkeit der Wüstengeneration. Zugleich aber gilt von Gott her eine Realität, die die Israeliten im Staub der Wüste gewiss häufig aus den Augen verloren. Ursprung und Ziel ihrer Reise waren durch Gottes Erwählung und seine fürsorgliche Bestimmung vorgegeben. Während all der Zeit ihres Zweifelns und ihrer Anfechtung, hatte Gott auf sie acht. Allein schon das erste Bild in 5. Mose 32,10 (vgl. Psalm 17,8) ist überwältigend. Nichts behandeln wir Menschen vorsichtiger, nichts an uns schützen wir behutsamer als unsere eigenen Augen. Gott liegen die von ihm erwählten und erlösten Menschen so sehr am Herzen wie sein eigener Augapfel. So unvergleichlich wertvoll sind sie für ihn, so behutsam begleitet er sie und so aufmerksam sorgt er für sie.

Das zweite Bild, das des Adlers, wird in den biblischen Aussagen gleich nach mehreren Gesichtspunkten entfaltet. Zunächst wird an die beeindruckende Beobachtung angeknüpft, dass Vögel ihre Jungen mit ihren ausgebreiteten Flügeln vor Angreifern schützen und diese sich unter ihrem Schatten verstecken und bergen können.

›Unter dem Schatten deiner Flügel habe ich Zuflucht, bis das Unglück vorübergehe‹, betet der Psalm-Sänger (Psalm 57,2; vgl. Psalm 63,8). Dem zu Gott Fliehenden wird verbindlich zugesagt: ›Er wird dich mit seinen Fittichen decken, und Zuflucht wirst du haben unter seinen Flügeln!‹ (Psalm 91,4). In diesem Sinne ist auch bei unserer Ausgangsstelle, 5. Mose 32,11, davon die Rede, dass der Adler achtsam und schützend über seinen Jungen schwebt.

Unter den Flügeln des Höchsten geborgen,
kannst du nun zuversichtlich sein.
All deine Schrecken und all deine Sorgen
werden an seiner Hand klein.

Zugleich wird hier aber auch daran erinnert, dass die Elterntiere zur rechten Zeit ihre Jungen zum eigenen Fliegen anhalten und sie bei ihren Flugversuchen umso achtsamer begleiten. Es ist von dem Ausführen seiner Jungen, dem Aufstören zum Flug, die Rede. So musste Israel, so sollen alle, die zu Gott gehören, in ihrem eigenen Leben selbst und unter seiner fürsorglichen Begleitung das Fliegen lernen: das Erwachsenwerden, das Loslassen, das Verlassen des Vertrauten und das Vertrauen in das neue Getragen- und Begleitetwerden.

Er führe dich über Höhen und Tiefen;
in seinem Schatten sei bewacht
Er, der stets hörte und sah, die ihn riefen,
gibt auch auf dich täglich acht!

Gott sagt zu, sein Volk bei der gefahrvollen, aber zielführenden Reise in das ferne verheißene Land fürsorglich zu begleiten und liebevoll zu überwachen – von den ersten Flugversuchen und gefahrvollen Niederungen bis hin zu den höchsten Höhen und fernsten Zielen. Nun kamen in der Anwendung des Bildes von dem schützenden und umsichtig sorgenden Adler das alte Israel wie auch wir – als die in Christus zum Volk Gottes Berufenen – unwillkürlich als die jungen Adler in den Blick. Wie die Jungvögel von ihren Eltern fürsorglich zum eigenen Fliegen und Aufsteigen angehalten und bei ihren Flugversuchen umsorgt werden, so dürfen die, die auf Gott vertrauen und auf seine Begleitung und Befähigung hoffen, im Wortsinn beflügelt aufleben und erstarken.

So verwundert es nicht, dass die Wendung ›wie ein Adler‹ an anderen Stellen auch ganz ausdrücklich auf uns als Menschen bezogen wird: ›Die auf den Herrn harren, kriegen neue Kraft, dass sie auffahren mit Flügeln wie Adler‹ (Jesaja 40,31). In Psalm 103,5 beschreibt der von Gottes Barmherzigkeit und Gnade überwältigte Beter die – wörtlich – beschwingende und beglückende Wirkung der Fürsorge Gottes mit den Worten: ›dass du wieder jung wirst wie ein Adler‹.

Somit schließt sich der Kreis der ermutigenden und beflügelnden Belege zum Vergleich der Gottesbeziehung mit dem Motiv des Adlers. Wie schon die biblischen Zusagen in die Einladung und Ermunterung der ängstlich Festhaltenden und Verzagten einmünden, so bezieht das Motiv des Adlers auch zum Abschluss des Liedes uns selbst mit ein:

> Flieg wie ein Adler, lass los und vertraue!
> Er will dir Kraft und Stärke sein.
> Auf ihn, der liebevoll bei dir ist, schaue!
> Er lässt dich niemals allein.
> Gott sei mit dir! Er behüte dein Leben!
> Wie seinen Augapfel schütze er dich!
> Er trage dich – wie ein Adler – auf Flügeln,
> er leite dich ewiglich.«

Und Friedrich Hänssler. Er findet folgende Worte des Abschieds, vielleicht sogar Worte, die er sich selbst sagen möchte, Worte, die die endende Verlagsära betreffen, Worte, die sich an den Verlag und an seine Mitarbeiter, gleichermaßen jedoch auch an die Menschen da draußen, an die Welt richten. Hören wir hin, hören wir ihm zu:

»Es kommt nicht zu häufig vor, dass Betriebsangehörige 65 Jahre Mitarbeiter im selben Unternehmen sind. In meinem Fall wurde sogar bei der unvermeidlichen Verabschiedung von Weltrekord gesprochen. Ich staune, wie schnell diese Jahre vorübergingen. Dabei ist die Zahl 65 nur bedingt richtig, denn eigentlich war ich schon länger im Betrieb.

In meinem Urlaub als Soldat, gerade 17 Jahre alt, schrieb ich trotz Verlagsverbot das erste Verlagsverzeichnis der vielen, vielen Notenblätter des Friedrich Hänssler-Musikverlags, 166 Seiten handschriftlich, als Ostergeschenk für meine Eltern zum 9. April 1944. Dieses Dokument habe ich aufbewahrt, bis heute.

Ich hatte nie den Gedanken Verleger zu werden und in sehr langer und schwerer Krankheit, mit zunächst nur einer Stunde Arbeitsfähigkeit, war daran auch nicht zu denken. Nein, ich wollte eine Hühnerfarm. Als ich, bereits als Verleger tätig, das einmal ausplauderte, da antwortete mir einer: ›Was willst du denn, die hast du doch schon!‹

Im Rückblick über Jahrzehnte denkt man natürlich auch an Fehlentscheidungen, durchaus auch an Falschbeurteilungen; für die möchte ich mich aufrichtig entschuldigen. Gute Freunde und Weggenossen haben heute liebe Worte des Dankes ausgesprochen, und irgendwann wurde mir in diesem Zusammenhang auch die Frage gestellt, die an einem solchen Tag kommen muss: Ob es schwer fallen würde, aus dem Verlag auszuscheiden? Eine durchaus legitime Frage.

Nun habe ich zwar Verständnis für Martin Luthers Wort: ›Der Mensch ist zur Arbeit geboren wie der Vogel zum Fliegen‹, aber da ist doch noch mehr. Wenn Gott mich berufen hat, wenn sein Wort mich getroffen hat, dann bin ich in den Dienst gestellt.

Beruf ist Berufung, und das ist Berufung auf Zeit, und vor dieser Zeit kann ich nicht davonlaufen. Beim Nachdenken darüber könnte man schon ins Grübeln kommen, wie einst König David im Geheimtagebuch seines Lebens, dem Psalm 139. Vielleicht ist das eine persönliche Verabschiedungserkenntnis:

Du erforschst mich, das kann ich alles so nicht begreifen,
aber auch: wie schwer sind für mich deine Gedanken,
deine Führungen.

Dieser David vertraute seinem Gott, bei *allen* seinen Wegen *und* Umwegen, und genau das ist es, was ich auch tun will. Ich möchte mit frohem Blick und dem Dank nach oben immer wieder – auch im sogenannten Ruhestand – ein Leben aus Dankbarkeit wagen und üben. In meinem Leben, auch in meinem Berufsleben, war alles unverdient, bis heute, und ich bin privilegiert, wenn ich danken kann; als Original geschaffen, ein Unikat, und dies mit dem uneingeschränkten Ja Gottes.

Gotteslob und Lebensdank sollen und wollen meine Antwort sein: ›Wunderbar sind deine Werke, deine Führungen, auch die, die ich gar nicht verstehe‹, sagt David, dem ich nur recht geben kann. Eigentlich sagt nur der *Dankeschön*, der sich bewusst wurde: Ich bin beschenkt worden. Auch am Verabschiedungstag wird mir sehr bewusst, dass ich ein reich Beschenkter bin. Dafür will ich Gott danken!

Es ist aufregend schön, wenn man die gute, einzigartige Botschaft von Jesus Christus weitersagen darf, wenn man Botschafter Gottes ist. Und diese Aufgabe haben wir. Sie ist durch nichts anderes zu ersetzen, für die gibt es auch keinen Ruhestand.«

Versuch eines Plädoyers für Einfalt und Einfachheit

>> **E**s gibt viele Möglichkeiten, ein Buch wie dieses zu beenden. Darüber habe ich mir natürlich eingehend Gedanken gemacht. Unterdessen stellte ich mir vor, Ihnen, ja Ihnen, der/ die Sie dieses Buch gerade in Ihren Händen halten, ganz persönlich zu begegnen – irgendwo in dieser Welt, an irgendeinem gewöhnlichen oder auch ungewöhnlichen Ort. Dabei kommt es zu einer Vertiefung *unseres* scheinbar zufällig begonnenen Gesprächs, von dem wir anfangs noch nicht wussten, ja nicht einmal ahnen konnten, dass wir ein solches überhaupt führen würden. Vorausgegangen war möglicherweise eine Frage, die Sie keineswegs beiläufig, sondern sehr direkt an mich richteten, und die ich Ihnen unmöglich nur beiläufig hätte beantworten können. Nein, dafür müsste ich mir schon eingehend Zeit nehmen, zumal Sie nachdrücklich signalisierten, dass Ihnen meine Antwort auf Ihre Frage wirklich wichtig sei.

Vielleicht sind Sie selbst ein noch recht junger Mensch und studieren Medizin, Germanistik, Theologie. Vielleicht sind Sie bereits schon Arzt oder Pfarrer von Beruf, Sie arbeiten als Seelsorger, Jugendarbeitsleiter, Missionar, Altenpfleger, Steuerberater, Wirtschaftsprüfer, Autoverkäufer, Malermeister; Sie sind eine Lehrerin, Stewardess, Krankenschwester, Reiseleiterin, Verkäuferin, Gärtnerin, Reinigungskraft. Oder aber vielleicht sind Sie auch derzeit arbeitssuchend, oder Sie haben mir während unseres tiefen Gesprächs Ihren Berufsstand gar nicht mitgeteilt. Wer weiß.

Gegebenenfalls fragten Sie mich ganz gezielt nach meinem Glauben, Sie fragten nach der Praxis in der Jesus-Nachfolge und nach meinen bisherigen gewonnenen Erkenntnissen und Erfahrungen mit Gott in (m)einem langen Leben, in meinen vergangenen neun

Lebensjahrzehnten. Gerne möchte ich eine nachhaltige Antwort mit auf den Weg geben, eine Antwort, die zum tieferen Nachdenken bewegen und Menschen insgesamt eine wirkliche Hilfe sein kann.

Und so möchte ich Ihnen – meiner erdachten, persönlichen Begegnung – der/die Sie stellvertretend für die ganze Leserschaft dieses Buches stehen – also Folgendes sagen: Erkenntnisse sind kaum übertragbar, Erfahrungen wohl. Dabei möchte ich meine durchaus subjektiven Erfahrungen niemandem aufdrängen. Gott führt nicht alle Menschen gleich. Manche schmerzlichen Erfahrungen würde ich Ihnen gerne ersparen, obwohl manchmal gerade sie zum Reichwerden durch Verlieren führen. Erfahrungen sind sicher der beste Lehrer, den man haben kann, nur das Schulgeld ist zuweilen beträchtlich hoch und in unserer Lebensschule werden immer wieder neue, höhere Schulklassen festgelegt. Wahrscheinlich kann man Erfahrungen nicht verlieren, aber man kann sie, weil sie der eigentliche Reichtum sind, verschenken und behält sie dabei doch auch selbst.

Wenn man etwas über Erkenntnisse und Erfahrungen berichtet, setzt man sich unter Umständen zwischen alle Stühle und ist trotzdem unter dem Schirm Gottes. Die Erfahrungen lassen mich im Rückblick angenehm bescheiden werden. Es ist direkt wohltuend, darüber den klugen Apostel Paulus zu hören und zu erfahren, was er seinen vermeintlich so viel wissenden Korinthern zu schreiben hatte. Er schreibt von den Törichten, Schwachen, Unedlen und Verachteten, die Gott erwählt hat (vgl. 1. Korinther 1,27-28).

In meinem Leben habe ich mancherlei Typen von Menschen kennengelernt. Darunter waren kluge Menschen, auch Wichtigtuer, Arrogante, auch Leute, die alles Selbstvertrauen verloren hatten, auf deren Gesicht immer ein Plakat aufleuchtete: ›Entschuldigung, dass ich geboren bin.‹ Ich traf auch einfache, ja einfältige Menschen, für die es ein Vorrecht war, Gott völlig zu vertrauen. Sie waren auf dem Weg, dass ihr Glaube erwachsen wird.

Erfahrungen zeigen mir auch, dass wir, ob aller Information, Problematik, ja vielleicht sogar Theologie, unter Umständen ganz Entscheidendes aus dem Fokus verloren haben. Scheint nicht manchmal ein Intellektueller so klug zu sein, dass er das Offenkundige nicht mehr begreifen kann?

Darf ich das an einem witzigen Beispiel illustrieren? Es gibt eine nette Geschichte über Sherlock Holmes und seinen Freund Dr. Watson:

Sherlock Holmes und Dr. Watson machen miteinander Campingurlaub im Zelt. Nachts weckt Sherlock Holmes seinen Freund und fragt ihn: »Watson, schaue in den Himmel und sage mir, was du siehst.«

Watson antwortet: »Ich sehe Millionen und Abermillionen von Sternen.«

Sherlock Holmes fragt ihn dann: »Watson, und was sagt dir das?«

Darauf antwortet Watson: »Astronomisch gesehen sagt es mir, dass es Millionen von Galaxien gibt und Milliarden von Planeten. Theologisch gesehen sagt es mir, dass Gott groß ist und wir Menschen klein und unbedeutend. Meteorologisch gesehen sagt es mir, dass wir morgen einen wunderschönen Tag haben werden. Und was sagt es dir, Sherlock?«

Sherlock antwortet darauf: »Nun gut, Watson, es sagt mir, dass in der Nacht irgendjemand unser Zelt gestohlen hat.«[42]

Wir schmunzeln darüber wie der intellektuelle Watson alles in Begriffe bringen will. Watson hat auch nichts Falsches gesagt, im Gegenteil, sein Intellekt funktionierte hervorragend, und trotzdem verpasste er das aktuell Entscheidende.

Ist die Frage erlaubt, ob in diesem Falle der Intellekt nicht eine zu hoch bewunderte Übertreibung ist? Wäre Talent nicht die bessere Bezeichnung, zumal das auch ausdrücken würde, dass es sich um eine Gabe handelt, so wie Einfalt eine Gabe ist? Könnte diese gut erfundene Geschichte von Sherlock Holmes auch ein Bild sein für unser christliches Umfeld in Kirche und Gemeinde? Übersehen auch wir das Entscheidende? Sehen wir den Wald vor lauter Bäumen nicht mehr?

Ehe ich im Einzelnen Erkenntnisse und Erfahrungen als Denkanstöße erwähne, ist mir wichtig, zwei Voraussetzungen zu nennen:

1. Wenn ich auch vieles erlebt und erfahren habe, heißt das noch nicht, dass ich Erfahrung habe.
2. Wichtiger als alle Erfahrungen sind die unverbrüchlichen Zusagen Gottes für mein Leben und seine Leitlinien, wie Er sie in Seinem Wort festgelegt hat. Diesem Wort will ich unbedingt mehr zutrauen, als meinen eigenen Gedanken und Erfahrungen.

Hier nun ein Versuch eines Plädoyers für Einfalt, Geradlinigkeit und Einfachheit und ihren Risiken und Nebenwirkungen – Erkenntnisse und Erfahrungen:

Einfalt – eine Falte für Jesus. Einfalt, eine Falte will uns zum Wesentlichen zurückbringen, zur Hauptsache. Einfalt konzentriert sich auf das Eine, sozusagen heilige Konzentration. Oder anders ausgedrückt: Der Einfalt fällt nur das Eine ein. Einfalt, biblisch inhaltlich gesehen, meint die Einfachheit, Geradheit und Lauterkeit ohne Hintergedanken.

Ich habe schon immer etwas für Einfältige übrig gehabt. Es sei Ihnen durchaus gestattet, daraus ihre eventuellen psychologischen Analysen über mich, den Schreiber dieser Zeilen anzustellen. Trotz ihren bisweilen vielleicht unbegründeten Fragen und Gedanken haben es mir einfältige Menschen angetan. Immer wieder traf ich welche als fröhliche, von tief innen heraus dankbare Menschen, durch deren Leben sichtbar wurde, dass Einfalt und Wahrheit wohl Geschwister sind. Es waren auch welche dabei, von denen man sagen könnte, dass ihr Herz bei ihnen im Kopf ist; Gott einfältig zu vertrauen, war für sie ein Vorrecht. Von einigen möchte ich beispielhaft erzählen.

In meiner Jugendzeit gab es noch die sogenannten Kolporteure, das waren meist Männer, die von Ort zu Ort marschierten und in einem kleineren oder größeren Rucksack christliche Schriften und Kalender mit sich führten, die sie dann in den von ihnen besuchten Familien, bei denen sie meist auch übernachteten, billig verkauften. Das war ein hartes Brot für diese Wandergesellen, die am Existenzminimum leben mussten und trotzdem ihren Dienst in der Verbreitung des Evangeliums mit fröhlichem und heißem Herzen und, man muss auch sagen, mit heißen Füßen ausübten. Heute noch möchte ich den Hut ziehen vor diesen engagierten Leuten, die von der Liebe zu Jesus erfüllt waren.

Auch in mein Elternhaus kam eines Tages ein solcher Kolporteur. Man kannte ihn schon gut als eine ganz einfältige Persönlichkeit. Ich bekam von ihm mein erstes Buch, ein sechzehnseitiges Bilderheft mit einer rührenden Geschichte über einen Bernhardinerhund. Wenn der Kolporteur seinen Rucksack öffnete (er hatte dabei einen so besonders verschmitzten Gesichtsausdruck), sich anschließend seiner gewickelten Wandergamaschen entledigte, dann holte er stets, wie einen köstlichen Schatz, eine große, einmal wohl schwarz gewesene Querflöte heraus und fing an, darauf zu spielen. Man müsste eher sagen, er blies darauf, denn manchmal hörte man viel mehr Luft als Ton. Obwohl er sicher Probleme mit der Atmung hatte – es war ihm auch anzusehen, dass er in seinem fortgeschrittenen Alter nicht gesund war –, spielte er mit großer Inbrunst seine Lieder. Ehe er sich erschöpft ins Bett begab, spielte er immer *Goldne Abendsonne, wie bist du so schön*. Das gehörte irgendwie zu seiner Liturgie.

Als ich eines Tages, ganz sicher nicht aus eigenem Antrieb oder Wunsch, da hätte ich mich selbst nicht ganz ernst genommen, das Wohnzimmer ausfegte und einige Möbel abstaubte, legte ich seine zerlesene, große Bibel auf den Boden, um freie Fahrt für die ungewohnte Arbeit zu haben. Als Karl, so hieß er, urplötzlich im Zimmer auftauchte und seine Bibel auf dem Fußboden liegen sah, wurde er sehr zornig. Ehe ich reagieren konnte, verpasste mir Karl mit der Hand eine deftige Abreibung, über die ich mich nur wundern konnte, denn ansonsten war er ausnehmend friedlich. Dann folgte die Belehrung für mich.

Für Karl war die Bibel, neben der Flöte, sein einziger Besitz. Sie war für ihn nicht Lehrbuch, sondern Lebensbuch. Vielleicht hatte er den Satz von Johann Albrecht Bengel einmal gehört:

Die Bibel ist ein Brief, den mein Gott mir hat schreiben lassen, wonach ich mich ausrichten soll und wonach mein Gott mich richten wird.

Dieser einfältige Karl lebte mit diesem Wort, es war sein bleibender Schatz, den niemand missachten durfte. Das Wort des lebendigen Gottes war seine Kraft in seinem wirklich mühseligen, armen Leben. Trotzdem konnte ich mir keinen fröhlicheren, frohen Mutes lebenden Christen vorstellen. Für mich persönlich bedeutete das eine praktische, wirklich unvergessliche, wenn auch handgreifliche Bibelauslegung.

Ein ganz anderes Beispiel stimmte mich doch sehr nachdenklich. Jahrzehntelang lebten wir mit einem älteren Ehepaar im selben Stockwerk des Hauses. Man schätzte sich, man überschätzte sich aber nicht. Der Mann hielt im Wechsel in Gemeinschaften verschiedener Prägung Verkündigungsdienste. So auch in der im Hause in einem kleineren Saal angesiedelten Versammlung. Seine Einfalt war manchmal direkt aufregend für mich. Seine biblischen Gedanken bewegten sich in der eingefahrenen Routine und begannen sehr häufig beim ersten Kapitel der Bibel, um dann, auch bei kurzen Beiträgen, zielsicher bei Offenbarung 22 zu landen. Offen gesagt, fühlte ich mich etwas darüber erhaben und hätte immer wieder mal gerne auf seine biblischen Gedanken verzichtet. Dieser Mann strahlte jedoch eine Glaubensgewissheit aus, die viele Menschen berührte, die auch zu seiner allgemeinen Wertschätzung beitrugen. Meine persönliche Wertschätzung war eher wertmindernd, bis zu dem Tag, als Freunde mir aus seinem Leben erzählten, nicht er selbst.

Während der Hochphase der Nazizeit war eine entscheidende Wahl angesagt und die Propaganda lief in einzelnen Gegenden so aus dem Ruder, dass es fast als Verbrechen gegen die Menschheit angesehen wurde, wenn man nicht wählen ging. Unser Hausbewohner wohnte damals in einer Stadt, heute große Kreisstadt, in der man rekordverdächtig demonstrieren wollte, dass ausnahmslos alle Wahlberechtigten gewählt haben. Einfältig, aber am Wort Gottes ausgerichtet, durchschaute unser Hausbewohner die Verführung der Nationalsozialisten von Anbeginn an und verweigerte sich deshalb. Das bezog sich außerdem auch auf die Teilnahme an der Wahl.

Ich weiß nicht, ob er jenen Bibelvers kannte, den ein anderer in einem Wahllokal anstelle seines Wahlzettels eingeworfen hatte:

Siehe, ihr seid nichts, und euer Tun ist auch nichts, und euch wählen ist ein Greuel.

Jesaja 41,24

Die Folgen der Wahlverweigerung waren für den entschlossenen und mutigen Hausbewohner beträchtlich. Er, anscheinend der Einzige der Stadt, der sich den Nazis in allem verweigerte, wurde schlussendlich von ihnen abgeholt und als Vaterlandsverräter und Wahlverweigerer unter Hohn und Spott durch die ganze Stadt geführt, um seine Blödheit jedermann kundzutun. Wenn ich recht informiert wurde, hatte man ihn in Unterhosen durch die Straßen getrieben. Nach unserer heutigen Beurteilung würde man nicht mehr auf die Idee kommen, seine Handlungsweise als Blödheit zu bezeichnen. Ganz im Gegenteil! Auch ich selbst musste meine Ansicht über diesen Mann erheblich korrigieren. Einfältig im richtigen Sinne ist, wer in der Verdrehung, Verkehrung und Verwirrung von allem allein die schlichte Wahrheit Gottes im Auge behält.

Ich könnte das auch musikalisch ausdrücken: Einfalt spielt einen wunderschönen Ton, der mit Gottes Harmonien übereinstimmt.

Zinzendorf, so berichtet man, schrieb als Kind Briefe an Jesus und warf sie dann durch das Fenster, damit der Wind sie weiterbefördern konnte. In der Tat ist mir in der Begegnung mit wirklich bedeutenden Menschen immer wieder aufgefallen, dass große Menschen ihr Kinderherz nicht verloren haben. Ich begegnete wiederholt Einfältigen, die ihre Wünsche Gott schenkten, die an Gottes Herzen nie irre wurden, auch dann nicht, wenn sie das Tun seiner Hände nicht verstanden, die dann trotzdem sagen konnten: ›Ich verlasse mich auf Gott und bin deshalb auch nie verlassen.‹

Ist nicht unser Glaube die Rückkehr zur Einfalt, oder mindestens ein Schritt in Richtung Einfalt: ›Suchet Gott mit einfältigem Herzen.‹ (Weisheit 1,1)?

Insofern ist es wohltuend, Einfältigen zu begegnen, die Brücken sehen, über die sie gehen können, während andere, vielleicht klügere, nur Schluchten sehen.

Die Einfalt hat ihre Auswirkungen:

- ›und obwohl sie sehr arm sind, haben sie doch reichlich gegeben in aller Einfalt‹ (2. Korinther 8,2).
- ›in Einfalt eures Herzens, als dem Herrn Christus ...‹ (Epheser 6,5).

- ›Denn dies ist unser Ruhm: das Zeugnis unseres Gewissens, dass wir in Einfalt und göttlicher Lauterkeit (...) unser Leben in der Welt geführt haben‹ (2. Korinther 1,12).

Die Urchristen waren reich in ihrer Einfalt, in ihrer schlichten Güte und Lauterkeit, wie es Paulus im bereits erwähnten 2. Korintherbrief 9,11 schreibt: ›So werdet ihr reich sein in allen Dingen, zu geben in aller Einfalt, die durch uns wirkt Danksagung an Gott.‹ In 2. Korinther 11,3 mahnt Paulus eindringlich die Gemeinde, sich nicht von der Einfalt in Christus wegbringen zu lassen: ›Ich fürchte aber, dass, wie die Schlange Eva verführte mit ihrer List, so auch eure Gedanken abgewendet werden von der Einfalt und Lauterkeit gegenüber Christus.‹

Es gibt einen Grund dafür, dass Einfältige Klugheit besitzen: es ist das lebendige Wort Gottes, so sagt es uns Psalm 119,130: ›Wenn dein Wort offenbar wird, so erfreut es und macht klug die Unverständigen.‹

Einfalt, die eine Falte für Jesus, diese heilige Konzentration, ist auch Anschauungsunterricht im Leben von wirklich bedeutenden Menschen der Kirchengeschichte. Das beginnt mit dem klugen, gelehrten Apostel Paulus, wenn er sagt: ›Ich habe mich entschlossen, dass ich nichts unter euch wüsste, als allein Jesus Christus, und den als gekreuzigt‹ (1. Korinther 2,2). Der Evangelist Johannes schreibt sein Evangelium, ›damit ihr glaubt, dass Jesus *der* Christus ist, der Sohn Gottes, und damit ihr durch den Glauben das Leben habt in seinem Namen‹ (Johannes 20,31).

Es gehört zu dieser Einfalt, wenn Martin Luther sich vor Gott als einfältiger Bettler sieht, oder wenn der schwäbische Erweckungsprediger Ludwig Hofacker vor seinem so frühen Tod beim Anblick eines Bildes des Gekreuzigten sagt: ›Das ist mein Mann.‹ Ich denke dabei auch an Charles Haddon Spurgeon, den gewaltigen Prediger des Evangeliums, den großen Schriftsteller, der sich auch in 40 Jahren Predigtdienst, immer am selben Ort, nicht ›ausgepredigt‹

hat; manche bekannten Prediger von heute könnten da wirklich vor Neid erblassen. Dieser sagte gegen Ende seines Lebens: ›Meine ganze Theologie ist mir auf vier Worte zusammengeschrumpft: Jesus starb für mich.‹ *Das* verstehe ich unter heiliger Einfalt.

Große Bedeutung hat für mich auch der Begriff *Einfachheit*. Leider wird dieses Wort, lateinisch *simplicitas*, durchaus auch negativ benutzt. Es gibt Verbindungen zum Begriff Einfalt, die wohl mit dem Mut zum Wesentlichen zusammenhängen. Oft ist Einfachheit auch ein Resultat von Reife, und immer auch große Kunst. Man kann das bei Billy Graham erkennen, wenn er bewusst will, dass auch Kinder seine evangelistischen Botschaften verstehen können.

Stark sein heißt *einfach* sein. Ich werde da an einen Ausspruch erinnert, den ich einmal gelesen habe: ›Man muss die Dinge so tief sehen, dass sie einfach werden.‹ Anders ausgedrückt: Einfach denken ist eine Gabe Gottes. Einfach denken und reden ist eine doppelte Gabe Gottes. Einfach denken, reden und leben ist eine dreifache Gabe Gottes. Oft muss vorher eine besondere Not über Menschen kommen, damit sie einfacher werden und auch einfacher miteinander umgehen.

Eigentlich ist das Thema Einfachheit, ein einfacher Lebensstil, ganz aktuell. Es häufen sich diesbezüglich die Appelle, um die Anspruchshaltung des Normalverbrauchers herunterzuschrauben. Noch zwingt man ihn nicht dazu, aber was nicht ist, kann bald werden. Auch hier ist Paulus uns ein leuchtendes Vorbild, der seinen Philippern schreiben kann:

> Denn ich habe gelernt, mir genügen zu lassen, wie's mir auch geht. Ich kann niedrig sein und kann hoch sein; mir ist alles und jedes vertraut: beides, satt sein und hungern, beides, Überfluss haben und Mangel leiden; ich vermag alles durch den, der mich mächtig macht.
>
> *Philipper 4,11-13*

Seinem jungen Freund Timotheus schreibt Paulus:

Die Frömmigkeit aber ist ein großer Gewinn für den, der sich genügen lässt. Denn wir haben nichts in die Welt gebracht; darum werden wir auch nichts hinausbringen.

1. Timotheus 6,6-7

Und in seinem Verteidigungsbrief an die Gemeinde in Korinth schildert Paulus seine Situation: »Wir sind traurig und doch immer fröhlich. Wir sind arm, aber wir machen andere reich. Wir sind Nichtshaber – nicht Inhaber – und haben doch alles«. Wenn das keine Rechtfertigung für den einfachen Lebensstil eines Christen ist!

Auch hier sprechen Erfahrungen eine deutliche Sprache. Der bekannte Evangelist, Autor und Komponist Peter van Woerden, Neffe von Corrie ten Boom, kam hin und wieder zu uns nach Haus. Er schleppte nicht etwa einen standesgemäßen Koffer mit sich herum, nein, eine kleine Handtasche war alles, mit dem er sich beschwerte, sodass ich schon in Sorge war, ob er wohl außer der Zahnbürste und ähnlichen Artikeln auch noch Platz für einen Schlafanzug hatte. Selten habe ich einen solch fröhlichen und dankbaren Menschen getroffen, demütig vor Gott und Menschen. Das war Einfachheit als Sehtest.

Einfachheit erlebte ich gerade auch bei bekannten Persönlichkeiten – ähnlich, wie ich das bereits in Bezug auf die Einfalt erwähnte – bei denen man das eigentlich nicht erwartete.

Immer wieder ist mir aufgefallen, dass Einfachheit es auch sehr mit Klarheit (Lauterkeit) zu tun hat, und Klarheit ist wiederum ein Stück der Wahrhaftigkeit. Lassen Sie mich Ihnen das anhand eines sehr eindrücklichen Erlebnisses beim Nationalen Gebetsfrühstück in Washington vor Augen führen.

Beim eigentlichen Frühstück, nach musikalischer Einleitung und Gebet, gibt es, neben verschiedenen Beiträgen von prominenten Gästen, eine Hauptansprache. Damals war Mutter Teresa von Kalkutta als Rednerin eingeladen (übrigens, eine klar auf Jesus ausgerichtete Botschaft, wie ich es so – offen gestanden – nicht erwartet hatte). Mich verwunderte zunächst, dass Mutter Teresa am Frühstückstisch darauf verzichtete, wie sonst üblich, den Platz des Hauptredners neben dem Präsidenten einzunehmen. Sie saß wohl auf dem Podium, aber die kleine, einfache, gebeugte Frau hielt sich am hinteren Vorhang des Podiums, in der rechten Ecke auf, und so weit ich beobachtete, frühstückte sie nicht. Eine für diesen Anlass recht ungewöhnliche Reaktion.

Erst viel später erfuhr ich dann den Grund ihres Verhaltens: Sie machte auf diese Weise allen Anwesenden klar, in Einfachheit und Klarheit, dass es ihr von ihrem Glauben her unmöglich war, mit dem damaligen Präsidenten und seiner Frau, Bill und Hillary Clinton, gemeinsam zu frühstücken, da Clinton die Abtreibungsgesetze weiter vorangetrieben hatte und diese Tatsache in Gottes Augen auf jeden Fall Sünde sei. Mich bewegte jene Erfahrung mit der einfachen Frau. Den Praxistest von Einfachheit und Klarheit bestand sie seinerzeit jedenfalls glänzend.

Und noch etwas: Nicht nur bei ihr konnte ich beobachten, dass einfältige Persönlichkeiten nie den Eindruck vermitteln, als ob sie im Leben irgendetwas verpasst hätten. Ganz im Gegenteil, es scheint, dass der wahrhaft Einfältige immer an der Quelle der Freude sitzt. Tiefe, innere Freude, als Frucht des Geistes, ist immer ein unfehlbares Zeichen der Gegenwart Gottes. Es ist eine Freude in uns und nicht Freude an Dingen. Die Bibel eröffnet uns noch eine ganz andere Perspektive. Da wird Gott, der Licht ist (1. Johannes 1,5), der einfältig gibt (Jakobus 1,5), der den Menschen aufrichtig (einfältig) gemacht hat (Prediger 7,29), selbst als Einfalt dargestellt.

Gott ist Einfalt, er ist ganz gerade und ganz treu, ganz gerecht (vgl. 5. Mose 32,4). Weil nun der Mensch aus der Einfalt herausgefallen ist (2. Korinther 11, 3), sendete Gott seinen Sohn Jesus Christus als Diener, der nicht einmal wusste, wo er sich zum Schlaf niederlegen konnte, damit Gottes Einfalt in Christus Fleisch würde. Welch ein gewaltiger Maßstab für Einfalt und Einfachheit! Dieser Maßstab ist für mich Anspruch, der häufig von der Wirklichkeit weit entfernt ist. Und doch ist die Messlatte gelegt über Einfachheit und Einfalt im Denken, im Tun und Handeln, im Wünschen, im Umgang miteinander, in der Beurteilung anderer, in all unseren Erwartungen!

Zum Thema Einfalt in der Praxis kann man heitere, aber auch beklemmende Beobachtungen auf den Dauerbaustellen der frommen Gesellschaft machen. Die Praxis macht sicher nicht perfekt, aber sie schult auf jeden Fall permanent. Wenngleich Theorie und Praxis sich zuweilen zueinander verhalten wie die Luxusausgabe eines Kochbuchs zum angebrannten Schnitzel. Tun und Tun wollen sind meist keine eineiigen Zwillinge. Das Tun-Wollen bedeutet doch meist auch den Mut haben zu wollen, sich Unannehmlichkeiten einzuhandeln, manchmal der Bequemlichkeit, im Besonderen und im Allgemeinen, den Abschied zu geben.

Man trifft heute manche christlichen Zeitgenossen, die sich gut und gerne bei der Olympiade der Bequemlichkeiten eine Goldmedaille abholen könnten. Man erlebt aber auch Leute, die ihren Mittelpunkt allein im Handy suchen.

Eine weitere Erkenntnis möchte ich noch ganz allgemein mitgeben, nicht etwa als Besserwisser oder gar als Belehrender, sondern als Beobachter. Ich höre noch den Seufzer einer Mutter, die berichtete: ›Zuerst wurden meine Kinder ausgebildet, dann wurden sie eingebildet, und jetzt wissen sie vor lauter Bildung weder ein noch aus.‹ Was sagt die Einfalt dazu?

Paulus, der wirklich Gebildete, demonstriert uns, dass man eine normale, auch attraktive Persönlichkeit nicht durch Angabe wird.

Er spricht davon, dass man sich nicht selbst loben soll, und auch nicht nach dem Ansehen rühmen (2. Korinther 5,12). Er übertrifft seine Aussage noch: ›Rühmen ist Torheit‹ (2. Korinther 11,17). In seinem zweiten Brief begrüßt Paulus seine Freunde in Korinth mit einem Anti-Selbstvertrauen-Programm: ›Wir vertrauen nicht auf uns‹ (2. Korinther 1,9), und sein Bekenntnis ›ich elender Mensch‹ (Römer 7,24), spricht ganz und gar nicht für Anmaßung oder etwa Angabe. Paulus setzt, salopp gesagt, noch eins drauf, wenn er sagt: ›Wir freuen uns, wenn wir schwach sind‹ (2. Korinther 13,9). Er kann das so sagen, weil er genau weiß, dass Gott seine Stärke ist.

Wenn ich Psalm 115,1 lese: ›Nicht uns, Herr, nicht uns, sondern deinem Namen gib Ehre‹, überfällt mich die Frage, wie oft ich wohl Gott schon – bewusst oder auch unbewusst – die Ehre gestohlen und mich in meinem eigenen Glanz gesonnt habe. Ein Satz, welchen Oberin Christa von Viebahn prägte, lässt mich wiederkehrend innehalten, lässt mich prüfen und mein Denken zurechtrücken: ›Der Gedanke an eigene Größe auf Kosten der Ehre Gottes ist mir unerträglich.‹ *Das* ist geistliche Einfalt.

Für mich ist die Bibel nicht nur Lesebuch, tatsächlich habe ich in der Bibel lesen gelernt, sondern auch Lehrbuch, und ganz besonders Lebensbuch. Meine Mutter schrieb mir in meine Bibel: ›Dies Buch ist zum Genesen, man kann sich selig lesen.‹ Ohne dieses Wort, ohne diesen Brief, möchte und kann ich nicht mehr leben. Gott redet da ganz persönlich, freundschaftlich, ermutigend, aber auch in der Vollmacht seiner Heiligkeit zu mir, gibt Weisung und Leitlinien, und ich habe erfahren, dass man diesem Wort Gottes absolut vertrauen kann. Dieses Wort ist für mich Kraft und Leben, und zwar täglich, und wir beide, Gott und ich, haben währenddessen eine besondere Liebesbeziehung zueinander.

Schon oft habe ich die Bibel ganz durchgelesen. Damit ich keine Stolzanfälle bekomme, habe ich bereits vor Jahrzehnten mit Zählen aufgehört, und mir dabei immer wieder gedacht, dass es nicht wichtig ist, wie oft ich durch die Bibel gekommen bin, sondern wie oft durchgreifend die Bibel durch mein Leben kam. Dem Wort Gottes kann ich viel mehr zutrauen als meinen eigenen Gedanken, es ist ein unübertroffenes Kompendium, eine einzigartige Universalpublikation. Eine kleine Geschichte soll das illustrieren.

Mitten in den Vorbereitungen zu einer weiten Reise sagte ein junger Christ seinem Freund: ›Ich bin jetzt fast fertig mit packen, ich muss nur noch ein paar Dinge in den Koffer tun: Ein Führungsbuch, eine Lampe, einen Spiegel, ein Mikroskop, ein Teleskop, ein Schwert, einen Hammer, einen Band Lyrik, einige Biografien, einen Packen alter Briefe, ein Liederbuch und eine Anzahl Bücher, die ich gerade studiere.‹

Der Freund ist überrascht und meldet sich zu Wort: ›Dein Koffer ist doch schon übervoll, du bringst die erwähnten Sachen keinesfalls mehr darin unter.‹

›Oh doch‹, sagte der junge Mann, ›das braucht nicht viel Platz‹, und dann legte er seine Bibel in den Koffer und schloss diesen zu.[43]

Die Bibel war und ist immer wieder Gegenstand heftiger Kritik, die aus den verschiedensten Ecken tönt. Einige theologische Seminare bieten eine Dalmatiner-Theologie an, die sagt, dass die Bibel nur in besonderen Flecken inspiriert ist. Dann wird aus dem Lebensbuch ein Steinbruch. Bei manchen Verkündigern, die vehement von der historisch-kritischen Methode geprägt wurden, musste ich, bildlich gesprochen, an majestätische Adler denken, denen man die wundervollen Schwingen geschnitten hatte. Diese waren zwar nach wie vor noch Adler, aber sie konnten nun nicht mehr fliegen.

Zuerst haben wir gelernt, die Bibel zu kritisieren, dann haben wir gelernt, die Bibel zu verteidigen, aber anscheinend haben wir nicht gelernt, dass die Bibel *uns* kritisiert, und anscheinend haben wir nicht gelernt, von der Bibel her selbstkritisch zu sein. Es fällt mir doch viel leichter, an andere einen scharfen Beurteilungsmaßstab zu legen, aber für mich selbst mildernde Umstände einzufordern.

Des Öfteren fiel mir unangenehm auf, dass Christen sozusagen mit Schaum vor dem Mund aufeinander losgezogen sind – oft richtete sich alle Kritik gar nicht an die richtigen Leute – und, um den Schriftsteller Max Frisch zu zitieren, sich ›die Wahrheit wie ein nasses Tuch um den Kopf geschlagen haben, statt sie dem anderen wie einen Mantel hinzuhalten‹, sodass er hineinschlüpfen kann. Dies weckte in mir den Wunsch, in dem Wissen, dass sich die Wahrheit nicht nach uns richtet, sondern wir uns nach der Wahrheit zu richten haben, mich so zu verhalten, dass mich auch mein größter Gegner noch als Seelsorger an sein Sterbebett rufen kann. Ich übersehe dabei nicht, *wie* manche die Wahrheit suchen wollen, aber dem Anschein nach nur dort finden, wo es ihnen passt. Richtig ist richtig, auch dann, wenn alle dagegen sind. Und falsch ist falsch, auch wenn alle dafür sind.

Ich sehne mich danach, auch in kontroversen Gesprächen wie Nathan Söderblom, schwedischer lutherischer Theologe, Erzbischof von Uppsala und Friedensnobelpreisträger (1930), es einstmals ausdrückte, dass ich als Nachfolger des Christus in meinem Verhalten ein Mensch bin, der es anderen leichter macht, an Gott zu glauben. Immer wieder wurde und wird die Wahrheit insofern missbraucht, als sie nur als Geschoss im Kampf benutzt wird. Dieser Missbrauch begegnete mir bereits bei manchen frommen Menschen und ihrem Verhalten in Auseinandersetzungen. Da spalte ich lieber eine Gemeinde, weil mein erkannter Entrückungstermin, in Bezug auf die Wiederkunft Jesu, nicht kompatibel ist mit dem Termin meines Bruders. Wenn beide bibeltreu wären, wie sie sich nennen, hätten sie mindestens bei der Bibellese darauf kommen müssen, dass auch unser theologisches Wissen Stückwerk ist, und dass Tag und Stunde dem Allmächtigen allein vorbehalten sind.

Was hat die Einfalt mit der Bibeltreue zu tun? Bei den gewiss notwendigen theologischen Dissonanzen zeichnete sich doch häufiger ab, wie wenig dies mit geistlicher Einfalt zu tun hat. Das gilt für alle beteiligten Seiten. Die Bibel ist eine Fundgrube für Beispiele von Menschen, die konsequent diese Einfalt lebten, eine Falte für Gott, in deren Leben etwas davon sichtbar wurde, dass die Liebe Gottes ausgegossen wurde in ihr Herz. Da ging es nicht mehr um recht haben, sondern viel mehr um lieb haben. Neutestamentlich gesprochen geht es um Menschen der Einfalt, die die Heilandsliebe weitergeben. Ich muss, wenn ich den Maßstab der Bibel anlege, offen meine Mangelerscheinungen zugeben, gerade auch im Umgang mit ganz anders denkenden Menschen, mit Liberalen und auch mit frommen Gottesleugnern.

Zunächst denke ich an Mose, der von seinem Volk wirklich die Nase voll hatte. Nur 40 Tage dauerte es, bis dieses störrische Volk seine Verpflichtung gegenüber Gott über Bord warf. Gott machte Mose deutlich:

> Ich weiß, wie halsstarrig diese Leute sind. Versuche nicht, mich da zu stoppen. Ich bin ärgerlich auf sie, und ich bin gerade dabei, sie auszulöschen. Dann will ich dich und deine Nachfolger zur großen Nation machen.
>
> *Vgl. 2. Mose 32,9-10*

Für Mose lag in diesem großartigen Angebot Gottes, seine Probleme mit dem Volk ein für alle Mal zu lösen, auch eine großartige Versuchung. Es war im Grunde genommen *die* Chance – nach so viel Leid, Ärger und Enttäuschung mit dem Gottesvolk; nicht daran zu denken, was da noch nachkommen könnte. Mose musste einfach genug von ihnen haben.

Was macht Mose? Ist er der Hirte, der sich für seine verlorenen Schafe einsetzt, oder will er sich Marscherleichterung verschaffen? Zunächst macht er klar: Der Herr ist Gott. Dann argumentiert er mit Gott, versucht, ihn zu überzeugen, er solle es nicht tun, und erinnert ihn an seine eigenen Zusagen und Worte an das Volk. Mose versucht, Gott zu überreden, er soll doch diese Idee aufgeben.

So weit können wir mit Mose noch mitgehen. Die Zusagen Gottes, ihm im Gebet vorzuhalten, ihn anhaltend bitten, das kennen wir selbst nur zu gut. Aber weit gefehlt, wenn wir denken, die Verbindlichkeit und Verantwortlichkeit Moses seinem Volk gegenüber würde hier enden.

Wir müssen uns in Erinnerung rufen: Mose kommt vom Berg herunter, er kommt aus der Gegenwart Gottes und ist nun wieder unter Menschen, wieder in der Realität, im wirklichen Leben angekommen. Mose ist tief enttäuscht von seinem Volk und auch erschüttert darüber, dass Gott dieses Volk nicht mehr sein Eigen nennen wollte.

Da tritt nun Mose noch einmal mit dem revolutionären Gedanken in die Gegenwart Gottes, vielleicht doch noch Versöhnung für die große Sünde des Volkes erreichen zu können. Mose ist Fürsprecher für sein Volk und demonstriert eine neue Qualität der Fürsprache. Er sagt: ›Ihr habt eine schwerwiegende Sünde begangen, aber ich will noch einmal zum Herrn auf den Berg steigen. Vielleicht kann ich es erreichen, dass er euch vergibt.‹ So kehrte Mose zum Herrn zurück und bat: ›Diese Leute haben eine große Sünde begangen, sie haben sich einen Gott aus Gold gemacht. Doch ich bitte dich, vergib ihnen ihre Sünde – wenn nicht, dann streiche mich aus dem Buch, das du führst‹ (vgl. 2. Mose 32,30-31).

Mose macht Ernst und sagt mit anderen Worten: Ich will die Ewigkeit wie sie zubringen, deshalb mache mit mir, was du mit ihnen machst, und mit ihnen, was du mit mir machst. Fürsprache dieser Art identifiziert sich ganz mit den Menschen. Ich schreie zu Gott nicht mehr aus der Perspektive des Beobachters oder gar Richters, sondern als Mitbetroffener, der mittendrin, mitten in der Sache steckt. Es geht um das Herz des Fürsprechers, die Qualität der totalen Verbindlichkeit, die Veränderung schafft. Eine solche Weise der Fürsprache möchte ich ›heilige Einfalt‹ nennen.

Es war übrigens bei Mose nicht das einzige Mal, dass so ein Angebot im Raum stand. In 4. Mose 14,12-20 wird uns berichtet, wie sich Mose diesem Plan, das Volk zu vernichten, entgegenstemmt, sich vor Gott wirft, um Vergebung für das Volk zu erringen. Er bezahlt einen hohen Preis dafür, indem er nicht in das zugesagte Land hineingehen darf, sondern das Land nur sehen kann.

Auch Moses älterer Bruder Aaron ist ein Fürsprecher und rennt mit seiner Räucherpfanne in die Mitte der Plage, die das ganze Volk betraf, um Versöhnung, versöhnende Gnade von Gott zu erlangen. Auch hinter dieser Fürsprache (Wollten wir in Aarons Schuhen stecken?) steht der Gedanke: Wenn du sie töten willst, auf, töte mich auch!

Ein anderer Fürsprecher ist Paulus: Was sind das für gewaltige, großartige Aussagen in Kapitel 8 seines Briefes an die Römer: ›Ist Gott für uns, wer mag wider uns sein‹ oder ›Ich bin gewiss‹, wenn wir dieses lesen oder das Hohelied des Glaubens singen, dann sind wir begeistert und jubeln fröhlich: *Du bist so gut, du bist so groß, o Herr.*

Und wenn wir dann in unserer Bibel weiterlesen, kommt die große Überraschung. Nicht etwa, dass Paulus nun anfinge an Gottes Güte und Treue zu zweifeln, oder etwa seine eigene Gewissheit des Glaubens infrage stellen würde. Nein, er hat sich ja schon früher die Frage gestellt: Was kann uns trennen von seiner Liebe? Und beantwortet sie selbst: Absolut nichts. Er weiß es, und wir als Glaubende wissen es auch: Wir sind gewiss in *ihm*, sicher in *seinen* Armen, und nichts kann unsere Beziehung zu *ihm* kaputt machen, kein Geschöpf, nichts in der sichtbaren und unsichtbaren Welt, nicht der Teufel, nicht Gegenwart, Zukunft, Raum und Zeit, nicht einmal der Tod. Wir sind sicher in seiner Liebe.

Zunächst scheint es fast so, als ob Paulus irgendwie das Thema wechseln würde nach seinem gewaltigen Höhenflug. Dem ist aber nicht so. Er geht gedanklich einfach weiter, zeigt den Plan Gottes für seine Kinder auf, weil nämlich diese Gewissheit, als Gläubige in der Liebe des himmlischen Vaters geborgen zu sein, uns dazu bringen sollte, dass wir uns Gott und seinem Rettungsplan für die Welt ganz und gar ausliefern, und zwar ohne jedes Wenn und Aber. Diese Welt hat noch nicht das besondere Privileg, *ihn*, den Christus, zu kennen, sie hat es weder verstanden noch erfahren.

Nun macht uns diese Gewissheit, diese Sicherheit erst recht bewusst, was das für ein mächtiger Abgrund ist, der jene trennt, die noch nicht wissen, *was* Gott uns Menschen mit seiner Vergebung anbietet. Das sollte eigentlich den brennenden Wunsch in das Herz jedes gläubigen Menschen tragen, alles in seiner Macht Stehende zu tun, um den Segen, die Freude der Gemeinschaft mit Gott zu erfahren. Paulus geht noch einen Schritt weiter: Diese einzigartige Liebe des Vaters, dass er aus Liebe seinen Sohn in den Tod gibt; diese Liebe von Jesus, seinem Vater gegenüber Ja zu sagen: Ja, Vater, ich will gehen. Diese Liebe, die den Geist dazu bringt, in meinem harten, rebellischen Herzen zu wohnen, diese Liebe hat einen hohen Preis. Und genau diese unaussprechliche Liebe will Paulus den Menschen als Demonstration der Liebe Gottes zu uns Menschen nahebringen.

In heiliger Einfalt ist Paulus bereit, etwas zu verlieren, was er eigentlich gar nicht verlieren kann, damit die Menschen die Errettung, die er erlebte, auch erfahren können. In ganzer Radikalität zeigt er sein tiefes Verlangen, die Ewigkeit ohne Christus zu verbringen, ja, selbst *anathema*, verflucht zu sein, wenn das nur seinen

Leuten helfen würde, Gott in seinem Sohn Jesus Christus kennenzulernen (Römer 9,3).

Paulus ist hier Fürsprecher. Er ermahnt in seinen Briefen viel zu beten, mehr zu beten, intensiver zu beten. Das will ich mir von ihm sagen lassen. Aber hier erweist sich, dass Fürsprache eine ganz andere Dimension ist. Fürsprache ist bei Paulus eine totale Identifikation, ein Bund mit denen, für die wir beten.

Ganz sicher hat das mit Softevangelium nichts zu tun, aber sicher mit dem Ernstnehmen des Wortes der Bibel. Da zeigt sich auch unsere Bibeltreue. Natürlich kannte Paulus das Wort aus Hesekiel 22,30: ›Ich hielt Ausschau nach einem unter ihnen, ob jemand sich zur Mauer machte und vor mir für das Land in die Bresche springt, damit ich es nicht zerstöre, aber ich fand keinen.‹ Das ist eine tragische Geschichte! Und wie ist das denn, wiederholt sie sich nicht bis heute täglich?

Paulus wusste um Jesaja 53,12, wo vom Fürsprecher für unsere Übertretungen die Rede ist. Gewiss war ihm auch Hiobs sehnlicher Wunsch bekannt: ›Ich brauche einen, der mit Gott für mich spricht, wie einer für seinen Freund plädiert‹ (Hiob 16,21). Paulus selbst sagt, dass der Geist für uns spricht (Römer 8,26) und dass Christus unser Fürsprecher ist (Römer 8,34). Im Hebräerbrief erfahren wir, dass der große Hohepriester immer für uns spricht (Hebräer 7,25).

Diese einzigartigen Beispiele der Fürsprecher möchte ich als Ansporn nehmen, in Einfalt bibeltreu zu sein und Fürsprecher zu sein. Wenn unser Innerstes wie ein reiner, ruhiger See das Licht widerspiegelt, das vom Himmel strahlt, so findet man das Ebenbild Gottes darauf im Verhältnis zu seiner Fassungskraft. Selbst der kleinste Tautropfen spiegelt ein getreues Bild, wenn auch nicht den vollen Glanz der Sonne.

Im vorletzten Jahrhundert gab es einen weitverbreiteten Sinnspruch:

Nach Gottes Bild bist du gemacht; hast du schon ernstlich dies bedacht?

In diesem Zusammenhang möchte ich einmal kurz Bezug auf den Charakter des Menschen nehmen. Da ist klar festzuhalten: Es gibt keinen Ersatz für Charakter. Oder anders ausgedrückt: Man kann heute zwar alles kaufen, aber keinen Charakter. Ich möchte das in einem anderen Bild noch verdeutlichen: Der Charakter eines Menschen lässt sich mit einem Zaun vergleichen, den man aber durch Schönfärberei nicht stärker machen kann. Auch unter Christen gibt es viele verschiedene Charaktere. Manche haben viel Charakter, das heißt einen guten Charakter, dafür aber vielleicht weniger Eigentum. Und es gibt Menschen, die dadurch, dass sie keinen Charakter haben, gerade so charakteristisch und vielleicht noch publikumswirksam erfolgreich sind.

Man meint es positiv, wenn von jemand gesagt wird: Der hat aber Charakter, und negativ, wenn einer als charakterlos bezeichnet wird. Charakter bezeichnet eigentlich vom griechischen Wortsinn her den Prägestock, das kennzeichnende Gepräge einer Münze zum Beispiel. Ein Abdruck, der eine ›charakteristische‹ Eigenart verkörpert.

Hebräer 1,3 erwähnt diese Wesensart des Charakters: ›Er (Gott Jesus) ist der Abglanz seiner Herrlichkeit und das Ebenbild seines Wesens und trägt alle Dinge mit seinem kräftigen Wort und hat vollbracht die Reinigung von den Sünden.‹ Insoweit ist der Charakter auch eine Art Spiegel.

Der berühmte Evangelist Dwight Moody drückte das in einer Ansprache so aus: ›Charakter ist das, was man hat, wenn keiner zuschaut.‹ Und was haben Charakter und Einfalt miteinander zu tun?

Ich denke, dass der Charakter nicht im Verstand, sondern im Herzen sitzt. Charakter hat es immer auch mit Eindeutigkeit und Durchsichtigkeit zu tun. Einer der schwäbischen Väter, Prälat Friedrich Christoph Oetinger, formulierte einst: ›Durchsichtigkeit ist das

Wesen der Gottesebenbildlichkeit.‹ Interessant ist auch, dass Luther das griechische Wort Charakter mit *Ebenbild* übersetzt. Es ist also ein Stück Himmel, das Gott dem Adam mitgegeben hat – nämlich sein Ebenbild. Das Bild der Einfalt, der einen Falte.«

Die Stimmen der Wegbegleiter

Anlässlich des 80. Geburtstags von Friedrich Hänssler

Lobe den Herren, den mächtigen König der Ehren,
meine geliebete Seele, das ist mein Begehren.
Kommet zuhauf, Psalter und Harfe, wacht auf,
lasset den Lobgesang hören.

Lobe den Herren, der alles so herrlich regieret,
der dich auf Adelers Fittichen sicher geführet,
der dich erhält, wie es dir selber gefällt;
hast du nicht dieses verspüret?

Lobe den Herren, der künstlich und fein dich bereitet,
der dir Gesundheit verliehen, dich freundlich geleitet.
In wie viel Not hat nicht der gnädige Gott
über dir Flügel gebreitet!

Lobe den Herren, der deinen Stand sichtbar gesegnet,
der aus dem Himmel mit Strömen der Liebe geregnet.
Denke daran, was der Allmächtige kann,
der dir mit Liebe begegnet.

Lobe den Herren, was in mir ist, lobe den Namen.
Alles, was Odem hat, lobe mit Abrahams Samen.
Er ist dein Licht, Seele, vergiss es ja nicht.
Lobende, schließe mit Amen![44]

Im Jahre 1680 erschien das bekannteste, statistisch gesehen, das meistgesungene Kirchenlied des hochbedeutenden und sehr jung verstorbenen (im selben Jahr, 30-jährig) reformierten Kirchenliederdichters und Kirchenliederkomponisten Joachim Neander, der aus einer Pastorenfamilie stammte und einstmals in Bremen reformierte Theologie studierte. Auf dem Sterbebett sagte er noch: »Ich will mich lieber zu Tode hoffen, als durch Unglauben verloren gehen.« Dieser Psalmist des Neuen Bundes, wie er genannt wurde, der zu Lebzeiten recht erfolglos war, aber Lob aus der Tiefe lebte, Gottvertrauen in aussichtsloser Zeit praktizierte, Liebe zu Jesus atmete, ermuntert bis heute viele Menschen mit einzustimmen in das ewige Gotteslob der Schöpfung. Auf der Titelseite eines kleinen Büchleins mit den Liedern Neanders, das in seinem Todesjahr gedruckt wurde, gab er Anweisung über den Gebrauch seiner Lieder:

»A und O Glaubens- und Liebes-Übung. Aufgemuntert durch einfältige Bundeslieder und Dankpsalmen, gegründet auf den zwischen Gott und dem Sünder im Blut Jesu befestigtem Friedensschluss, zu lesen und zu singen auf Reisen, zu Haus oder bei Christen – Ergötzungen im Grünen durch ein geheiligtes Herz – Halleluja!«

Dieser Hinweis Neanders ist auch für heute aktuell: Der ganze Lebenslauf, der Alltag als Gotteslob und Lebensdank! Neanders Bundeslieder und Dank-Psalmen, die 1680 veröffentlicht wurden, waren bahnbrechend für die pietistischen Gesangbücher der reformierten und der lutherischen Kirche.

Deutsche Gesangbücher enthalten heute noch Lieder von ihm; das Evangelische Gesangbuch umfasst insgesamt sechs Lieder, deren Texte und/oder Melodien auf den deutschen Pastor und Dichter des 17. Jahrhunderts Joachim Neander zurückgehen. Bis heute haben viele erfahren, und nicht nur bei freudigen Ereignissen, dass Loben die Weise ist, wie wir unser Leben in Gott gründen.

Lobe den Herren, den mächtigen König der Ehren hat Friedrich Hänssler sein ganzes Leben lang begleitet und berührt, durfte er

doch den Menschen das Kirchenlied bei besonderen Anlässen unzählige Male als Wunschlied spielen. Ganz unter diesem Thema
stand im Jahr 2007 sein 80. Geburtstag. Die Choralkantate 137,
welche Johann Sebastian Bach 1725 in Leipzig für den 12. Sonntag
nach Trinitatis in seinem dritten Jahr in Leipzig komponierte, wurde
anlässlich des großen Ereignisses von Friedrich Hänssler von der
Stiftung Christliche Medien – ohne das persönliche Wissen des Verlegers, es war eine wirkliche Überraschung für ihn – als CD einem
kleinen Buch mit darin enthaltenen Beiträgen von ausgesuchten
Persönlichkeiten beigefügt, welche auf diese Weise die besondere
Möglichkeit erhielten, ganz persönliche Gruß- und Dankesworte
an Friedrich Hänssler zu richten. Hier kommen u. a. langjährige
Weggefährten und Freunde, Pfarrer, Mitarbeiter, Politiker, Autoren,
Musiker, einfach Menschen zu Wort, in deren Leben der Buch- und
Musikverleger Spuren, oft auch wegweisender Art, und damit blei-
bende Eindrücke hinterlassen hat.

Der damalige Geschäftsführer des Hänssler-Verlags und der Stiftung Christliche Medien, Frieder Trommer, beschreibt die Persönlichkeit, die Wesensart von Friedrich Hänssler im angeführten Vorwort
des Geburtstags-Buches mit ehrlichen, mit ungeschönten Worten,
wie sie dann im weiteren Seitenverlauf nahezu durchgängig, immer
wiederkehrend von den Gratulanten benützt werden:

Gott schreibt Geschichte durch einen Mann mit Musik, Bibeln,
Büchern und Filmen. Millionen von Büchern, Noten und Ton-
trägern tragen seine Handschrift. Und das seit über 50 Jahren.
Vielen Bischöfen und Politikern, Komponisten und Autoren,
Künstlern und Musikern ist er in dieser Zeit begegnet. Viele
von ihnen beschreiben hier Erfahrungen und Erlebnisse ihrer
Begegnungen mit Friedrich Hänssler. Und sie berichten,
wie er sie ermutigt hat. Dabei ist ihm nie wichtig gewesen,
was Menschen ihm zuschreiben. Viel wichtiger war ihm,

was Gott ins Leben von Menschen schreiben will. Dabei hat er selbst auch bei allen Schwierigkeiten in einem Verlegerleben erfahren, dass Gott auch auf krummen Linien gerade schreiben kann.

Daraus hat Friedrich Hänssler nie ein Geheimnis gemacht: dass es ihm am liebsten ist, wenn alle Ehre und Anerkennung Gott zugeschrieben wird. Wenn wir durch diese Brille alle diese wertvollen Beiträge lesen, dann sind sie im Sinne von Friedrich Hänssler richtig verstanden.

Frieder Trommer,
Geschäftsführer von SCM Hänssler
und von der Stiftung Christliche Medien (2006–2014)

Lieber Friedrich, in Deinem Geburtstagsbuch darf nicht fehlen, was Du für Johann Sebastian Bach und sein Werk getan hast.

Wie gut erinnere ich mich an einen ausgedehnten Waldspaziergang – es muss Anfang der 70er-Jahre gewesen sein –, auf dem Du Dich von mir überzeugen ließest, alle Bach'schen Kirchenkantaten aufzunehmen. Diese Aufnahmen konnten wir zu Bachs 300. Geburtstag im Jahr 1985 abschließen.

Wenige Jahre später war es Deine Idee, darüber hinaus das gesamte Bach'sche Werk auf CD vorzustellen. Zusammen mit der Bachakademie konnten wir dieses Vorhaben verwirklichen.

Immer habe ich Deine Fähigkeit bewundert, für ungewöhnliche Ideen offen zu sein, Visionen zu haben und sie dann auch zu verwirklichen. Mein persönlicher Dank, der der Bachakademie und unendlich vieler Bach-Freunde auf der ganzen Welt gehört

Dir, lieber Freund.

Helmuth Rilling,
Dirigent, Kirchenmusiker und Musikpädagoge

Der im Jahr 2012 verstorbene deutsche evangelische Theologe und einstige Prälat von Ulm, Rolf Scheffbuch, einer der vielen Gratulanten des Buches, schrieb unter anderem:

Friedrich Hänssler hat den schwäbischen Pietismus in die Tiefe, zugleich aber in die Weite geführt. Er ist uns zu einem Pionier geworden hinein in die weiten Felder des Kulturschaffens, der geistlichen Begleitung von Mandatsträgern der Politik, der neuen Stile von christlichen Großtreffen und von missionarischen Herausforderungen für junge Menschen. Welch eine Sonderbeauftragung voll göttlicher »Dynamis«! Welch eine Sonderbegabung im Dienst des ewigen »Logos«!

Rolf Scheffbuch

Gerhard Schnitter, Chorleiter und Musikproduzent, zudem einer der wichtigsten Komponisten des Neuen Geistlichen Liedes in Deutschland, langjähriger Musiklektor und Produzent im Hänssler-Verlag, kann in seiner persönlichen Dankesrede aus dreieinhalb Jahrzehnten schöpfen:

Seit 35 Jahren kenne ich Friedrich Hänssler. Im Laufe dieser Jahre konnte ich ihn von verschiedenen Perspektiven aus erleben. Zuerst als *meinen* Verleger, später als *Chorleiterkollegen,* während meiner hauptamtlichen Mitarbeit im Hänssler-Verlag als *Chef.* Und schließlich erlebe ich ihn als *meinen Bruder* in Christus. Aus diesen Jahren des Zusammenwirkens möchte ich einige Eigenschaften und Beobachtungen erzählen, die das Miteinander geprägt haben.

Der Verleger Friedrich Hänssler konnte zurückstehen. Er hätte sicher vieles selber besser schreiben können. Aber er wollte Autoren durch seine Beratung und durch die Verbreitungsmöglichkeiten des Verlags fördern. Viele haben, so wie ich, davon profitiert und ihm viel zu verdanken. Ich möchte diesen Dank hier gern einmal zum Ausdruck bringen. Voller Bewegung denke ich dabei u. a. daran zurück, wie er im Stuttgarter Neckarstadion das Lied *Aber der Herr ist immer noch größer* den 50 000 Teilnehmern vorstellte und es einübte. Friedrich Hänssler pflegte Kontakte. Eine Nachfrage, ein Weihnachtsgruß, ein Gespräch im Verlag – immer hatte ich das Gefühl, dass ich nicht nur Lieferant bin, sondern als Mensch bei ihm vorkomme. Erstaunt hat mich, wie er wichtige Schritte meines Lebens- und Berufswegs mit wachem Interesse begleitet hat.

In diesem Sinne und in seinen weiteren Erinnerungen fortfahrend, machte Schnitter die freilich von vielen Menschen geschätzte Nachsicht Friedrich Hänsslers auch anhand eines ganz persönlichen Erlebnisses fest:

Als Chef erlebte ich ihn als Vorbild. Er war morgens oft der Erste und meistens am Abend der Letzte. Er konnte Fehler verzeihen. Als ich beim Durchblättern des ersten von mir lektorierten Liederbuchs Fehler entdeckte, tröstete er mich mit dem Hinweis, dass »Dreckfuhler« überall vorkommen.

Gerhard Schnitter

Aus den im Jubiläumsbuch festgehaltenen nahezu 60 Gratulationen von ausgesuchten Gratulantinnen und Gratulanten sowie den damit verbundenen Glück- und Segenswünschen musste im Folgenden eine Auswahl für diese Biografie getroffen werden, die aber einen bunten Blumenstrauß an wertvollen Beiträgen bildet.

Sie haben den Hänssler-Verlag jahrzehntelang geführt und mit unternehmerischer Weitsicht und mit viel Geschick geleitet. (…) Sie haben es sich zum Ziel gemacht, die christliche Botschaft aktiv zu verbreiten und die Bibel durch viel begleitende Literatur zu deuten und zu verstehen. (…) Aber auch Ihr Einsatz für die deutsche Literatur über Israel verdient Respekt und Anerkennung. Sie haben das Bild Deutschlands ein Stück weit mitgeprägt.

An Ihrem Geburtstag werden Sie viele Zeichen der Dankbarkeit erhalten. Ich will mich anschließen mit meinem Dank für die freundschaftliche Wegbegleitung, die Sie meinem Mann auch in der Phase seiner Krankheit zuteilwerden ließen. (…) Sie beide hatten so vieles gemeinsam: die Liebe zur Musik, die Liebe zu Israel und die tiefe Verwurzelung im christlichen Glauben.

Christina Rau,
Witwe des ehemaligen Bundespräsidenten Johannes Rau

Stärke, Weitsicht, Standfestigkeit, Weisheit und Mäßigung sind Tugenden, die sich durch Ihr Leben ziehen und für mich erstrebenswert sind. Besonders prägend ist Ihre Bescheidenheit. Die Arbeit im Reich Gottes ist für Sie wichtiger als die persönliche Darstellung des Erreichten. (…) Ich habe Sie als einen Menschen kennen- und schätzen gelernt, der ehrlich und offen auch unbequeme Wahrheiten und Missstände diplomatisch anspricht. Für Ihre vielen Anregungen und Ideen in den letzten Jahren im Hänssler-Verlag bin ich Ihnen sehr dankbar.

Marco Abrahms,
Geschäftsführer der SCM Verlagsgruppe

Mit Ausdauer, Fleiß, Ideenreichtum, Courage und vor allem auch mit viel Gottvertrauen haben Sie sich einen großen Namen in der Verlagsbranche gemacht. Seit der Übernahme der Verlagsleitung im Jahre 1959 haben Sie die Geschäftspolitik des Hänssler-Verlags maßgeblich geprägt. Das internationale, völker- und kulturübergreifende Wirken Ihres Multimedia-Unternehmens, das ganz bewusst christliche Werte in den Mittelpunkt stellt, prägt das Bild des heutigen deutschen Staates in besonderer Weise positiv.

Dr. Günther Beckstein,
(ehemaliger) Staatsminister

Lieber Friedrich, es war im Frühjahr 1975. Du riefst mich an in meiner Redaktion in Berlin und sagtest: »Könnten Sie eine vierfarbige Sonderausgabe der *Entscheidung* zusammenstellen? Ich möchte sie in einer Auflage von 200 000 Exemplaren herausbringen. Ich finde, dass diese Zeitschrift ein wunderbares evangelistisches Instrument in Deutschland ist und noch viel mehr verbreitet werden muss.«

Ich war wie elektrisiert. *Entscheidung*, bisher nur schwarzweiß, jetzt zum ersten Mal in vier Farben. Ich kam mir vor wie ein Maler, der endlich alles zum Leuchten bringen darf. Die Ausgabe wurde ein voller Erfolg. Daraufhin machtest Du ein wunderbares Angebot. Wenn die *Billy Graham Ev. Association* bereit sei, einen Teil der Vierfarbproduktion zu bezahlen, würdest Du den anderen Teil übernehmen. Billy Graham und der Vorstand sagten mit Freude Ja. *Entscheidung* wurde in Deutschland zum Pilotprojekt. (…) *Entscheidung* gab es bereits seit zwölf Jahren: Eine liebevolle Einladung zum Glauben an Jesus, Mut machend, weit offen, klar in ihrer Aussage.

Seit 32 Jahren arbeiten wir zusammen, lieber großer Bruder. Ich habe immer Deine kühne, zuversichtliche und im Glauben fest verankerte Lebenseinstellung bewundert. Wenn andere sagten: »Das geht nicht!«, sagtest Du: »Wir finden eine Lösung!« Wenn andere sich nicht an das Ungewöhnliche herantrauten, sagtest Du: »Aber da liegt doch eine große Chance.

Unbedingt versuchen.« Ich möchte Dir von Herzen danken – für eine lange, kostbare Freundschaft. Für viele offene, helfende Gespräche. Für die Entscheidung, eine Zeitschrift so ernst zu nehmen wie einen Menschen, der predigt. Mit Jesus sind wir immer auf der richtigen Seite.

Irmhild Bärend,
langjährige Leiterin von Geschenke der Hoffnung e.V.
und Chefredakteurin der Zeitschrift Entscheidung

Was die Sache immer und immer wieder zum Erlebnis werden ließ, war das Gespräch mit Friedrich Hänssler. Hier wurde Reich-Gottes-Arbeit zum Ereignis. Hier wurde Geschichte zum Event. Da stand vor uns jungen Studenten ein Original württembergischer Kirchengeschichte und erzählte von den unglaublichsten Führungen und Fügungen in seinem Leben.

Spätestens nach einer Viertelstunde war uns allen klar: Da spricht nicht nur ein Unternehmer, sondern ein Überzeugungstäter. Hier spricht nicht einer, der mit dem Evangelium verdienen, sondern der dem Evangelium dienen will. In diesem Haus wird nicht nur auf der Basis von Kalkulationen entschieden, sondern unter dem Einfluss von Visionen und Hoffnungen für das Reich Gottes.

Mir ist damals bei diesen Besuchen deutlich geworden, was es heißt, im Alltag auf Gott zu vertrauen und dann zu erleben, wie und wo Gott handelt. So gesehen, war eine Erzählstunde bei Friedrich Hänssler allemal mehr wert als so manche Vorlesungsstunde in Tübingen.

Pfarrer Dr. Volker Gäckle,
Direktor des Theologischen Seminars der Liebenzeller Mission

Ein Leuchten lag immer in seinen Augen, und sein Ohr war offen für jeden, der zu ihm kam. Auf der Suche nach dem Weg, nach

Antworten ist das Gebet Teil seines Seins. War es ein Buchstabieren, war es ein Sich-tragen-Lassen und ein Kraft-Schöpfen für den Tag, wenn an jedem Morgen die Kantate des Sonntags während des gemeinsamen Frühstücks mit seiner Frau erklang? So wurden Losung und Lehrtext aus Herrnhut in die Beziehung zur biblischen Botschaft des Sonntags gesetzt und Wegweisung für den Tag. Sein Glauben ist zum Segen für viele Menschen geworden. Wir danken von Herzen für gelebte Nachfolge und die gemeinsame Freude an der Bach'schen Musik.

Erika und Hans Geisler,
Sächsischer Sozialminister a. D.

Im Herbst 1977 habe ich ihn näher kennengelernt. Er musste nach dem Unfalltod des Chorleiters Karl Rau den ECS, den Evangeliums-Chor Stuttgart, wieder selber leiten. Mit evangelistischen Musicals und durch die Konzerte das Evangelium zu den Menschen bringen, das hat uns angetrieben. Durch Friedrich Hänsslers Berichte, z. B. aus Amerika und Israel, wurde unser Horizont geweitet und er hat in jenen Sommern zu all seinen Aufgaben immer wieder Freizeiten für den Württembergischen Brüderbund geleitet. Seine Bibelarbeiten haben uns in den Jugendkreisen auf den Fildern mitgeprägt. Viele neue Lieder – z. B. für die großen Pfingstjugendtreffen in Bernhausen und Esslingen – wurden in Hänsslers Wohnzimmer in Neuhausen mit der ganzen Familie musikalisch vorbereitet.

Zwei Jahrzehnte später bin ich durch die Arbeit von ESRA wieder mit Friedrich Hänssler zusammengeführt worden. Und es ist so, eines bleibt immer dasselbe, dass Friedrich Hänssler auch mit 80 Jahren Zeitfenster sich öffnen sieht, in denen das Evangelium in Buchform bei Menschen landen will. Das Funkeln in seinen Augen begleitet immer noch seine Ideen und ich lese daraus auch ab, dass seine Frau Ursula, wie in all den Jahrzehnten, ihm weiterhin den Rücken freihält.

Pfarrer Albrecht Hoch,
Vorsitzender von ESRA e.V. – Bibeln für alle

Was viele nicht wissen oder vergessen haben: Friedrich Hänssler war und ist nicht nur ein begnadeter Verleger, sondern er ist auch ein Pionier des christlichen Films und dadurch auch ein Förderer des christlichen Fernsehens.

Nachdem *idea*, die Evangelische Nachrichtenagentur, mit dem Wochenmagazin »Spektrum« gegründet war, half Friedrich Hänssler sehr nachdrücklich, diese Publikation bekannt zu machen. Freimütig bekannte er sich zu den Zielen von *idea* und nutzte seine Prospekte auch zur Werbung für *Spektrum*.

In den Jahren 1982 und 1985 fanden der erste und zweite evangelikale Medienkongress in Böblingen statt. Friedrich Hänsslers Einsatzbereitschaft trug wesentlich zum Gelingen bei. »Mehr Evangelium in den Medien« war das Motto dieser Kongresse. Ein Auftrag, an dessen Erfüllung – Gott sei Dank – inzwischen viele beteiligt sind.

Friedrich kann in Sitzungen lange zuhören und schweigen. Wenn er dann doch den Mund auftut, bringt er eine Sache schnell auf den Punkt, illustriert durch Erfahrungen aus dem In- und Ausland. Friedrich Hänssler wirkt ansteckend in seiner Liebe zur Heiligen Schrift, in seinem Vertrauen auf Gott, in seiner Liebe zu Jesus Christus, dem Erlöser und Heiland dieser Welt, und auch in seiner Liebe zu Israel. Wer miterlebt hat, wie Friedrich Hänssler mit körperlicher Begrenzung fertig wird, wie Leid ihn festigt und wie auch schwere Schläge ihm seinen Glauben nicht nehmen, dankt ihm für sein Vorbild.

Horst Marquardt,
Pastor i. R, ehemaliger Vorsitzender von idea e.V.

Was mich bei Friedrich Hänssler in den 40 Jahren besonders beeindruckt hat? Es ist seine persönliche Frömmigkeit. Da war und ist nichts aufgesetzt, keine steife Unnatürlichkeit, kein distanzierendes Gehabe. Selbst dort, wo ich manche Entwicklungen und Entscheidungen nicht verstand, hat dieses Zeugnis durchgetragen. Ich danke Friedrich Hänssler, dass er mir geholfen hat, eine Gabe zu entfalten, die zwar nie zu meinem Beruf wurde, aber die Jesus gebraucht hat, mich und vermutlich auch andere zu segnen.

Peter Strauch,
Präses des Bundes Freier evangelischer Gemeinden i. R;
im Stiftungsrat der Stiftung Christliche Medien

Auch die Geschichte des Hänssler-Verlags beginnt mit einem Lied. Friedrich Hänssler sen. fasst sein Gottvertrauen in Töne und singt *Auf Adlers Flügeln getragen.* Aus der Verlegenheit, keinen Verlag zu haben, wird eine Gelegenheit Gottes.

Sein Segen verwandelt den schnell gegründeten Verlag in ein wachsendes Unternehmen, das auch in dunkler Zeit die Hoffnung festhält. Der Sohn nimmt die Tonart des Vertrauens auf. Aus einem Lied wird über die Jahre ein großartiges Konzert verschiedenster Melodien und Rhythmen. Allen Musikproduktionen und unzähligen Büchern ist eines gemein: Es sind keine Werke, die mit dem Wind der Zeit verwehen. Es sind Lieder und Worte, die bleiben.

Steffen Kern,
Pfarrer und Journalist
Autor und Vorsitzender des
Ev. Gemeinschaftsverbandes Württemberg

Wann wir uns zum ersten Mal begegnet sind, weiß ich nicht mehr. Es muss wohl in den frühen 1970er-Jahren gewesen sein.

Du hast damals meine ersten Lieder vierstimmig arrangiert – zum Beispiel mein erstes Lied *Jesus ist immer da* – und hast es dann mit deinem Chor gesungen. Aber das ist ja nun schon lange her. *Alte Stunden, alte Tage lässt du zögernd nur zurück …*

Und dann, eines Tages, nachdem ich einige Jahre keine Platten mehr aufgenommen hatte, weil die verschiedenen Verlage, Arrangeure und Produktionsfirmen mich in verschiedene Richtungen ziehen wollten, kam ich mit Tommy Lardon nach Neuhausen. Er hatte die Idee, dass ich in einem ganz anderen Studio meine vielen neuen Lieder aufnehmen könnte – als ganz frischer Start sozusagen. Du bist das Risiko eingegangen und hast mir einen Scheck in die Hand gedrückt.

Neue Stunden, neue Tage – zögernd nur steigst du hinein …

Du hast das Wagnis wohl nicht bereut, denn danach habe ich noch manches Mal in die kleine alte Garage *Peace in the Valley* in Los Angeles fahren können, um das in Lieder gegossene Evangelium für durstige Menschen abzufüllen. Eines dieser Lieder war dir ja ganz persönlich gewidmet, und es enthielt die Wünsche für dich, an denen sich bis heute noch nichts geändert hat:

Gute Wünsche, gute Worte wollen dir Begleiter sein.
Doch die besten Wünsche münden alle in den einen ein:
Geh unter der Gnade, geh mit Gottes Segen,
geh in seinem Frieden, was auch immer du tust.

Manfred Siebald,
christlicher Liedermacher und Professor für Amerikanistik

Als Neunjähriger kamen Sie zum ersten Mal zur Bubenfreizeit ins Aidlinger Mutterhaus. Ihre Eltern pflegten den Kontakt zu unserer Gründerin Christa von Viebahn und zu der jungen Schwesternschaft. Sie ermutigen uns zu strukturellen Veränderungen und zu Neuerscheinungen. Eindrücklich sind uns die sonntäglichen Bibelstunden, die Sie ab und zu bei uns übernehmen. (...) Ihre Kontakte zu Politikern spornen uns immer wieder neu an, für diese Verantwortungsträger zu beten. Es ist die Liebe zum Wort Gottes und zum Volk Israel, die uns seit vielen Jahren mit Ihnen und Ihrer lieben Frau verbindet. Wir Schwestern sind Ihnen dankbar für alle Begegnungen, Impulse und Weggemeinschaft.

Schwester Renate Kraus,
ehemalige Oberin, Diakonissenmutterhaus Aidlingen

Sein Wirken für den Hänssler-Verlag, für die weltweite Verständigung, für Gebetsfrühstücke von Politikern hat tiefe, bleibende Spuren hinterlassen. Das Ergebnis seines Tuns ist nicht die eigene Größe, sondern das gelingende Miteinander, der aufrichtige Wunsch, Gottes Frohbotschaft, die Zusage Jesu »Ich bin bei euch alle Tage« an andere weiterzugeben. (...) Die Stadt Holzgerlingen freut sich sehr, dass Friedrich Hänssler hier Bürger geworden ist. Wir feiern 2007 das 1000-jährige Jubiläum der Stadt. Schön, dass dies mit dem 80. Geburtstag von Friedrich Hänssler zusammenfällt. Mit den Produkten des Hänssler-Verlags wird der Name Holzgerlingens nach Deutschland und in die Welt hinausgetragen.

Wilfried Dölker,
ehemaliger Bürgermeister von Holzgerlingen

Lange waren wir im Ausland im afrikanischen Kamerun und im näher gelegenen Basel in der Schweiz. Aber Friedrich Hänsslers Schwager, Fritz Lamparter, hielt uns auf dem Laufenden mit allem, was der Hänssler-Verlag auf literarischem und musikalischem Gebiet anbieten konnte. So wussten wir bald von dem Wagnis, alle Kirchenkantaten von Johann Sebastian Bach auf

Schallplatten herauszubringen, also eine Gesamteinspielung des Kantatenwerks in Angriff zu nehmen, musiziert von der Gächinger Kantorei unter Helmuth Rillings Leitung. Das Wagnis wurde ein großer Erfolg und wir haben die zehn Kassetten mit den 200 Kirchenkantaten schnell zu unserem Eigentum gemacht. Aber sie ruhten lange in einem unserer Schränke.

Jetzt, im Ruhestand, genießen wir die Bach'schen Kantaten, eine um die andere. Jeder Tag beginnt mit einer Kantate. Und wenn wir genug Zeit haben, dürfen es auch zwei sein.

Wir freuen uns über diesen Schatz der Kirchenmusik und sind Friedrich Hänssler dankbar, dass er es unternommen hat, diese so eindringliche und nachdrückliche Form der Verkündigung des Evangeliums für viele zugänglich zu machen.

Eberhard Renz,
Landesbischof der Evangelischen Landeskirche
in Württemberg i. R.

Ich glaube, es war im Jahr 2001 bei DYNAMIS in Esslingen, wo Du nach einer Predigt auf mich zugekommen bist und mich ermutigt hast, einmal ein Buch zu schreiben. Einige andere liebe Geschwister haben mir das bereits vor Dir gesagt, aber Deine Anfrage war der wirkliche Anstoß, es tatsächlich zu tun. Dabei muss ich bekennen, dass ich nicht einmal wusste, wer Du bist. Erst später hat mir jemand erklärt, dass Du einen Buchverlag hast. Und ich vergesse auch nicht, als ich zum ersten Mal in Deinem Büro saß und Du mir Mut gemacht hast, einfach mal damit zu beginnen.

Hans Peter Royer,
Direktor vom Tauernhof/Fackelträger (im Jahr 2013 verstorben)

Da sitze ich kleine Pfälzerin also bei Hänsslers in der behaglichen Wohnküche und freue mich über die herzliche Einfachheit. Neben mir der weltberühmte Verleger, der gerade eine große Portion Salat verspeist.

Er fragt mich: »Haben Sie vielleicht als Autorin ein Hauptthema?«

Ich überlege: »Man könnte es *Erlebte Geschichten der Hoffnung* nennen; denn ich bin immer wieder innerlich bewegt, wie Gott seine Menschenkinder durch große Nöte hindurch zu einem guten Ziel führt. Ihn möchte ich vielen näher bekannt machen. Doch öfters, denke ich jetzt, ich sei nun langsam zu alt dazu.«

Darauf Friedrich Hänssler: »Beim Schreiben gibt es keine Altersgrenze wie z. B. beim Leistungssport. Man kann zwar im Alter nicht mehr den Garten umgraben; aber wenn man einen klaren Kopf behalten hat, doch immer noch Lesenswertes schreiben und seine Lebensweisheit und Erfahrungen einfließen lassen.«

Hannelore Risch,
Pfarrerin im Ruhestand, früh verwitwet,
Referentin in Frauengruppen und Altenarbeit, Autorin

Beharrlich hältst du fest wie Jakob: »Herr, ich lasse dich nicht, du segnest mich denn!« Er trägt dich, darüber freue ich mich. Dir habe ich sehr viel zu verdanken, dein klares Bekenntnis und Zeugnis haben mich immer wieder gestärkt, ermutigt und im Glauben wachsen lassen. Ich danke unserem Herrn, der unsere Wege zusammengeführt hat.

Bianka Thumm,
langjährige Sekretärin von Friedrich Hänssler

Es ist bei einer der zahlreichen Ludwig-Hofacker-Konferenzen in unserem Land. Wir sind in einer der großen Hallen auf dem Killesberg. Friedrich Hänssler leitet das gemeinsame Singen mit den Konferenzteilnehmern. Sein fröhlicher Ton, seine kurzen erklärenden Worte zu Text und Melodie und seine innere Beteiligung lassen den Funken seiner Freude am Evangeliumslied auf Tausende kräftig überspringen. (…) Wir haben im Altpietistischen Gemeinschaftsverband Mitarbeiter-Rüsttage auf dem Schönblick. Friedrich Hänssler ist als Gast des Abends unter uns und erzählt uns über »Führungen Gottes in meinem Leben«. Man konnte die berühmte Stecknadel fallen hören! Der lebendige Bericht wird bereichert durch einige treffende, gemeinsam gesungene Lieder. Es ist ein Zeugnis über die Realität Gottes heute unter uns – auch in schweren Lebensführungen und Spannungsfeldern. Den Abend wird keiner unter uns vergessen – ich am wenigsten!

Sitzung des Ludwig-Hofacker-Kreises in Korntal. Ein hochaktuelles theologisches Thema wird besprochen. Unvergesslich, wie Friedrich Hänssler sich bei der Diskussion mit Besonnenheit und Klarheit zugleich äußert. Gemeinsam mit Brüdern wie Fritz Grünzweig, Walter Tlach, Rolf Scheffbuch u. a. wird sehr verantwortlich über unsere Aufgabe nachgedacht. Für mich, der als »Neuling« dabei ist, ist dieser geistliche Umgang mit schwierigen Gegenwartsfragen wegweisend.

Es waren stets kürzere Begegnungen – nie ein tagelanges Zusammensein, etwa auf einer Freizeit oder bei einer längeren Reise. (…) Es ist vor allem der Herzton der Liebe Jesu, den ich bei den Begegnungen immer wieder so deutlich spüre.

Otto Schaude, Rektor a. D.,
Vorsitzender des Altpietistischen Gemeinschaftsverbandes,
Bischof der Evangelisch-lutherischen Kirche Ural,
Sibirien und Ferner Osten (gest. im September 2016)

In allen Begegnungen und Gesprächen, die ich mit Friedrich Hänssler hatte, wurde sichtbar: Sein Blick geht weit über den

Schreibtisch eines Verlagschefs hinaus. Sein Herz lässt sich nicht von wirtschaftlichen Fakten einschüchtern. Er brennt bis heute für die Verbreitung des Evangeliums in allen Varianten. Er greift Anregungen und Ideen aus aller Welt auf und hat ein Gespür dafür, wie sie in unsere deutsche Situation, ebenso auch in unsere württembergische geistliche Prägung hinein verändert werden müssen, damit der Leser bzw. die Leserin sich für die wichtigste Botschaft der Welt öffnen kann. Er ringt um Menschen und kämpft, wo heute doch so schnell die Flinte ins Korn geworfen wird. Er hat die Gabe der Ermutigung und nimmt sich Zeit, sie umzusetzen. Er lebt aus dem Gebet und der Leitung seines gekreuzigten und auferstandenen Herrn heraus.

Lieber Friedrich, von Herzen Dank.

Gerdi Stoll,
Autorin von SCM Hänssler

Für mich war alles neu. Friedrich Hänssler gab mir keine Zeit, den berühmten Verleger zu bewundern. Sein Wesen bietet Freundschaft und sogar Brüderlichkeit an, die ich gern angenommen habe und die fortan nie unterbrochen wurde. In dieser Nähe wurde für mich bald offenbar, welch große musische, intellektuelle und geistliche Begabungen Friedrich besitzt. Ihm ist viel gegeben und ihm ist viel auferlegt worden. (…) Ihm liegt viel an der Einheit von Glauben und Handeln. Ich empfinde, dass seine tiefe Verbundenheit zu Johann Sebastian Bach, die mich beeindruckt, deshalb so ungetrübt sein kann. Die Freude am Werk wird vollkommen, wenn man sich mit dem Schaffenden geistlich einig wissen darf. (…)

Einst werden wir versammelt sein zur großen Gerichtsverhandlung über unser irdisches Tun, das allein uns bekanntlich auch im besten Fall nicht retten kann. Dann wird es den Richter milde stimmen, wenn Seelen für den Mitbruder danken, der ihnen die Liebe Jesu gezeigt hat.

Johannes Selle,
Mitglied des Deutschen Bundestages

Später beeindruckte mich dreierlei: Zum einen Ihre Liebe zu Israel. Informative Literatur dazu erschien in Ihrem Verlag, getragen von tiefen Überzeugungen über die heilsgeschichtliche Rolle dieses Volkes nach Gottes auch noch für die Gegenwart und Zukunft gültigem Plan. Zweitens Ihr tiefes Verständnis für die Notwendigkeit bibeltreuer Theologie. Und schließlich Ihre Gemeindeverbundenheit, die mir in vielfältigen Kontakten mit dem Württembergischen Brüderbund begegnete, dessen Vorsitzender Sie waren.

Gemeinde und Theologie verdanken Ihnen viel. Herzlichen Dank, lieber Bruder Hänssler, für Ihr Lebenswerk.

Prof. Dr. Helge Stadelmann,
Freie Theol. Akademie Gießen,
Evang. Theol. Fakultät Leuven

Dein Leben und dein ganzer Charakter sind gegründet im Wort Gottes. Von dort her lebst du, das sind deine tragenden Werte und dies gibt dir Ziel und Richtung – auch für das große Werk des Hänssler-Verlags, das du mit deiner Familie aufgebaut hast. Menschen Bücher an die Hand zu geben, die ihnen helfen, das Wort Gottes besser zu verstehen und in ihrem Alltag umzusetzen in den ganz konkreten kleinen und großen Situationen des Lebens.

So wie dein Schreibtisch aufgeräumt war, hast du selber auch immer aufgeräumt, ruhend gewirkt. Das eine hat mit dem anderen zu tun. Wer in Gottes Wort und seiner Liebe gegründet ist, der kann im Leben auch aufräumen. Kann

Belastendes loswerden, kann Trauriges und Schmerzliches zu Christus bringen, kann Anfeindungen und Verleumdungen abgeben. Solche schwierigen Situationen und Zeiten hat es in deinem Leben zur Genüge gegeben. Trotz allem hast du dir dein Gegründetsein im Wort Gottes nicht nehmen lassen.

Cornelia Mack,
Diplom-Sozialpädagogin, Autorin und Referentin

Das Leben mit meinem Ehemann Friedrich war und ist in über 50 Jahren aufregend schön. Es ist nicht schwer, einen Mann mit so viel Hingabe, Verlässlichkeit, Ideenreichtum, Idealismus, Fleiß und vielen anderen guten Eigenschaften zu lieben. Allerdings erfordert die Aktivität in Beruf und Reichgottesarbeit eines solchen Mannes für die Frau manchen Verzicht. So war es nicht immer leicht, die Aufgabe einer fast alleinerziehenden Mutter von sechs Kindern, davon eines behindert, zu meistern. Dazu kamen manche soziale und geschäftliche Aufgaben in Gemeinde und Betrieb.

Viele Gäste bevölkerten das Haus und gaben dem gemeinsamen Leben Vielfalt und den Blick über die eigenen Grenzen. Friedrichs Einsätze und Freizeiten vor allem im Württembergischen Brüderbund, dem er in Jugendarbeit und als Vorsitzender viele Jahre vorstand, brachten auch in mein und der Kinder Leben viel Farbe und Freude. (...) Ende der 70er-Jahre entstanden die Beziehungen zu einer Initiative, die sich *Frühstücksbewegung* unter Politikern nennt. Diese kennenzulernen als erste Deutsche in Washington D.C. war ungemein interessant. Friedrich und mir taten sich ganz neue Welten auf. Während wir vorher in der Mitternachtsmission im Altstadtmilieu unter den (...) ärmsten Menschen gearbeitet hatten, meinte der Leiter der amerikanischen Organisation, Douglas Coe, das wäre die beste Voraussetzung für die Frühstückstreffen für Politiker in Deutschland. Diese Arbeit, durch die wir viele neue, gute, internationale Freunde gewannen, wurde für unser gemeinsames Leben zu einer unglaublichen Bereicherung.

Ebenso war für mich das Teilhaben an der Musik, das Mitbegleiten der Entstehung der Bach'schen Gesamtausgabe auf CDs und das gemeinsame Erleben vieler schöner Konzerte von großer Faszination.

Es gäbe noch manche Highlights in unserem gemeinsamen Leben zu nennen. Unser beider Anliegen, das sich wie ein roter Faden durch unser Leben zieht, ist der Wunsch, mit unserem Leben Jesus zu dienen. (…) Gott hat uns begleitet in Höhen und Tiefen des Lebens. Gerade in den schweren Zeiten unseres Lebens durften wir Gottes liebende Fürsorge und sein Durchtragen in besonderer Weise erfahren. Diese Zeiten haben uns beide noch enger zusammengeschmiedet und unsere Beziehung zu unserem Herrn noch gestärkt.

Wir haben erfahren, dass Gott treu ist und uns nicht fallen lässt, auch wenn wir es hundertfach verdient hätten. Er hat seinen Plan mit unserem Leben und wir dürfen wissen: Denen, die Gott lieben, müssen alle Dinge zum Besten dienen. Von dem Leben mit Gott und Friedrich möchte ich keinen Tag missen. Möge uns Gott noch lange einander erhalten.

Ursula Hänssler,
Ehefrau des Jubilars

Der Höhepunkt dieses Tages war der festliche Gottesdienst mit einer tief greifenden Dankespredigt des Theologen, Autors und Freundes Altlandesbischof Prof. Dr. Gerhard Maier in der sehr alten, ehrwürdigen Martinskirche in Sindelfingen. Auch wenn Friedrich Hänssler die rege Anteilnahme der Menschen an seinem Leben im Allgemeinen, und im Besonderen natürlich an Tagen wie diesen, in großer Dankbarkeit empfindet, wird er dabei nicht müde, diesen Dank zeitlebens an den Einen weiterzugeben und unablässig auf den Einen zu verweisen, dem er selbst alles zu verdanken hat. Und so ist die für ihn so typische Reaktion: »Man bekommt zu viel Lob! Bei meinen Besuchen in russisch-orthodoxen Kirchen habe ich gelernt: Zu viel Weihrauch schadet der Ikone. Es ist *sein* Erbarmen, es ist *seine* Gabe, es ist *sein* Wirken; alles, ja wirklich alles ist *sein* Geschenk! – nicht nur einfach eine bescheidene Geste, eine löbliche innere Haltung oder ein Zeichen seiner Bodenhaftung, sondern einzig und allein Ausdruck einer echten, wahrhaften Verinnerlichung dessen, wozu Gottes Wort uns Menschen auffordert:

›Es ist dir gesagt, Mensch, was gut ist und was der Herr von dir fordert, nämlich Gottes Wort halten und Liebe üben und demütig sein vor deinem Gott‹ (Micha 6,8)«.

Für Friedrich Hänssler ist klar, dass der dritte Lebensabschnitt Realität ist und Gott uns das zumutet, aber dennoch Altwerden und Altsein keine Katastrophe sein müssen. Es ist der Weg Gottes mit uns, und als Nachfolger Jesu haben wir eine Zukunft und die besten Aussichten. Diese Hoffnungslinie ist prägend und Mut machend zugleich. Friedrich Hänssler erfuhr in Jahrzehnten, dass man, wenn man einmal erfüllt von Gott gelebt hat, dann seinem Alter nicht mehr davonläuft, so als ob man etwas verpasst hätte. Deshalb konnte er sich die Frage ersparen: »Warum bin ich das geworden, und warum jenes nicht?«

Nein, er wollte auch beim Älterwerden gerne das sein, was er ist, und nicht die anderen beneiden um das, was er nicht ist.

Nachwort von Friedrich Hänssler

Vor sechzehn Jahren schrieb ich im Vorwort zu einer Publikation:

Der weithin bekannte württembergische Landesbischof Hans
von Keler sandte mir einmal eine interessante, schön gestaltete
Textkarte zu. Darauf stand in großen Lettern: »Unter allen
darstellenden Künsten blüht heute besonders die Kunst der
Selbstdarstellung.«
Das war des Bischofs knappe Antwort auf meine Bitte hin,
doch etwas über seine Erfahrungen mit Gott zu schreiben.

Tatsächlich hat dieses Wissen um die Gefahr der Selbstdarstellung
mich viele Jahre daran gehindert, zu berichten, was ich in meinem
Leben mit Gott erlebte. Außerdem brachten mich meine jahrzehntelangen Erlebnisse im Zusammenhang der Prüfung von unzähligen
Buchmanuskripten zu der Erkenntnis, dass es durchaus nicht nur
sprechende, sondern auch schreibende Papageien gibt.

Unabhängig davon wurde ich immer wieder auf einen persönlichen Lebensbericht angesprochen, mehrere journalistisch tätige bekannte Personen wollten meine Biografie schreiben, aber ich konnte
kein Ja dazu finden. Ich selbst war sehr gepackt von Jim Elliot, der
von den Aucas, den einstmals gefährlichsten Indianern Südameri-
kas, ermordet wurde. Dieser Mann lebte in einer so konsequenten
Hingabe an Christus, dass er formulieren konnte: »Der ist kein Tor,
der hingibt, was er nicht behalten kann, auf dass er gewinne, was
er nicht verlieren kann.«
Seine Frau Elisabeth, der ich mehrfach begegnete, Autorin des
bewegenden Buches *Im Schatten des Allmächtigen*, versuchte mich
in ihrer herzerfrischend direkten Art zum Schreiben zu ermuti-

gen, indem sie mir erklärte:»Du bist schon viel zu alt, um noch länger damit zu warten, von Gottes Wirken in Deinem Leben zu berichten.«

Doch auch dieser Impuls konnte mich nicht zu einer Biografie bewegen, die ich sowieso nie selbst schreiben wollte. Da musste noch eine außergewöhnliche Führung dazukommen. Diese Führung ereignete sich dann in einer ganz besonderen Weise. Nachdem es in Berlin – wie schon berichtet – zu einer unerwarteten Kurzbegegnung mit der Autorin Simone Martin gekommen war, und dann in der Folge weitere Begegnungen in Holzgerlingen stattfanden, in denen ich die Jungbekehrte kennenlernte als konsequente Christusnachfolgerin in einer radikalen Hingabe an Ihn, als treue Beterin, die darin für mich und auch für unsere ganze Familie zum Segen geworden ist, ist es eben diese Verbundenheit, die das Fundament bildete für die dann kommende Anfrage der Stiftung Christliche Medien an Simone Martin, zum 100-jährigen Verlagsjubiläum eine Biografie über mein Leben zu schreiben.

Wobei ich mir sehr bewusst bin, dass es ohne die Bereitschaft und Hingabe seitens Simone Martins zur Aufgabe, ohne ihr Ja zur Berufung, keine Biografie über Friedrich Hänssler geben würde. Für die intensive Arbeit zur Erstellung des Buchmanuskripts möchte ich Simone Martin eigens herzlich danken.

Ich persönlich bin stark geprägt vom württembergischen Pietismus, das brauche ich auch gar nicht zu verstecken. Insbesondere Ludwig Hofacker, der schwäbische Erweckungsprediger, beeinflusste mich sehr. Dieser im Jahre 1798 geborene Pfarrer, gerade einmal 30 Jahre alt ist er geworden, war eine Zeit lang Vikar in meinem Heimatdorf Plieningen. Weil die große Kirche bei seinen Predigten oftmals schon eine Stunde vor Gottesdienstbeginn überfüllt war, wurden an dem Gotteshaus von außen lange Leitern an die hohen gotischen Fenster aufgestellt, um Hofackers Predigt vom Kreuz hören zu können.»Die Posaune Gottes im Schwabenland«, wie man den schwer leidenden Prediger, welcher zehn Jahre seines kurzen Lebens von schlimmer Krankheit gezeichnet war und von ständigen Schmerzen geplagt wurde, später nannte, kämpfte gegen die Lauheit und rief in seinen christozentrischen Predigten zur Entscheidung für Jesus auf. Ludwig Hofacker hat kaum mehr als einhundert Predigten in seinem Leben gehalten, zu denen die Menschen, um sie zu hören, 20 bis 30 Kilometer Fußmarsch in Kauf nahmen.

Schon als Jugendlicher packte mich innerlich ein Brief Hofackers, den er an Ostern 1828 an Missionskandidaten schrieb:

> Werdet in Eurem Missionsstand keine Herren und Herrlein. Ich weiß, Ihr habt Versuchung dazu. O nur keine Herren! Das steht jedermann übel an, besonders aber einem Knecht Jesu Christi. Spaltet Holz, fegt aus! Wascht einander die Füße. Wer's am besten kann, der ist der Größeste. Wisset, dass der Heiland Tagelöhner braucht, Knechte, Lastesel, die aber Ihn lieben, Leute, die im Dreck patschen und sich nichts draus machen um Seinetwillen. Es geht in den Feldzug und da kann man keine Leute brauchen, welche die Kleider schonen. Ihr seid keine Paradepferde, sondern müsset Karrengäule werden. – Lebet wohl.

Für das Sprechen Gottes in meinem Leben, für Seine erlebten Wunder, Seine bleibende Fürsorge und Lenkung gebührt Ihm alle Ehre, alles Lob. Rückblickend verstärkt sich der bleibende Dank gegenüber vielen Menschen, treuen Mitarbeitern für ihren jahrzehntelangen engagierten Totaleinsatz, Freunde und Vertraute, insgesamt Hunderte, die ich hier leider nicht alle namentlich nennen kann. Dazu gehört auch mein Dank an den Verlag und an den Verlagsleiter Hans-Werner Durau.

Unbedingt erwähnen muss ich aber meine liebe Frau Ursula und ihre Hingabe, ihre gelebte Christusnachfolge, ihre Aufopferung für die große Familie und für den Verlag, für ihre treue Liebe in über 64 Ehejahren, das bewirkt in mir eine bleibende Dankesschuld. Dank auch für das Licht, das aus ihrem Leben herausleuchtet, auch bei manchem Verzicht, den sie leisten musste. Durchaus möchte ich bei allen sechs Kindern bleibenden Dank abstatten für ihren unwahrscheinlichen Einsatz gerade auch in den schweren Zeiten, für ihre ganz praktische Hilfe an den alt gewordenen Eltern. Sie gehen ihren Weg mit Gott, wollen Ihm dienen, auch in ganz verantwortlichen Positionen, in die sie Gott hineinberufen hat. Dafür bin ich sehr dankbar.

Rückschau bringt mir persönlich wesentliche Nacherkenntnisse, die ich ohne Zweifel am besten mit dem großartigen Ausspruch Dietrich Bonhoeffers ausdrücken kann:

> Im normalen Leben wird es einem oft gar nicht bewusst, dass der Mensch überhaupt unendlich viel mehr empfängt, als er gibt, und dass Dankbarkeit das Leben erst reich macht. Man überschätzt recht leicht das eigene Wirken und Tun in seiner Wichtigkeit gegenüber dem, was man nur durch andere geworden ist.[45]

Sicher ist es bei einem 100-jährigen Jubiläum legitim, auch an die weitere Zukunft zu denken und dabei Wünsche für die weitere Aufgabe und Zielsetzung des Jubiläums-Verlags zu äußern. Ich wünsche dem Hänssler-Verlag sozusagen als Themalied, als Grundlage für künftige Entwicklungen:

> Jesus, wir sehen auf dich.
> Deine Liebe, die will uns verändern,
> und in uns spiegelt sich deine Herrlichkeit.
> Jesus, wir sehen auf dich.

Jesus, wir hören auf dich.
Du hast Worte des ewigen Lebens,
und wir haben erkannt: Du bist Christus.
Jesus, wir hören auf dich.

Jesus, wir warten auf dich.
Du wirst kommen nach deiner Verheißung.
Alle Menschen, sie werden dich sehen.
Jesus, wir warten auf dich.[46]

Ich wünsche dem Hänssler-Verlag absolutes Vertrauen dem Wort Gottes gegenüber: »Ich verlasse mich auf dein Wort« (Psalm 119,42), klare Verkündigung des Evangeliums von Jesus Christus und Erkennen und Benutzen der offenen Tür dazu, wie Paulus schrieb: »Betet, dass Gott uns eine Tür des Worts auftue« (Kolosser 4,3). »Mir war eine Tür aufgetan in dem Herrn« (2. Korinther 2,12), eine so deutliche Ansprache, dass das Wort Gottes verbreitet wird, »als Feuer und Hammer, der Felsen zerschmettert« (Jeremia 23,29), dass dem Hänssler-Verlag Großes geschenkt wird, wenn Gott einmal am großen Tag Jesu Christi Menschen auftreten lässt, die ihm dafür danken, dass es den Hänssler-Verlag gegeben hat.

Ich wünsche der Kirche, dass sie wieder Stimme wird, Dienerin und Bevollmächtigte Gottes, Botschafterin der Worte ewigen Lebens, Fackelträgerin in der Finsternis unserer Welt, Wegzeigerin im einsamen Gelände.

Ich wünsche unserer Gesellschaft ihre Veränderung, beginnend mit der Veränderung von Menschen durch den Glauben an Jesus Christus, die Rückkehr zu den guten Ordnungen des lebendigen Gottes, und dass sie erkennt: Das Evangelium ist weder Diskussion noch Debatte. Es ist eine bleibend starke und wahre Ansage. Wie schlicht ich aufwuchs, wie schwierig die Verhältnisse waren, ist kaum zu vermitteln, und doch hatte Gott einen Masterplan für mein Leben, den er planmäßig ausführte. Dazu gehörte auch, dass er ein zerbrochenes, eigentlich unbrauchbares Werkzeug für Seinen Zweck und für Seine Aufgaben gebrauchen wollte. Und so stellte Gott meine Füße auf weiten Raum (Psalm 31,9), er führte mich ins Weite (Psalm 18,20) und machte unter mir Raum zu gehen (Psalm 18,37).

In diesem Wirken Gottes kann ich nur ein wunderbares, aber auch unverdientes Geschenk entdecken, für das ich ihm immerwährend danken möchte. In jenem Geschenk eingewickelt, fand ich unwahrscheinliches Vertrauen in die großen Hände meines himmlischen Vaters und Aufschluss darüber, wie ich es einmal im Stabreim formulierte: Der Wille Gottes will gewollt werden.

Nicht einen einzigen Tag in der Nachfolge Jesu möchte ich missen. Der große Paulus gab den Gläubigen in Ephesus seinen Gebetswunsch mit auf den Weg: »dass Christus durch den Glauben in ihren Herzen wohne« (Epheser 3,17) und den Gläubigen in Kolossä jubelt er zu: »Christus in euch, der da ist die Hoffnung der Herrlichkeit« (Kolosser 1,27).

Paulus ist dies so wichtig, dass er den etwas schwierigen Galatern dringend wünscht: »dass Christus in ihnen Gestalt gewinnt« (Galater 4,9), und den Korinthern bekennt er: »und wenn wir auch schwach sind in Ihm, so leben wir doch mit Ihm in der Kraft Gottes« (2. Korinther 13,4). Das ist es, was ich für mich selbst, ja, für uns alle wünsche und erbitte.

Wollt ihr wissen, was mein Preis?
Wollt ihr lernen, was ich weiß?
Wollt ihr sehn mein Eigentum?
Wollt ihr hören, was mein Ruhm?
Jesus, der Gekreuzigte.

Johann Christoph Schwedler, 1672–1730

Friedrich Hänssler, im März 2018

Anmerkungen

[1] Vgl. Anker in der Zeit, Text & Melodie: Albert Frey, © 2000 SCM Hänssler, Holzgerlingen für Immanuel Music, Ravensburg.

[2] Vgl. Luther, Ralf: Worte für unsere Zeit. Gießen: Brunnen, 1935.

[3] Testamentsauszug von Friedrich Hänssler sen., Familienarchiv Hänssler.

[4] Ebd.

[5] Zeltgruß. Zeitschrift der Deutschen Zeltmission. Geisweid.

[6] Ebd.

[7] Hänssler, Friedrich: Variationen in Dur und Moll. Holzgerlingen: SCM Hänssler, 2006, S. 12.

[8] Vgl. Hoffmann, Friedrich: Der weiße Herzog. Verlag Harfe Bad Blankenburg.

[9] Vgl. Kierkegaard, Søren, in: Jenseits der Angst. Hundert Worte von Søren Kierkegaard. Hrsg. v. Stefan Liesenfeld. Oberpframmern: Verlag Neue Stadt, 2005.

[10] Vgl. hierzu auch Adolf Köberle.

[11] Vgl. Michel, Otto, in: Porta Nr. 25. Marburg, 1979.

[12] Vgl. ebd.

[13] Vgl. Berühmte Vorfahren der Denzelfamilie, Eigenverlag der Denzel Familienstiftung.

[14] Vgl. Scheffbuch, Winrich/Scheffbuch, Beate: Den Kummer sich vom Herzen singen & Dennoch fröhlich singen. Holzgerlingen: SCM Hänssler, 2017.

[15] Jesu Name nie verklinget, Originaltitel: Navnet Jesus blekner aldri, Text: David Welander (1923), Melodie: aus Zululand, dt. Text: C. Carvasso Gauntlett, © (Dt. Text) SCM Hänssler, Holzgerlingen.

[16] Heute will dich Jesus fragen, Text & Melodie: Hans Christian Tischer, © 1962 SCM Hänssler, Holzgerlingen.

[17] Vgl. Henderson, Thomas: Tripping. 2016.

[18] Vgl. Führer, Christian, in: Mein Herbst 89 – Zeitzeugen berichten. Hrsg. v. Andreas Apelt. Berlin: Metropol Verlag, 2010.

[19] Wenn nach der Erde Leid, Originaltitel: O That Will Be Glory, Text & Melodie: Charles Hutchinson Gabriel (1856–1932), dt. Text: Hedwig von Redern (1866–1935).

[20] Vgl. Dokumentenbände des Lausanner Weltkongresses für Evangelisation. Neuhausen-Stuttgart: Hänssler-Verlag, 1974.

21 Colson, Charles W.: Der Berater. Holzgerlingen: Hänssler-Verlag, 1999, S. 10–11.
22 Ebd., S. 11.
23 Ebd., S. 11–12.
24 Vgl. Hughes, Harold: Der Senator. Neuhausen-Stuttgart: Hänssler-Verlag 1979.
25 Vgl. Washington Post, 2012.
26 Ins Wasser fällt ein Stein, Originaltitel: Pass It On, Text & Melodie: Kurt Kaiser, dt. Text: Manfred Siebald, © 1969 Bud John Songs.
27 Aus internen, schriftlichen Seminarunterlagen der »Fellowship« in Washington D. C.
28 Colson, Charles W.: Der Berater. Holzgerlingen: Hänssler-Verlag, 1999, S. 12.
29 Singet dem Herrn ein neues Lied (BWV 190), Text & Melodie: Johann Sebastian Bach (1685–1750).
30 Nun gehören unsre Herzen, Text: Friedrich von Bodelschwingh (1877–1946).
31 Aber der Herr ist immer noch größer, Text & Melodie: Gerhard & Elisabeth Schnitter, © 1979 SCM Hänssler, Holzgerlingen.
32 Geh unter der Gnade, Text & Melodie: Manfred Siebald, © 1987 SCM Hänssler, Holzgerlingen.
33 Billy Graham im Madison Square Garden 1957; Dokumentation »Herr, ich bin Dein« – Die Lebensgeschichte Billy Grahams, ausgestrahlt auf Bibel TV, 25.2.2018.
34 Ebd.
35 Ebd.
36 Ebd.
37 Thomas, Ian, in: Thomas, Joan: Major W. Ian Thomas und die Geschichte der Fackelträger. Holzgerlingen: SCM Hänssler, 2015, S. 16.
38 Thomas, Ian, in: Thomas, Joan: Major W. Ian Thomas und die Geschichte der Fackelträger. Holzgerlingen: SCM Hänssler, 2015, S. 31.
39 Quelle unbekannt.
40 Zinzendorf, Nikolaus Ludwig Graf von: Jesu, geh voran.
41 Gott sei mit dir, Text & Melodie: Hans-Joachim Eckstein, © 2016 Eckstein-Production; vgl. auch 5. Mose 32,10-13; Psalm 103,5; Jesaja 40,29.31.
42 Vgl. Cory, Lloyd: Quotable Quotations. Victor Books, 1985. Eigene Übertragung.
43 Vgl. ebd.

[44] Lobe den Herren, den mächtigen König der Ehren, Text: Joachim Neander (1680), Melodie: 17. Jh.; geistlich Stralsund 1665 / Halle 1741.

[45] Bonhoeffer, Dietrich, in: Evangelisches Gesangbuch. Ausgabe für die Evangelische Landeskirche in Württemberg. Stuttgart: Gesangbuchverlag, 1996, S. 627.

[46] Jesus, wir sehen auf dich, Text & Melodie: Peter Strauch, © 1982 SCM Hänssler, Holzgerlingen.

Eric Metaxas

Wilberforce
Der Mann, der die Sklaverei abschaffte

Gebunden, 15 x 21,6 cm, 432 S.,
mit 16-seitigem schwarz-weiß-Bildteil
Nr. 395.939, ISBN 978-3-7751-5939-5
Auch als E-Book

26. Juli 1833 – das britische Parlament beschließt die Abschaffung der Sklaverei. Der außergewöhnliche William Wilberforce kämpfte sein Leben lang leidenschaftlich gegen den Sklavenhandel. Dieser Bestseller enthüllt, wie er den christlichen Glauben entdeckte.

Corrie ten Boom

Mit Gott durch dick und dünn

Gebunden, 13,5 x 20,5 cm, 160 S.
Nr. 395.940,
ISBN 978-3-7751-5940-1
Auch als E-Book

Corrie ten Booms Leben ist ein Zeugnis dafür, was Gott durch einen Menschen bewirken kann, der ihm vertraut! Die Nazis hassten sie. Doch sie setzte auf Gottes Liebe. Nach dem Ende des 2. Weltkriegs trug sie die Botschaft von Vergebung in die ganze Welt hinaus.

Hans Peter Royer

Du musst sterben, bevor du lebst, damit du lebst, bevor du stirbst!

Gebunden, 13,5 x 21,5 cm, 192 S.
Nr. 395.944,
ISBN 978-3-7751-5944-9
Auch als E-Book

Der beliebte Evangelist Hans Peter Royer stellte immer wieder fest: Viele Christen haben die zentrale Botschaft des Evangeliums für sich noch nicht durchdrungen. Was heißt es, als neuer Mensch in Christus zu leben? Royer gibt klare Antworten, lebensnah und tief geistlich.